別談教養，帶孩子擁抱生活

兒童心理輔導師 葉月幽◎著

推薦序

真正的智慧是讓對方覺得——我也行！

葉月幽要出新書了，在她心裡，我是寫推薦序的第一人選。算起來我倆相識已有十多年的光景，當年市面上還沒有現在這麼多培訓課程，我恰好在開辦父母講座。那時的葉月幽，帶著兩個小兒，飛到各地參加課程學習，甚至一邊上課一邊哺乳，晚上哄完孩子睡覺還要整理筆記，第二天又神采奕奕地出現在課堂中，如饑似渴地追求更多知識。她一直稱我為她的啟蒙老師，我的課程她上過無數遍；我開設的三屆小巫養育學堂，她全程跟隨；從第二屆開始，她就成為了學堂七名特邀講師之一；同時，她也一直在講授自己的家庭教育和兒童心理學課程，把學到的內容發揚光大。

說這些不是為了彰顯我對她的影響和重要性，而是用實例來說明她的用功程度，以及她求學的系統性、全面性和徹底性。從開始的學生躍身為現在的專家，絕非輕而易舉、一蹴而就，而是用一點一滴的血汗積跬步至千里。熟悉她的人都知道，她是一個天生的學霸；但學霸的過人之處，不在於比別人更聰明，而在於比別人更用功。

這些年我目睹她不斷參加各種長程專業培訓，同時腳踏實地、一點一點積累數百小時的督導時數、數千小時諮商量、每次諮商之後記錄總結反思，以及認真撰寫數萬字的個案報告……這些算起來都是數以年計的積累，而葉月幽從來沒有停止過前行的腳步，她一直在準備著更好的自己。因此，當她學習多年的國際兒童遊戲治療體系，第一次在中國開展治療師認證評審時，她毫無懸念地成為首批通過認證的「遊戲治療諮商師」，而這一批最後通過的僅有四個人。

對跟隨我多年、想成為講師的學員，我一直有一個要求，就是把自己打磨成一座冰山，拿出來講課的內容，僅是浮出水面的八分之一；水下一定要有八分之七的底蘊來支撐，才能做到有品質、耐推敲、歷久彌新。葉月幽即是這樣一座冰山。這些年她在專業的道路上越走越廣、越走越深，拿到一抽屜的資格認證，業內各領域流派均有涉及；並在生活中不斷實踐和體悟，融會貫通，形成自己獨特的一派畫風。

看到這些描述，或許你會好奇——難道她不用顧家，而是有大把閒暇時間？其實不是的，她一邊學習、一邊工作、一邊親自照料養育兩個兒子。或許她就是一個嚴謹乏味的學者？也不是的，她還身手矯捷，騎馬射箭跳傘攀岩，十八般武藝樣樣俱全，帶著兩個孩子到處瘋玩，還拿過全國射箭聯賽銅牌。難道她天生強健結實、精力過人？那更不是的，她幼時曾經患過嚴重疾病，死裡逃生，即便這幾年，也時時經歷一些意外。她能做到今天這樣，只是比常人更投入、更熱愛、更自律。

她曾經寫過一篇流傳甚廣的原生家庭剖析文章，讓我很是感慨：成長在這樣一個典型的中國式家庭裡，她沒有沉溺於過去、憤恨抱怨、哀歎不幸；也沒有合理化傷害，而是選擇去看清和反思，讓傷痛不再傳遞給下一代。她很堅強，有慧根、有悟性、願改變，這是她孩子的福氣，是她自己的福氣，也是她讀者的福氣。

我有個規矩，凡是要我寫序的書，須先把書稿發來給我通讀一遍。雖然葉月幽是跟我最親近的弟子之一，這方面依然不例外。

葉月幽的文字有一種溫度，讀她的文章，就像寒冷的冬夜裡捧著一杯熱茶，暖胃暖心。她從沒想過要把自己塑造成完美的專家形象，居高臨下地指教父母們哪裡沒有做好；而是深刻地看到父母們內心最需要的支援和說明，溫柔地給予力量和撫慰；她也從不口若懸河地灌輸大道理，而是透過她的文字，讓大家看到自己的內心。

難得的是，邏輯縝密的分析能力和豐富細膩的情感，在她身上相容並蓄：她的文章思路清晰、層層剝繭，時時妙語連珠；她講起課來條理清楚、表達精準，經常金句不斷。凡是見識過她本尊的，都會被她犀利、豪爽、天真、活潑的個性打動。真實的她，坦誠、親切、體貼、周到，從不掩飾自己的脆弱，擅長自嘲，卻處處透露著內在的力量。

這些年來，葉月幽一直分享著自己在學習和成長中的感悟。她的文章，有血有肉，發乎於心；她的書，是一篇篇實打實的成長體悟，既有專業度，又有生活性；既有理論支撐，又平實易懂；時而令人捧腹，時而催人淚下。正如她所說，她一直在學習中成長，在生活中修行。而這本書裡的文章，凝結了她上千場個案諮商的豐富經驗，融會貫通了專業的理論、生活的體驗和成熟的思索，相信每一位讀者都會從中獲益匪淺。也希望父母們在讀了此書之後，不僅更加瞭解如何與孩子相處，而且對於自己也多一份接納和自信。

葉月幽說：「比起糾正孩子的行為，我更關注的是父母的內心。」父母們讀到這本書，會由衷地感到被理解、被傾聽，甚至是肩並肩的支持。我自己做老師的宗旨，也是對門下弟子所推崇的宗旨就是：真正的智慧，不是在對方面前孔雀開屏，以彰顯自己有多厲害，而是讓對方覺得——「我也行！」

這本書是寫給父母們的，我期待葉月幽的下一本書，會是寫給心理學專業人士的；當然，以她的文采，我相信每個人都會看得津津有味。

兒童教育專家、暢銷書作者　小巫

推薦序

養育是一場雙向成長

和葉月幽相識，是因為線上的學習和督導，那時就對她的嚴謹治學、深入鑽研印象深刻。後來線下見到她，立刻被她熱情、活潑、靈動、頭腦中有很多想法和創意的狀態吸引。在聽她訴說自己過去的故事時，讓我對她有一種「沒有什麼困難能夠難倒她、她始終是戰無不勝的人」的印象。

即使在曾經身患重病的情況下，她依舊完成了學業並取得優異的成績；即使養育了兩個年齡相隔很近的男孩，她依然精力充沛，滿懷欣賞、自豪和充滿愛意地陪伴著孩子；即使她工作和學習都很繁忙，還要陪伴兩個青春期孩子，她依然堅持不斷學習各種專業課程，還完成了兒童遊戲治療的全部訓練和嚴格考核，成為中國為數不多受認證的兒童遊戲治療師，並在實務工作中專心投入精力於兒童青少年諮商，為促進兒童和家庭的健康成長努力實踐和創作。在我的眼裡，她真的是一個精力旺盛，充滿智慧和愛的能量的奇才。

接到為她的這本書寫序的邀請，標題就讓我眼前一亮，立馬打起精神來。打開書，閱讀到自序時，腦子裡就冒出了幾個字：真誠，真實，「真理」。繼續閱讀下去，無論是她真誠而樸實的文字表達，還是她養育兩個年齡相差兩歲的男孩所經歷的過程，每個章節都寫得惟妙惟肖，栩栩如生，這些都深深抓住了我的眼球和內心。她說得那麼細膩、通透、實在，讓我讀了一篇又一篇，愛不釋手。與其說是為她這本書寫序，不如說是向她學習。

我作為一個母親，也有養育孩子的經歷和經驗，會感到葉月幽的文章很寫實，貼近人心。她在書中針對養育孩子的方法，表達了很多與主流思想相悖的內容，我作為長期從事青少年心理諮商工作的人，認為書中的觀點很符合人的成長和發展規律，她用非常樸實的話語把這些觀點表達了出來。養育孩子的過程是一個用心、用情的自然過程，包括社會規則的教導，都需要父母在生活中以身作則地傳達給孩子。當父母失去了「情」，失去了榜樣，開始以各種教育方針、技巧去對待孩子，對孩子有了過高的期待，就會做出偏離孩子的生理和心理發展階段的舉動，從而帶來很多衝突和負面情緒，這既影響了親子關係，也影響了孩子成長的步調。這也是當今在心理諮商室裡遇到的各種心理問題的來源。

這不是一本關於理論和說教的書，而是一本能讓你產生共鳴的書。在被深深同理的基礎上，可以讓父母們反思，為了給孩子的未來帶來「光」，如何調整養育的姿態和方式。

透過閱讀這本書，父母可以瞭解不同年齡孩子的生理和心理的發展階段之需求，並為滿足不同階段的需求去調整自己。透過閱讀這本書，在孩子的節奏和自己的節奏不同時，父母可以學會如何有意識地調整自己，讓自己有好的心態，保持和孩子的同步。透過閱讀這本書，父母可以看到自己養育孩子的過程，也是一個人走向成熟的「墊腳石」，從而體會到「不是父母生了子女，而是子女生了父母」的真理。為了孩子未來的幸福，父母需要學會在童年為他們的健康成長提供和諧的環境，這確實是一本值得花時間閱讀的好書。

中國心理學會臨床與諮詢心理學註冊工作委員會註冊督導師、

河北師大心理系心理學教授、碩士導師（榮休） 王欣

推薦序

用愛與信念，搭起深切的連結

這是一本非常實用的育兒心法。它涵蓋了家庭教育的諸多方面，從日常的溝通方法、家庭環境塑造、促進社會參與、家校共育，到父母的自我關懷與成長等等，幫助父母學習如何用愛的眼光看待孩子，理解孩子的心理發展規律，從而在孩子的成長過程中提供必要的支持和幫助。藉由這些具體的實例和方法，父母能夠了解如何在育兒理論與日常實踐之間搭建起行之有效的橋樑。

養育的過程需要的不僅僅是愛，更需要父母的耐心、力量和堅定的信念。本書幫助父母與孩子之間建立起可以讓雙方都受益一生的情感連結，是一本非常值得推薦的育兒指南。

加拿大遊戲治療協會督導師、主任委員、認證部主席
國際雙向發展心理研究院督導師、主任委員、發展部主席
美國關係遊戲治療研究院督導師　Hannah Sun-Reid

推薦序

教養，並非學習心理學就能做好

作為一名心理諮商師，我經常被問到「孩子厭學怎麼辦」和「孩子不聽話怎麼辦」。好像一個專業人士就能有魔法讓孩子好學、聽話。當我拿到月幽的這本書時，我就想建議那些提問的家長，好好看看這本書的自序，也許只是認認真真、反反覆覆讀一下，並細細體悟，就會有很大的啟發和幫助。

學習和孩子互動的心理學理論、方法和技巧，也許不是你想像的那樣會讓教養變得容易。就像你之前不懂養植物，只是隨意澆灌。當你學習了養植技巧之後，會發現澆灌、日照、施肥、除蟲等事項沒有一樣是容易的，每一樣都有很多門道。就像月幽在序裡說的那樣——更重要的是我們的心法。小王子對自己的玫瑰說，這個世界有幾千幾萬朵玫瑰，但就是這一朵，才是屬於我自己的玫瑰。各位讀者，你準備好自己的心和腦，面對屬於自己的玫瑰了嗎？

心理學博士，中國心理學會首批註冊心理師、督導師
華東師範大學青少年心理健康教育研究中心總監　葉斌

推薦序

孩子讓我們成為更好的自己

我曾數次參加葉月幽老師的課程和專題講座，也拜讀過她很多的科普專欄文章，當然，也有幸和她一起深入溝通交流。作為培訓師和講者，她條理清晰、表達流暢、語言精練，極具魅力；作為科普作者，她觀點鮮明，溫暖而深刻；作為朋友，她熱情而真摯。

我是一名兒科醫生，也是兩個孩子的媽媽，對「養育是一場自我成長」非常認同和深度共鳴。做父母不是一件容易的事情，孩子時時刻刻都在變化，需求也在不斷變化，這意味著我們也必須持續進化與成長。葉老師的這本書既有詳實的理論知識，又有豐富的實踐經驗，從父母的自我成長、親子溝通技巧，再到給孩子的環境支持，方方面面都進行了深入的闡述，相信可以賦能給各位父母，更好地迎接孩子的成長，應對孩子的需求。

最後，借用葉老師的話，謝謝我的寶貝們選擇做我的孩子，與我在茫茫人海裡相遇，並幫助我成長為更好的自己，以及更好的媽媽。

卓正醫療兒科醫生　陳英

自序

最溫暖的相遇

很多年以前，我在一場學校的講座上，介紹和孩子的溝通方式。有一位家長在聽了我的講座後說：「這位老師肯定只生了一個孩子，好帶。要是有兩個呀，這些方法就不管用了。」周圍學員告訴她，我生了兩個孩子，而且年齡只相差兩歲。這時她又說：「那肯定是她運氣好，生了兩個乖巧的女兒。男孩的破壞力啊，那可不一樣。」學員又告訴她，我生的兩個都是男孩。她愣了一下，又撇撇嘴說：「那，那是她運氣好，老天給她的孩子，懂事、聽話。我家可沒有這麼好的運氣，孩子天天調皮搗蛋，根本搞不定。」當時聽大家熱烈地討論著這話題，我並沒太往心裡去，但靜下心來想想，這件事其實很值得我們深思。

養育孩子確實不是一件容易的事情，很多時候都和我們的想像有著非常大的差距。當老天給了我們這樣一個孩子的時候，當我們戲稱說像開盲盒一樣得到一個這樣的孩子的時候，或者說，當有這樣一個與眾不同的孩子，他克服一切萬難，來投身於我們的時候，我們真的可以去抱怨孩子和我們想像的不一樣嗎？我們要去把孩子改造成我們想要的樣子嗎？當看到「別人家孩子」的時候，也許我們確實會羨慕，但在面對自己這個真實的孩子的時候，當他和我們的想像不一樣的時候，我們要怎樣去和他相處？我們要怎樣做這樣一個與眾不同的孩子的父母？這也許是我們需要去思考的問題。

說起來，我們這一代人其實挺鬱悶的，當我們還是孩子的時候，所有人都在指責我們不聽話、不懂事；現在我們成為父母了，輿論的矛頭又調轉過來繼續指向我們，做父母不夠好，不懂得教育，傷害了孩子。現在的教育環境對於父母們不是那麼寬容，似乎任誰都可以對我們教育孩子的方式指手畫腳。但更甚的是，作為這些真正想堅持學習不斷改進的父母們，我們的內心可能更加不放過自己。

有了孩子之後，我們好像忽然發現原來自己身上有這麼多問題。原本是想學習如何教育孩子，結果發現問題全在自己這裡。不得不承認，當母親這件事讓我感受過相當多的挫敗感，比其他任何事情帶給我的挫敗感都要大，且無處可逃。如果遇到其他挫折，我要麼努力想辦法去克服，要麼放棄乾脆換條路。可是作為母親，只要在這個身分上，就要一遍遍回顧自身童年經歷之痛，還要一次次面對過去的循環不斷重複碾壓。所以說養育是一場自我救贖，也許我們還沒有做到，但在這個過程中，我們和孩子一直都在彼此陪伴，共同成長。

成為父母後，我們忽然發現有那麼多的東西要去學習，要去成長。不是去學習所有的理論方法和技巧，而是學習如何用愛的眼光看待孩子，如何理解孩子的心理發展規律，如何在孩子的成長過程中提供必要的支持和幫助。也就是說，除了各種技法之外，更重要的，是我們的心法。和孩子相處，不要盲目追求形式。很多父母學了一大堆技巧，傾聽、同理、溫柔而堅定……可是如果沒有心法，再多技巧也只是碎片化的工具，很可能變成溫柔而堅定地控制孩子。父母的自我成長很重要，如果一個人的心法是正的，那麼技法偏差不到哪裡去。

隨著學習和分享的不斷深入，我發現太多父母們喜歡問「怎麼辦」，但所有的「怎麼辦」，最終都會回到你自己身上，回到你是如何看待自己的，你是如何看待生命的。因此，比起去修正孩子的行為，我更願意關注父母們的狀態。這本書也是如此，它可能不會教給你「孩子不吃飯怎麼辦」、「孩子不睡覺怎麼辦」，但我希望它能帶著你去靠近自己的心，看到自己的舊有模式，看到自己被困住的關卡，我們一起努力突破。

這幾年我們的生活發生了很多變化，孩子的成長也經歷了諸多波折。但在這樣的過程中，我們和孩子都展現出非凡的韌性和耐心，不懼困難、不斷迎接未知挑戰。而這些品質，以及在此期間我們的成長，都將成為我們內心力量的一部分。今後總會有那麼一天，我們會站在足夠遠的距離，來回顧這一段時光，回憶我們作為一個命運共同體，在這個過程中所呈現出的凝聚力，以及堅持學習、不斷提升的動力。相信那個時候，我們會說，雖然曾經歲月艱難，但我們不曾辜負過這段時光，因為它也是我們生命的一部分，我們有好好善待。

十幾年前，我的兩個孩子——葉兒和葉新的出生，給我帶來了無比的欣喜、快樂、幸福和甜蜜，同時也帶來了各種糾結、疑惑、焦慮和痛苦。那時的我，很多時候不知道要如何去面對純潔無瑕的小生命。在孩子帶來的巨大的愛的衝擊面前，我手忙腳亂、不知所措。轉眼間，葉兒已經是一名中學生，個子都比我高了。葉新也進入國小高年級，長成了一個壯實的小夥子。時光真是一個魔法師，只輕輕地揮了揮手，當年稚嫩的孩童就長成了翩翩少年。

總有人誤認為我從事心理學這個行業，似乎我就是教育專家了，孩子也一定培養得出類拔萃。其實我從不敢自稱專家，也不敢誇耀孩子有多優秀。他倆不算世俗意義上的天才、學霸，但他們身上所展現出的樂觀、善良、好學、謙遜等特質，都讓我很欣慰。我們之間也有過各種嬉笑怒罵，甚至矛盾爭執，但不影響我們彼此信任，良好溝通。

記得在葉兒七八歲的時候，有一天晚上我回來，兄弟倆正準備睡覺，見我回來，都想和我再多待一下。我用被子包住他們一頓亂揉，揉得他倆哈哈直笑。看著他倆歡快的笑臉，我忍不住感慨：「哎呀，我怎麼這麼幸運，能生出這麼好的孩子呢？」葉兒被我揉得變形，笑著接話：「我還想說呢，我怎麼這麼幸運，能有這麼好的媽媽呀。」

在陪伴他們成長的過程中，我也不曾放慢自己的腳步。在這十年裡，我讀了心理學、教育學兩個碩士；通過嚴格的審核，成為中國首批認證註冊的四位兒童遊戲治療師之一；在全國講授了數百場兒童發展心理學的相關課程，並和兩千多個家庭進行過一對一心理諮商工作。在專業道路上的持續深入學習的過程中，也讓我更深刻地體會到家庭環境對於一個孩子成長的重要性。

為什麼一直專注於家庭教育，不僅僅是因為自身童年的經歷，更多的是因為家庭是人尋找自我的地方，是一個人第一次判斷自己是否有價值的地方。在家庭中，我們第一次認識自己的模樣，並學習如何與他人及世界建立連接。我希望自己成為一道門，穿過這道門，讓我們一起遇見內心深處的渴望及自我，遇見無條件的愛。

據說，每個人都是帶著自己的使命來到人世間的。也許我今生的使命就是去傳播，將我所學習到的、體驗到的、經歷到的，吸收並整合，分享給他人。願繼續潛心在專業上鑽研，並身體力行地去傳播、踐行。願投身在這過程中，只問耕耘，不問收穫。

其實很多時候，成長不在於我們能做什麼天大的事情，不在於我們能去改變別人什麼，而只是，我們彼此陪伴著走在這條路上。至少我們知道在這個世界上，有人跟我們一起努力著，也許心裡就多了一點溫暖，哪怕只是一點點。

百年後，真正有意義的，不是你住過多大的房子，開過多貴的車子，有過多少存款。而是因為你影響了一個孩子的生命，世界因此變得不再一樣。

和孩子一起，去體驗生命、擁抱幸福吧。不必擔心你沒得到過無條件的愛，給不了孩子你沒有的東西。你的孩子給你的，將會超乎想像。總會有一個天使因你而來，並讓你懂得生命的全部意義。這一生，再也不會有一個人，像你的孩子這樣愛你。

葉月幽

目錄

第二章　有效的溝通，才能為孩子帶來成長

第三章　有愛的家庭氛圍，是支持孩子的力量

第六章 當孩子踏入校園，成為他的後盾和橋樑

第一章

因為當了爸媽，更要學會照顧好自己

成為父母之後，

我們忽然發現好像有那麼多的東西，

要去學習、要去成長，

但我們不是去學習所有的理論方法和技巧，

而是學習如何去愛。

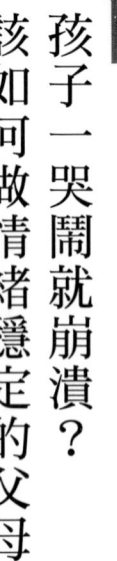

孩子一哭鬧就崩潰？該如何做情緒穩定的父母

經常聽到父母們說：「我也不想對孩子發脾氣，可是他有時候簡直就是無理取鬧。認定的事情怎麼說都說不通，一點點小事就能哭上半天，你指東他往西完全不配合，任性耍賴的時候真的想把他丟出去！」

當面對著軟硬不吃的「熊孩子」和硝煙瀰漫的「戰場」，我們的心情也猶如那滿地狼藉的物品一樣混亂不堪。在每一個抓狂的深夜和雞飛狗跳的清晨，我們都在爆發和無奈的糾結中無力歎息。在辛苦了一天之後，父母們筋疲力盡地回到家中，可是孩子偏偏還要找事，實在忍不住就想發火。在面對孩子的「我偏不！我就要！」的時候，我們經常被氣得七竅生煙、無比抓狂。

我們平時看到孩子的笑臉，覺得心都要融化了；轉頭看到孩子一哭二鬧三尖叫，覺得心都要被火化了。這簡直就是育兒過程中最看不見希望的時刻。然而書上還告訴我們，這是可怕的兩歲，之後還有恐怖的三歲，狗都嫌的小學，叛逆的青春期……這雞飛狗跳什麼時候才是盡頭啊。那些育兒專家還告訴我們，父母平和的情緒是給孩子最好的教育。神吶，我也想平和啊，誰能給我千年的修為？

可是我們每次吼完罵完，又會後悔，不斷自責，覺得對不起孩子。然而下次又接著吼，陷入無止盡的循環。面對這樣的場景，要如何才能做個情緒穩定的父母呢？很多文章都告訴我們，當我們的情緒要爆發時，可以先深呼吸、調整心態，讓自己冷靜下來；或者請家人幫忙照看孩子，自己單獨待一會兒；要接納自己有情緒等等。這些方式都可以讓我們在情緒中保持理智，喚醒我們有意識的覺察部分。

這樣做確實很有幫助，但每一次都要在崩潰的邊緣徘徊，實在是勞心勞力。因此，最好的方式並不是當我們情緒已經崩潰時要如何做，而是要先弄清楚，究竟是什麼原因總是導致我們情緒崩潰。從原因出發，而不是亡羊補牢。

第一個原因，是我們對孩子的心理發展規律不瞭解，很多時候誤解了孩子的行為。有時候我們覺得孩子不懂事、不聽話，但並不是孩子的行為導致我們發脾氣，而是我們的認知沒有跟上孩子的發展。沒有哪個孩子出生就是為了跟父母作對，很多在我們看來是無理取鬧的行為，其實都反映了孩子在成長發展的不同階段所表現出的心理需求。倘若我們能看到這一點，就不那麼容易因為孩子的某些行為而生氣了。

例如有媽媽提問，一歲多的孩子總是亂扔東西，桌子上所有的東西都扔到地上，撿起來還扔，一看就是故意的，還屢教不改。但其實這個年齡的孩子扔東西並不是在調皮搗蛋，而是他開始了對這個世界的探索。

剛出生的小嬰兒，他只能平躺著，或者趴著。這時候他看到的世界是平面的，他的空間只有前後左右。即便是你把他抱起來，他也並不能感知自己身體的高度。但是孩子在一歲左右開始能直立了，這時候他的空間出現了高低上下之分，他很驚奇地發現，只要一鬆手，東西就會往下落。於是他開始不斷嘗試和探索，一遍遍抓握、鬆開，看到不同的東西落在地上，發出不同的聲音，有的會彈起來，有的會滾走，有的就掉在原地。這些對他來說都無比新奇。這個行為背後的需求是探索世界。

倘若我們發現，原來孩子扔東西不是在搗亂，而是在學習和探索，那麼自然就不會因此而發脾氣、責怪孩子。我們可以給他提供安全的、可以扔的東西，讓孩子自由地探索和嘗試。等他熟悉了這個過程之後，他就會把注意力慢慢轉到其他事物的探索上。

同樣，三四歲的孩子要求東西是新的、完整的，一切行動都要按自己的意願來，否則就像天塌下來一樣哭鬧等等，這是建構內心秩序感的一個過程。這時候孩子的某些需求常常被認為是「任性」和「胡鬧」，他們在這一時期常常難以變通，有時會到難以理喻的地步。但這就是兒童的思維發展，也是最初的內在邏輯形成的過程。

我們可以閱讀一些關於兒童心理發展的書籍，瞭解孩子的成長規律。當我們調整了自己的認知之後，也就不會那麼容易因為孩子的某些行為而引發我們的情緒。

第二個原因，是我們有時候會忘記孩子的年齡，或者高估孩子的能力。我們習慣於用成人的標準來要求孩子，一看到孩子做不完、做不到，我們就會非常惱怒。

我經常會收到一些諮詢：為什麼三四歲的孩子和玩伴一起玩的時候總是吵個沒完，一有不如意就哭鬧？為什麼五六歲的孩子明明答應好要自己做的事情，卻總是耍賴，根本不能說到做到？為什麼上小學的孩子寫作業那麼慢，做什麼都拖拖拉拉？遇到這樣的事情，簡直每分分秒就想爆炸。

我們一定要結合孩子的年齡來理解孩子的行為。人類的大腦發育是有著一定的順序的：**首先發育主導生存本能的「腦幹部分（嬰幼兒階段）」，其次發育主導情緒、記憶以及協調各種外界刺激的「邊緣系統（幼兒至學齡期）」，最後發育主導邏輯、理智、計畫、道德的「前額葉皮層（青少年階段）」**。低齡兒童的額葉部分尚未發育成熟，既缺乏對事物的預測性，又缺乏情緒控制能力，所以很容易發脾氣。

現在很多父母顛倒了這個過程，在孩子身體本能居主導的腦幹發育時期，不給孩子活動的自由，總是讓他們這也別碰，那也別動，不許跑跳，老實安靜地待著。在主導情緒和記憶的邊緣系統尚未成熟的時候，又要求孩子控制好情緒，逼迫孩子坐下來反覆背誦書本知識。而在主導邏輯和道德的前額葉皮層發育未完全之前，我們卻要求孩子愛分享、守信用，具備道德意識和自控能力。這實在是有些強人所難，並不是孩子不願意配合我們，而是他們的能力和年齡，確實沒有達到相應的成熟度。

由此我們可以看出，兩三歲的孩子還沒有發展出社交能力、不會交朋友；五六歲的孩子不會控制情緒，一發脾氣就哭鬧；剛入學的孩子無法理解抽象概念的題目；七八歲的孩子不具備說話算話的契約能力……這些都是很正常的。他們需要我們的協助，慢慢成熟。這時候我們再怎麼著急也是急不來的。理解孩子，耐心等他們長大，不用成人的標準去要求他們，其實也是在放過自己。

第三個原因，我們容易對孩子發脾氣，有時候是來自於對其他事情的遷怒。

當父母公婆和我們的育兒理念不一致的時候，孩子的行為就有可能成為我們追求的一個證明。孩子聽話表現好，證明我是一個好父母；倘若孩子的表現不符合大家的期待，我們就可能被指責。再加上伴侶的不支持不理解，不幫忙分擔育兒壓力，甚至還會補刀：「不就是帶個孩子嗎?你整天不用做其他事，還帶不好?」

更不用說很多父母除了育兒瑣事之外，還要面對工作上的壓力。白天見老闆客戶，晚上陪孩子家人，哪一樣都不輕鬆。在別處積壓很多無處釋放的情緒，此時孩子的那一點「無理取鬧」，都會成為我們情緒的導火線。因此，分清哪些是自己的事，哪些是孩子的事，更有利於我們面對不同的生活場景，做好身分轉換。

第四個原因，孩子的反抗激起了我們的控制欲。有時候我們朝孩子發完脾氣之後，回想起來似乎並不是什麼太大的事情，可是當時我們就是一時氣急，一定要讓孩子按照我們說的來做。「這麼小就敢不聽話?以後長大還得了?」「不行就是不行，少跟我囉嗦!」這時候我們就和孩子陷入了一種權力之爭，我們決意要讓孩子知道是非對錯，以彰顯我們的權威。然而在對抗中的孩子，根本接收不到這一點，他們只會感覺被壓制、被迫服從。

如果父母在發脾氣時，覺察到自己內心的控制欲，可以先從對抗中撤出來，不要在那個節骨眼上跟孩子較勁。當我們情緒平和的時候，孩子也更容易接受我們的商量和建議。**如果總是跟孩子爭輸贏，不管最後結果是什麼，我們都輸了孩子的心。**

孩子所有的「無理取鬧」，背後都有他的原因、他的道理，只是他們的視角和我們不同而已。帶著尊重和關愛去探尋他的世界，我們會看見不一樣的成長，也能減少一些焦慮。

第五個原因，大概是最常見的原因了：父母們，你並不是脾氣暴躁，你只是太累了。工作會有職業倦怠，養育同樣也有。養孩子最大的規律就是沒有規律，你永遠無法預知下一刻孩子會做出什麼事，所以你得時刻準備著。

我生了兩個年齡只相差兩歲的男孩，在他們小時候，家裡最多的場景就是老大在前面跑，我抱著老二在後面追；老二哭著要喝奶，老大哭著要出去玩；這邊「噗哧」拉了一屁股，那邊「鋃鐺」打翻一桶水；晚上哄了小的哄大的，大的剛哄睡，小的又醒了……

一旦當了父母，就同時承擔著數個角色。除了要做好自己的本職工作之外，還要帶孩子、做家事、陪玩、陪散步、陪講故事……各種零散瑣碎的事情鋪天蓋地。而孩子就像是一個黑洞，任你有多少時間和精力，都被吸得一乾二淨。有時候我一天到晚忙個不停，感覺已經累得筋疲力盡了，但扳著手指頭數數，好像這一天什麼也沒做，不知道為什麼時間一點都不剩。晚上兩個孩子都睡了之後，看著家中如同颱風過境一般的現場，還得災後重建，簡直欲哭無淚。

有幾個媽媽沒坐在馬桶上餵過奶？誰沒練就出五分鐘吃飯、十分鐘洗澡的超能力？萬一孩子再有個感冒發燒，或者你心血來潮又生了第二胎，那簡直是困難模式升級。在這樣身心俱疲、缺乏休息的情況下，孩子隨便一點小事就能惹得我們抓狂。

當我們在極度疲勞的狀態下，情緒是很容易波動的。很多父母們會說，自己看了很多書，明白了很多道理，可還是經常發脾氣，無法調整自己的情緒。**其實很多時候，並不是因為你脾氣暴躁，而是你真的太累了。**

在兩個孩子還小的時候，有一次，我一邊給葉新餵奶，一邊催促葉兒趕緊穿衣服去幼稚園，想著他去上學了我總算能輕鬆點。可葉兒偏偏不配合，各種鬧彆扭。當他把我給他盛的粥啪地一下弄翻在地上的時候，我終於忍無可忍了。這時候別跟我說什麼再過十年你想要這個機會都沒有了，我不管什麼再過十年，我現在就想讓他們立馬從我眼前消失！我朝他大聲吼道：「不想吃就別吃了！趕緊走！叫你快一點聽見沒有！」

因為咆哮的聲音非常大，葉兒一下被嚇住了，乖乖地拿起書包跟著我出了門。我把他綁在安全座椅上，送他去幼稚園。一路上他都很安靜，一句話不說，我也在氣頭上，一直陰沉著臉。內心無比沮喪，看了這麼多書，可我還是連自己的脾氣都控制不了，我簡直糟透了。

快到幼稚園時，一直坐在後面沉默不語的葉兒忽然說：「媽媽，其實我知道你是很愛我的，只是有的時候你會心情不好。」我瞬間被擊中，仿佛心尖最柔軟的地方被狠狠地揪了一下，眼淚一下子掉了下來。我趕忙拿起墨鏡戴上，以免旁人看見。終於體會到，這就是生活，有著各種溫馨甜蜜的幸福，也有著無法避免的一片狼藉。

從那以後，我放棄了做完美媽媽的自我要求，不再事無鉅細都要親自操持。我開始找一切可能讓自己輕鬆一點的機會。我不再糾纏細節，只要不是原則問題，就大膽地放手放權。我不再耗費太多精力在小事情上，而是更著重在平衡全局。我不再苛責自己，因為我知道，**我不是不愛孩子，我只是需要休息。**

我承認，我的時間我的精力我的狀態，在這樣的情景下就是有限的。我做不到完美，我就是會煩躁會疲憊會發脾氣，然而這就是當下最真實的我，一個在成長道路上跌跌撞撞、姿勢難看，但從未放棄過努力的我。

我們可以請家人幫忙分擔一些，找一切機會放鬆，讓自己能喘口氣，狀態才能調整和重置。父母心情好了，孩子才能好。無條件愛孩子的同時，我們也要無條件地愛自己、照顧自己。在這樣如機器人一般高速運轉的日子裡，一定要找機會給自己補充能量，只有得到足夠的休息，我們才能更好地去陪伴家人。

最重要的是，媽媽們不必苛責自己，只有足夠好的媽媽，才會擔心自己不是一個好媽媽。有的時候真的不是你做得不夠好，而是因為你太忙太累了！

有這樣一段話：「這個世界上有一種職業很特殊，它是全天候的，不分白天和黑夜，沒有休息日，不能請假，也沒有退休的一天，更沒有薪水可拿；在這個世界上有一種冠冕也很特殊，它是終身制的，從加冕的那一刻起，就永遠不會被褫奪，只是有時候，它給人帶來的不僅僅是榮耀，還有責任、緊張和壓力……這種職業，這種冠冕，叫作母親。」

戴上冠冕的同時，也彷彿戴上了金箍，也許這就是作為母親的羈絆。所以媽媽們，請放下必須要做個好媽媽的自我要求，不要苛責自己，盡可能找機會讓自己休息，請家人幫忙分擔一些，給自己時間享受自己喜歡的興趣愛好。這些自我調整都能夠幫助我們做一個情緒穩定的父母。

偶爾狼狽沒什麼大不了，所謂成長，就是在不斷的磕磕絆絆中繼續前行。也許有些艱難，我願意陪伴你一起渡過。就讓我們彼此陪伴，一邊摸索、一邊一步一腳印地往前走。帶著飽滿的、柔軟的、堅強的心，慢慢向前。即便摸著黑，也一定會看到前方的溫暖和光明。

不被育兒理論逼死，也能成為孩子最好的爸媽

很多父母們會發現，自從有了孩子，似乎生活就不是自己的了。隨便哪一個親戚長輩，七大姑八大姨，甚至街坊鄰居，都可以對我們帶孩子的方式指手畫腳、品頭論足。我們經常會聽到：「不就是一個孩子嗎，有什麼難的？」「不就是這點事嗎，你應該怎樣怎樣。」「老一輩不都是這麼過來的，怎麼就你問題多？」似乎所有的語言都暗示著，養孩子是一件很容易的事，如果你覺得累，那是因為你做得不夠好。

不知道大家有沒有聽過這樣的論調：「孩子的錯都是父母的錯。」「沒有教不好的孩子，只有不會教的父母。」「父母是正本，孩子是影本，如果想修改影本，就要先修改正本。」……這一系列言論的出發點是好的，也並非毫無道理，但這樣的宣導，無形之中給父母們帶來了巨大的壓力。似乎只要孩子有哪一點表現不好，父母就要先被拉出來批判一頓，無臉見人。

然而，如果把父母也看成是一種職業的話，那和其他職業相比，養育一個孩子真的可以算是世界上最困難的工作了。一個哇哇亂哭的小傢伙就這麼突然出現，沒有任何說明書，自

帶的最常見的運行程式就是哭，怎麼會不叫新手爸媽們手忙腳亂呢？好在現在網路發達，資訊豐富，趕忙到處查找資料，四處求助。於是乎，各種專家說、理論說、書上說、長輩說就如轟炸的炮火，讓人無所適從。

我有一個朋友，性格風風火火，講話乾脆俐落。可她的女兒偏偏比較安靜內斂，情感很豐富，同時也很敏感。朋友看到孩子的行為，總覺得和自己想像中的不一樣，於是就去對照那些育兒書籍，想看看這孩子究竟出了什麼問題。在比對了一條條資料之後，她得出了一個結論——這孩子安全感不足。於是就整天憂心忡忡：這孩子到底有什麼心理陰影？是我造成的嗎？根據「三歲看大、七歲看老」的理論，我已經耽誤了她一生嗎？

同樣，也有不少媽媽向我詢問：「母乳真的會大幅影響免疫力嗎？我只餵了幾個月怎麼辦？」「我曾經用哭聲免疫法，把孩子關進黑屋子。會不會造成孩子的陰影？有什麼辦法能彌補嗎？」「我在孩子三歲之前曾經離開過他一段日子，結果他現在真的很缺乏安全感。我後悔死了，我該怎麼辦？」在一些有關哺乳和斷奶、哄睡和分床、工作和家庭的話題下，可以看到為數眾多的父母們在自責、擔憂、糾結、恐慌。

我們往往對父母不太寬容，尤其是隨著新育兒理念的發展，人們越來越認識到家庭教育對於孩子的重要性，於是各種言論和理念就開始偏向對父母的「高標準」和「高要求」。在現在這個社會，孩子一旦出現了某些「不良」行為，父母總是首先受到指責的那個人。

在葉兒快三歲時，我開始尋找幼稚園。曾經在參加一所幼稚園的講座時，園長全程都在言之鑿鑿地宣導：「孩子的家庭教育有多麼重要，如果父母這樣做了，孩子就會怎樣；如果你們這樣，孩子就會受到什麼樣的傷害，自我認同建構得不完全，導致人格缺失……」聽著她慷慨激昂的話語，再看看周圍的父母們點頭如搗蒜，不停地做著筆記，小心翼翼地請教自己哪裡做錯了，以後就拜託老師了，給老師添麻煩了……我忽然有一種錯覺，總說父母影響了孩子，那是不是孩子不要跟父母一起生活最好？這樣就可以從根本上完全避免父母給孩子帶來的不良影響了，孩子再也不會受到父母不當言行的傷害了，但難道這樣就能獲得一個純潔無瑕的孩子嗎？

將孩子的所有問題都歸結於父母，這是一種簡單粗暴且不負責任的邏輯。且不說孩子天生自帶的人格特質就決定了他不會是一張白紙，任你塗抹。只要整體上給孩子的愛充足，即便是父母的某些行為對孩子造成了一些影響，我也不覺得這就是一件無法挽回、不可饒恕的罪過。**我們來這世上一遭，有自己需要成長的功課。同樣，孩子也有他們自己的功課。希望自己成為一個完美媽媽，對孩子只有滋養沒有傷害，似乎這樣就可以成就孩子幸福快樂的一生，這種想法，其實也是一種自我中心主義。**

「如果我不逼著孩子學習，他就考不上好高中，就進不了好大學，就找不到好工作，就娶不到好老婆，就過不上好人生。」這樣的邏輯，大家都能看出問題。可是現在很多媽媽擔心的卻是：「如果我不能無條件愛孩子，孩子就不自由；如果我不能控制情緒，孩子就有心理陰影；如果我不能滿足孩子的需求，就阻礙孩子發展，孩子就不幸福了。」這兩種邏輯，難道不是一樣的嗎？

這果然是「神」邏輯。可是父母是人，不是神。是人就會犯錯，就有侷限性。有時候我們會自責：「這種低級錯誤就不應該犯啊！」可是回過頭去想一想，哪種錯誤是「應該」犯的呢？你會發現，所有錯誤都是不該犯的，所以，你是在要求自己永遠正確。

為人父母，其實是我們和孩子彼此陪伴、共同成長，而不是讓自己成為完美的化身，時時刻刻保持正確。這世上沒有什麼是「必須」要怎樣的，一旦陷入「必須」的執念裡，我們就會給自己設立很多的標準和規則。要麼擔心自己做了什麼傷害了孩子而焦慮不安，要麼擔心自己沒做什麼耽誤了孩子而後悔自責。如果父母總是陷在這樣的情緒裡，那麼即便是一直陪伴在孩子身邊，孩子也感受不到平靜和安寧。對待孩子的方式很重要，然而更重要的，是你能否坦然地面對自己的內心，看見眼前真實的孩子，而不是活在自己的腦海中。

父母一定要給孩子無條件的愛，這幾乎已經成了一種共識。**然而無條件的愛是一種狀**

態，它是父母內在豐盈、自然而然流淌出來的。無條件的愛無法要求，要求自己隨時隨地對孩子「無條件」，就已經是一個最大的條件了。我們總是說，愛孩子，如其所是。那麼我們對待自己，是否也能如自己所是呢？我們能不能接受，自己有時候就是做不到呢？

成為一個內心強大的人，大概是所有人的願望。然而真正的內心強大，不是指我們把所有的事情都做正確做完美，而是能夠接受自己的侷限，承認自己也有脆弱、不足，接受自己可以是一個不完美的母親。生而為人，我們可以寬容，甚至尊重自己作為人必定會有的侷限，溫柔地對待自己，而不是看到什麼就揮起鞭子鞭韃。

親愛的父母們，你們當初所做出的選擇，都是當時的你們所能做出的最好選擇。不是因為你們做得不夠好，而是因為當初的你們沒有獲得足夠的資源。可能你會後悔：當時我為什麼不堅持一下呢？但在那個時候，你是真的沒有辦法再堅持了，否則你一定會堅持的。可能你會自責：我為什麼沒有做得好一點呢？可是在那個時候，你已經做到你所能做到的最好了。你盡了自己最大的能力給了孩子愛和關照，所以請不要自責、內疚、後悔。

不是所有的打擊都會造成傷害，不是所有的傷害都會形成傷痕，不是所有的傷痕都會伴隨我們一生。即便是有可能伴隨一生的傷痕，也會隨著我們的成長而淡化，最後成為一個成長的記號。我們哪個人不是帶著許多傷痕成長的呢？但這並不影響我們擁有幸福。

如果哪位專家、哪篇文章所宣講的育兒理念，是用威脅、恐嚇的方式，讓你看了後覺得焦慮、驚慌、恐懼、後悔，那麼這種宣傳資訊的方式本身就有違「無條件式教養」[1]。我們可能會有失誤，但失誤不是罪行。不必給自己貼上負面的標籤，也不必自責甚至有罪惡感。可以改變的是你的行為，而不是去譴責你這個人。指責自己過去「應該」怎樣並沒有建設性意義，重要的是你現在怎樣，以及你想去往何方。

請關照自己的內心，無需過多地苛責自己。**無論生活還是養育，都是在做出無數個選擇。我們無法將已經做出的選擇重來，但我們可以在下一次的選擇中更有力量。**我始終覺得，**人生是一個逐漸強大的過程，而不是一個改錯的過程。**所以我們可以看看，自己有哪些做得好的地方，哪些地方還可以更好，然後朝著那個方向去努力。

請相信每一個生命都有內在成長的動力和自我完善的能力，放下困擾我們的種種焦慮，把注意力放在建設性的成長和改進上，而不是在對自己的否定和內疚中消耗自己。成為父母之後，我們忽然發現好像有那麼多的東西要去學習、要去成長，但我們不是去學習所有的理論方法和技巧，而是學習如何去愛。

我們不斷學習、實踐、成長的目的，不只是為了孩子，而是為了成為更好的自己。努力做好自己，就是對孩子最好的引領和教育。我們不知道孩子將來會遇上什麼樣的人，發生什麼樣的事，過上什麼樣的生活，但是我們在日常生活中所表現出來的自尊、自律、自愛，在對待他人時善良正直，在艱難困苦時不輕言放棄，在面對人生時謙遜豁達，以及發自內心的樂觀向上，這些都會成為滋養孩子一生的源泉。

孩子選擇了你，就是為了引領你成為他最好的父母。

1 美國心理學家艾菲・科恩在其著作《愛孩子，不必談條件》（商周出版）中提出「無條件式教養（Unconditional Parenting）」的概念，傳統的獎懲式教育容易讓孩子將自我價值與表現掛鉤，影響自尊與內在動機。而無條件的愛能提供情感安全感，幫助孩子建立健康的自我認同，避免因外在評價而影響成長。

遠離正能量滿滿的生活成功學

十幾年前我在一家私人企業工作時，曾經被派去參加一個五天四夜的課程，課程主題是「超越極限」，也就是時下很流行的成功學。在以「激勵心靈」為目標的那幾天裡，我們每天從「好！很好！非常好！」的操練中開始，各路導師不斷向我們灌輸「你只要……就一定……」這樣的邏輯，讓我們相信，成功是人人都可以達成的事情，如果你不夠成功，那一定是因為你還沒做到什麼條件。

我們每天喊著這樣的口號，一邊讓自己相信「人定勝天」，一邊檢討著自己還有哪些地方沒做到位，還能再怎麼多努力一把，以改變生活，改變命運。現在回想起來，真是滿滿的自我中心，還真以為自己能夠掌控一切。

然而生活中哪有那麼多「一定」？越努力你就越會發現，「不一定」才是佔更多數的。等你真的拼死拼活達到了那些條件之後，很可能會發現事情並沒有按原先的設想進行。這時候要怎麼辦？按照一貫的邏輯，當然「一定是我哪裡做得還不夠好，還有哪裡沒做到」，於是繼續揮鞭子抽自己，這個角度不行我換個角度上，一個人做不了我多拉些人組成團隊一起上。

這其中有一個概念被偷換了，成功所需要具備的各種因素都只是必要條件，而「只要……就……」這樣的句式，列出的是充分條件。

小時候的我愛讀《三國演義》，曹操手下最有名的謀士郭嘉，不但勤於謀略，而且擅長內政。他隨曹操東征西討，為魏統一北方立下了汗馬功勞。可是他卻在北伐烏丸時，因為水土不服而病逝，年僅三十七歲。他的才華是公認的，以至於有歷史學家稱，正是因為鬼才郭嘉之死，才會形成三足鼎立的局面。郭嘉去世的那一年是西元二〇七年，這一年還發生了另一個著名的歷史事件：三顧茅廬。不得不感慨，倘若有著「三國第一謀士」之稱的郭嘉沒有英年早逝，歷史又會如何發展呢？

郭嘉做得還不夠優秀嗎？當然，成功學恐怕會認為他沒有鍛鍊出一副好身體。可是更為感慨的是，郭嘉至少還在歷史上留下了濃重的一筆。當時有多少才華橫溢的能人，死於流矢、亂兵、饑荒、疾病……而根本無法被人所知，他們又去找誰評理呢？

說近一點，我的一個高中同學，學習刻苦，成績穩定，大考那年發揮正常，和預期的分數差不多。他所報的大學科系，之前幾年的招生情況都十分平穩，而他的成績也超過歷年的錄取分數不少。這種情況原以為是萬無一失了，可是不知道為什麼，那一年那所大學的申請人數忽然激增，導致他第一志願沒能通過錄取門檻，最後無奈選擇了重考。第二年大考前夕，學校邀請了上一屆的一位考生來分享成功經驗。我的那位同學聽完後，無比痛苦地對我說：「他介紹的那些成功方法和經驗，那些一二三點，我全都做到了，我甚至做到了一二三四五點，甚至我的分數都和他相當，可是你告訴我，為什麼我沒有成功？」

成功學式的生活態度，會讓我們誤以為「只要我努力提升自己，就一定能夠獲得成功」。這種錯覺持續發展下去，就會形成另一種邏輯：「如果你沒那麼成功，一定是因為你不夠努力，不夠優秀。」

於是我們不斷進行著心靈成長和自我提升，好像今天的所有問題和煩惱，在「成為更好的自己」之後就都能迎刃而解。如果質疑這個邏輯，就是不夠正向和積極。然而很少有人懷疑過，這些「絕對正確」的理論其實是很不公平的，那是一種不給失敗者活路的說法。因為按照他們的邏輯，你的失敗都是因為你不夠努力，你不夠好。

過度精進也是一種防禦。過分地依靠成功學和雞湯文來支撐自己，就像每天出門之前要對著鏡子大喊三聲「你真棒」一樣，其實都是在抵抗一些自己不願意去看、去觸碰的東西。你有多用力，內心就有多大的反作用力。我們不敢去接觸自己的脆弱、無助，於是就在外面給自己製造出一圈虛幻的人造光明，然後揮著拳頭告訴自己朝那個方向前進。

育兒圈也是如此。你覺得帶孩子太累？那一定是因為你的心態不對！帶孩子是無比幸福的一件事，你應該讓陪伴孩子成為滋養你的方式，所以你應該享受陪孩子的過程才對。什麼？你覺得辛苦？那是因為你學得還不夠多，做得還不夠好！

是，沒錯，我知道生養孩子是我自己的選擇，沒什麼好抱怨的，但有時候我就是會煩會累啊，這也是我切切實實的感受啊！可是那麼多無比正確的觀點都在告訴我，我這樣是不對的。為了讓自己能堅持下去，只好隨時給自己備著心靈雞湯，打著正能量的強心劑。一邊喝雞湯，一邊鞭策自己：「你還有哪裡沒學到！你還有哪裡沒做好！別人要是做到了，你也可以的！」於是在自責和內疚中消耗掉自己的能量，更加陷入了「看吧，我果然就是心態不好」的自我批判中。

能不能和自己的不完美共處呢？能不能什麼都不做，就只是去擁抱自己的脆弱呢？不要求自己成為超人，而是僅僅去承認，我的時間我的精力我的狀態，在這樣的情境下就是有限的。這就是當下最真實的我，一個在成長之路上跌跌撞撞、姿勢難看，但願意陪伴自己、允許自己不那麼成功的我。

有一個詞叫作「內省不疚」。內省，是一種很好的品質。內疚，是對自己的指責和攻擊。內省，是看到：「哦，原來我是這樣的。」而內疚，是自責：「我怎麼可以這樣呢？」內省的首要步驟是自我觀察，看到了自己的舊有模式，才能夠有新的選擇。在這個過程中有一點要注意，只觀察，不評判。

以為做到了什麼，就一定能夠怎麼樣的，可能生活經驗還不夠成熟。越來越多的經歷會告訴你，你不斷拼命奮鬥，也不一定達成想要的結果；你就算開成一朵完美的花，那人也未必會喜歡你；你臥薪嘗膽、懸梁刺股，也只能說是可能提升一點成功的機率而已。

成功是偶然的。這麼說恐怕很令人絕望，彷彿自己的努力毫無意義。**但如果你明白了這些，卻依舊願意堅定地前行，並平和地接受也許不那麼理想的結果，這才是生活的常態，也是真正的成熟。**

成功學宣傳的都是別人的人生，然而成功不可複製，想用別人的活法套在自己的生活上，恐怕只會更加突顯自己的不成功。在遇到挫折時給自己加油打氣當然沒有問題，但如果一個人活成了頓頓都吃心靈雞湯、一口一個心靈語錄，只要正能量，絕不允許自己不積極，那恐怕才是真正切斷了和自己內心的連結。

想起作家張嘉佳的一段話：「正能量不是沒心沒肺，不是強顏歡笑，不是弄髒別人來顯得自身乾淨。而是淚流滿面懷抱的善良，是孤身一人前進的信仰，是破碎以後重建的勇氣。」

每個凡俗中的人都一樣，有時陽光明媚，有時愁眉不展；也曾豪情萬丈，也曾萬念俱灰。有起伏的才是生活。常常說修行修心，修一顆什麼心呢，也許那就是——以一顆平常心，面對無常事。

古人將其總結為：「盡人事，聽天命。」當然，人事一定要盡，否則就是怠惰了。做好自己的部分，其他的，就交給更大的存在吧。做事認真但不當真。**認真，是態度端正；當真，是囿於執念。**

太過執著，會被生活揍得鼻青臉腫。年少時年輕氣盛，總是堅信「人定勝天」，不斷去拼去爭去向外抓取。隨著年歲漸長，經歷的事情多了，越發對生活有了一種敬畏之心。今後也是這樣，我會逐漸放低對結果的期待，但不會降低對自己的要求。**無論你選擇什麼樣的路，都請真誠地對待自己的心。**

你並不是軟弱，而是堅強了太久

在我們的想像中，成為一個母親，能夠見證一個生命的誕生與成長，是一件無比神聖的事情；而剛生完孩子的媽媽，懷抱著可愛的嬰兒，也一定是幸福無比的。然而，現實生活卻往往沒有想像中這麼美好。所有我們看到的光鮮亮麗、幸福甜蜜的背後，都曾經是一段咬緊牙關硬撐過去的日子。

我有兩個孩子，他們的到來，給我帶來了無比的欣喜、快樂、幸福和甜蜜，同時也帶來了各種糾結、疑惑、焦慮和痛苦。尤其是在生育二寶葉新的時候，原以為會更有經驗，卻猝不及防地墜入產後憂鬱的深淵，讓我手忙腳亂、不知所措。

葉新的生產過程很不順，作為高危產婦，在剖腹產之後我都沒能和孩子見面，就被送入了加護病房。隨後在月子裡，又經歷了開奶之痛，每日每夜無法入睡；恥骨聯合分離導致我一個多月無法下床行走、就連翻身都要承受巨大的痛苦。而葉新又是一個高需求寶寶，在長達一年多的時間裡，每次入睡都無比困難。

那時候我的狀態跌到谷底，一邊承受著身體上的痛苦，一邊背負著精神上的重壓，每天被兩個孩子具體而又瑣碎的各種事務纏身，重複的日子彷彿永遠看不到盡頭。身體得不到休息，情緒得不到緩解，每天都在憂鬱痛苦和自我懷疑中度過，卻還要強打精神照顧兩個年幼的孩子。而二寶不分晝夜的折騰更是將我逼到了崩潰的邊緣。

每天一到傍晚，我就會很恐懼。葉新在懷裡哭得撕心裂肺，葉兒在屁股後面追著要我講故事，我的耐心被一點點耗盡。缺乏休息讓我頭痛欲裂，我開始頻繁生病、頭疼、渾身骨頭疼。但媽媽這個職業，是沒有休息日的，也不能請假。我癱在沙發上，葉兒在左邊拉扯我，葉新在右邊大哭。

白天是磨難，晚上就是煎熬。那時候，家人隨便一句話，都能讓我莫名地悲從中來。我開始質問自己：「為什麼你連個孩子都帶不好？為什麼你的奶這麼少？為什麼孩子總是哭？你算什麼媽媽？」明明有家人照顧，可我還是好累，累得只想睡過去再也不要醒來，就不用看到她們用我不接受的方式對待孩子，不用聽到她們說好心好意照顧我還不領情……

一轉眼，現在我的兩個孩子都已經十幾歲了。但回想起那段暗無天日的歲月，還是能深深地感受到當時的無助、絕望和悲涼。現在因為心理諮商師的身分，我也經常會遇到陷入產後憂鬱的媽媽們。**每一位媽媽的日常，看似平淡，卻是尋常平靜中暗含著驚心動魄。這箇中滋味，只有經歷過了才會懂。有的時候流淚並不是因為軟弱，而是因為堅強了太久。**

大約八成的女性在分娩後都會體驗到情緒低落，而當產後情緒低落持續下去，就可能發展為產後憂鬱。**產後憂鬱的群體並非少數，一份研究結果表明：新手媽媽中19.2%會體驗到明顯的產後憂鬱，而7.1%會體驗到嚴重的產後憂鬱。**

產後憂鬱主要表現為幾方面：每天或一天大部分時間都體驗到悲傷、空虛、無助；興趣喪失、覺得生活無意義；睡眠變差，胃口不好；經常內疚自責，擔心會有不好的事情發生，無法放鬆；焦慮不安，易怒；情緒低落，有時會無原因地流淚；有傷害自己或孩子的念頭。

根據上述表現的程度不同，可以將產後憂鬱分為三種程度：

輕度：並不怎麼享受作為一個媽媽的感覺，有一些憂鬱的狀況，但是依然能正常地生活和照顧嬰兒。

中度：總是感覺情緒低落，認為自己是一個糟糕的媽媽，對孩子失去興趣。存在一些憂鬱症狀，和自己的正常狀態反差很大。每一天都過得很辛苦。

重度：心情極度憂鬱，伴有很多憂鬱症症狀。已經不能夠照顧自己的生活，也不能夠照顧嬰兒。

出現產後憂鬱的原因有多種，主要有生理和心理兩方面的原因。

第一，激素作用。女性在生產之後，雌激素和黃體酮會從孕期的高水準迅速下降，這會讓她的身體感到非常疲憊與消耗，易導致憂鬱情緒出現。

第二，生活規律和節奏被打亂，睡眠剝奪，身體得不到休息。尤其是當看到自己身材走形、哺乳時的狼狽、溢奶漏尿等狀況，完全沒了之前的形象。這些生理上的不適會作用於心理，引發憂鬱或焦慮的情緒。

第三，過高的自我要求。忽然被推到媽媽這個位置上，新身分帶來了巨大的責任，讓人手忙腳亂，不知如何應對各種突發事件。總覺得孩子出現任何一點狀況都是自己的責任，接著引發強烈的自責和內疚，甚至開始自我懷疑，認為自己不能給孩子提供好的養育。尤其現在是一個資訊爆炸的年代，我們每天都在接收大量的育兒知識，看到別人秀出的育兒生活。然後越看就越焦慮，總覺得自己很多地方沒有做對，錯過了成長的關鍵期，耽誤了孩子。而別人家的媽媽似乎是十項全能，陪孩子、選繪本、教育啟蒙、粗大動作能力訓練、智力開發、戶外探索……面面俱到，還能做一手漂亮的副食品，讓孩子愛上吃飯。再回頭看看自己，頓時覺得無比挫敗。

第四，缺乏家庭和社會支持。孩子出生後，很多家庭的注意力會全都放在孩子身上，卻忽略了這時候最應該被關心的媽媽們，她們不但身體承受了劇烈的疼痛，還承受著巨大的精神壓力。這時候如果丈夫放任孩子不管，或家人質疑「奶水不好」、「養孩子哪那麼多名堂」，媽媽們就很容易陷入悲傷和自責中。而此時又很難找到一個傾訴的管道，因為周圍的人總認為你只是情緒化。太多的情緒無法排解，只能自己承受，這無疑會加重媽媽們的憂鬱。

第五，自我的喪失。剛生完孩子的媽媽，幾乎是每天二十四小時和孩子待在一起，無微不至地照顧孩子的生活起居，卻沒有時間放鬆，做自己想做的事情。她們的身分被定義為「××媽媽」，彷彿和孩子緊緊捆綁在一起，哪怕短暫外出一會兒也要時時刻刻考慮到孩子。想吃美食，要先考慮到「會影響我哺乳嗎」；想買新衣，也會擔心「穿著抱孩子方便嗎」。生完孩子之後如果重返工作崗位，就會擔心沒顧好家庭、陪好孩子；如果選擇做全職媽媽，又會懷疑自己不夠獨立、失去自我，甚至還會被指責沒有創造價值，只帶個孩子還帶不好。媽媽們似乎不再是一個獨立的個體，而是一切都為了孩子。

當一個女人在承擔母親的角色時，會不由自主地把孩子的需求放在第一位，而這樣勢必經常壓抑自己的需求。我們總是讚頌母愛是世界上最偉大、最無私、最具犧牲的愛，可是誰又來關心這些媽媽們？我們可曾看到她們正在經歷怎樣的情感折磨卻又無法言說？

那麼，倘若我們在產後出現了憂鬱的情緒，可以如何自我關愛呢？

首先，請放下過高的自我要求，不追求做一個完美母親。允許自己有負面情緒，接受自己無法面面俱到。成為一個內心強大的人，並不是指我們把所有的事情都做正確做完美，而是能夠接受自己的侷限，承認自己也有脆弱、不足，接受自己是一個雖然不完美、但一直在學習的母親。

我們可以更溫柔地對待自己。偶爾弄得一片狼藉沒什麼大不了，所謂成長，就是在不斷磕磕絆絆中繼續前行。這一輩子，我們都在學習如何去愛——愛自己、愛孩子。而愛，永遠都是充滿希望的。

其次，每個人都需要休息，需要有一定的獨處時間，這個時間是非常重要的。在這個時間裡我們可以調整、梳理自己，讓我們有更好的品質去和家人相處。但是很多新手媽媽，幾乎沒有這樣的時間。如果獨處的時間長期被剝奪，就會給身心帶來明顯的影響，使我們感到失去自我控制和獨立性，我們就會感覺嚴重的身心失衡。

因此，我們可以偶爾抽離母親的角色，每天給自己一些自我關懷的時間。不必每天和孩子捆綁在一起，我們可以外出、找朋友聊天、買自己喜歡的東西、看電影、做SPA……社交生活能讓我們恢復活力，而享受獨處時間，也能讓我們的身心得到放鬆。

第三，保證睡眠。別小看睡眠對我們的影響，一個人如果長期睡眠不足，就會導致身心失衡，情緒暴躁或低落。休息和睡眠不但對身體有較大影響，對我們的情緒也有很重要的調節作用。偶爾和家人輪流照顧孩子入睡，讓自己得到放鬆和休息。

第四，尋找支持系統。如果家務太過繁雜，可以尋求家人的幫助，或者請家務清潔人員來替代一部分，把自己從重複煩瑣的雜務中解放出來。如果情緒需要出口，可以和朋友、閨蜜傾訴，會讓我們感覺輕鬆很多。

如果覺得自己無法排解，可以向專業心理諮商師尋求協助，情況較為嚴重者可前往醫院身心科讓醫生進行診斷並確立治療方案。**不要總覺得忍一忍就會過去，在「母親」這個身分背後，你首先是你自己。你的狀態好了，你的生活、你的孩子才會快樂幸福。**

如果你的家人正在經歷產後憂鬱，請告訴她，這不是她的錯，你們會陪伴她一起度過。當她傾訴自己的感受時，不要去評判，不要告訴她「沒事、沒關係、別亂想」，不要說「每個女人不都是這麼過來的」。請帶著同理心去聽她訴說，請認可她對家庭和孩子的辛苦付出，並和她一起去承擔育兒和生活上的事情，讓她有自己的時間休息、去做喜歡的事。如果她決定尋求專業心理幫助，請鼓勵、支持她，感謝她願意積極去面對。

雖然生活中的我們做不到理想中那樣，總是有愛、有耐心、抱持正向心態，我們也會發牢騷、不耐煩，也會流淚、痛苦，甚至自暴自棄。但我依然堅信，一切都是經歷，一切都會過去，無論是快樂還是痛苦，都會成為今後滋養我們的回憶。**沒有必要妄自菲薄，生活中的我們其實比自己想像的要堅強得多。**等多年後孩子們都長大了，我們再回頭看看這一段歷程，也會是彌足珍貴的回憶。**這就是孩子，甜蜜的羈絆。這就是生活，一個黎明接著一個黑暗，黑暗過後又是黎明。**

不要讓付出感成為孩子的枷鎖

生活中我們可能經常看到這樣的父母：他們有著穩定的退休金，但總是節衣縮食，吃剩菜、穿舊衣，還不許你買好衣服給他。如果你買了，他們一定會挑出一堆毛病，不停地數落你，讓你徹底打消再買東西孝敬他們的想法。但如果你不買，他們又會跟別人抱怨，兒女情感淡薄啊，辛辛苦苦一年到頭，上門來兩手空空，連件好衣服都穿不上。

還有這樣的父母，提著大包小包突然出現在你家門口，如果你說：「怎麼不打個電話讓我去接啊，我開車很方便的。」他們就會很堅持地說：「不用，我自己走，不拖累你。」

以及這樣的場景：父母來你家做客，不經你同意就整理你的衣櫃，幫你做飯、洗碗、拖地。如果你說：「放那裡就好，讓我來，你們休息一下。」他們就會義憤填膺地拒絕：「不用不用，我們都是辛苦一輩子的人，天生勞碌命！等做完再休息。」但如果你真的讓他們做，自己到沙發上坐著去了，他們又會抱怨：「唉，命苦啊，別人家父母都跟著兒女享福去了，我這老了還不能閒著，操一輩子的心吶！」

如果你讓他們買些好吃的好穿的，他們會憤怒地指責：「我省吃儉用是為了什麼？還不是為了你們！我捨不得吃，捨不得穿，我要錢幹什麼？今後這錢不都是你們的？你以為我是為了我自己啊？我沒穿過一件好衣服，一雙布鞋穿五年都捨不得丟，還不是……」

在課程中有一位學員說，其實她小時候家庭條件不錯，完全有能力外出旅遊、購物，但母親總是會把自己弄成苦行僧一般，然後到處抱怨自己命苦。她會把自己打造成為家庭付出全部的道德楷模，卻不接受家人給予任何幫助。如果你想幫她分擔，她反而會異常憤怒，因為你破壞了她「烈士」的身分。她必須維持自己「犧牲者」的地位，才能用自己的辛苦、勞累來感動家人，讓家人認可她的付出，從而佔據道德的制高點，取得控制權和話語權。

很多父母會無意識地用犧牲和付出給孩子增加非常多的心理負擔，他們把自己的人生「寄託」在孩子身上，一切以孩子為中心，似乎為了孩子可以付出全部。這些父母從小也不曾被善待過，沒有體驗過被愛的關注，無法感受到自己的價值和重要性。這種深入內心的不安全感導致他們對自己、對他人、對生活永遠都不滿意。他們無法控制自己的人生，於是轉而控制家人和孩子，希望從中能獲得一些安全感，體會到自己存在的意義。為了實現這種隱形的控制，他們會透過為家人付出和犧牲的方式，以此來佔據一個不可被指責的位置，因此他們經常把一句話掛在嘴邊：「我這麼做都是為你好！」

如果不能為自己的人生負責，就會把責任歸到別人頭上，而孩子就很容易成為背鍋的那個人。這些父母在養育孩子的過程中會有非常多的犧牲感，他們會對孩子釋放一種資訊：「我們為你付出了這麼多，辛辛苦苦賺錢供你上學、參加各種才藝班、讓你有機會考好學校，你怎麼能不好好學習、怎麼能浪費時間、怎麼能看閒書、怎麼能對不起我們……」而背負父母深深期望的孩子，一方面很牴觸這樣的話語，一方面又會覺得內疚，認為自己拖累了父母，是家庭的累贅。

「生了你之後，媽媽就辭職了，就為專心照顧你，你可要聽話啊！」「為了給你賺學費，爸爸不知加了多少班，你可得爭氣，不能辜負我們啊！」「為了每天給你最營養的餐點，爺爺奶奶操碎了心，你怎麼能惹他們生氣呢？」……很多父母都是透過這樣的方式，期望孩子能懂事上進、知恩圖報。他們把自己對人生的期望和目標都寄託在孩子身上，把自己一廂情願的付出當作是孩子的需要。然而，這種付出是暗含了回報的，通常伴隨著情感索取。父母自我犧牲式的愛，往往隱藏著條件：你要聽話、要感恩、要按我說的做。

當孩子不聽話、沒有按照父母的意願表現的時候，他們就會開始無休止地抱怨：「我累死累活辛苦掙錢供你讀書，你考這個分數，對得起我嗎？」「要不是為了你，我早就和你爸離婚了。」「當初要不是為了照顧你，我早就升職了。」這些看似尋常的話語，會讓孩子內心充滿惶恐，認為自己是個大大的負擔，都是自己不好，拖累了父母。

這種內疚感讓孩子感覺自己彷彿生下來就是虧欠父母的，他們被一種無形的壓力束縛著，不敢反抗父母，凡事都要看父母的臉色，不能違背父母的意願，擔心自己達不到父母的要求，無法承受父母的失望。他們總是背負著沉重的情感負擔，經常陷入自責和內疚中，也無法對自己滿意。他們為了活成父母想要的樣子，不斷壓抑自我。父母似乎為孩子犧牲了一切，但孩子也為此犧牲了自己的快樂和自由。

為什麼在關係中會有人願意犧牲自我、拼命付出，卻不接受他人用同樣的方式對待自己呢？因為付出的人會有一種道德感，覺得自己在這段關係中問心無愧，因此佔據了絕對正確的位置，是無可指責的。付出者的內心會這樣認為：「我都為你活了，你也得為我而活。」因此，無論如何干涉別人的人生，付出者都理直氣壯。

而相應的，關係的另一方被喚起了內疚感，會覺得很不舒服，總覺得自己虧欠對方，只要稍有不如對方意，就是自己行為有愧。這種模式持續運作下去，必然會導致背負愧疚的一方想要逃離，然而逃離的衝動一旦被付出者發現，他就會覺得自己受到了莫大的傷害，進而更加激烈地道德攻擊逃離者，認為這是對自己付出的背叛。這種模式在伴侶和親子之間都很常見。被這種隱性情感控制的孩子，只要想試圖稍微掌控自己的生活，就要遭到良心譴責、懺悔自己不孝。

除了這些直接的道德綁架和情感勒索之外，還有一些付出者，默默隱忍著犧牲，似乎是無欲無求地對孩子好，但那種付出感卻讓孩子感到窒息。

一個被診斷為憂鬱情緒的青春期孩子，在諮商時對我說：「我媽對我太好了，好到我無法承受。我實在是沒有理由抱怨，但我真的受不了了。」這個孩子的媽媽每天凌晨起床給孩子做早餐，十幾年如一日，哪怕生病了也一定要爬起來，顫顫巍巍地在廚房忙碌。她平時省吃儉用，買了草莓、櫻桃全都留給孩子，自己一口不吃，而是坐在孩子旁邊看著孩子吃。孩子遞給她，她會拒絕，微笑著對孩子說：「你吃吧，只要看你吃得開心就夠了。」

孩子長高了，媽媽會欣喜地帶孩子去買新衣服，但總是暗暗加上一句：「我老了，也不用穿太好，我穿市場的便宜衣服就好，省下來的錢給你買好的。」孩子說她有一次坐在地墊上看書，媽媽切好水果拿過來之後，就半跪在地上餵她吃。孩子覺得不舒服，就換了個地方，媽媽又追上去繼續餵。可是只要孩子表現出反抗，媽媽就說：「沒事，媽習慣了，你好好學習我就知足了。」孩子曾多次表達希望媽媽不要這麼照顧她，而是能對自己好一點，但媽媽依舊我行我素。時間久了之後，孩子的情緒也變得越來越低落。

這樣的父母，往往用「自虐」的方式來表達愛。而他們的孩子因為不願看著父母受苦，會透過各種方式拼了命地想要把父母從自我折磨、過度犧牲的束縛裡拉出來。然而無論孩子怎麼做似乎都無法讓父母滿意，父母永遠是含辛茹苦、期待殷切的樣子。這時孩子的心就會被內疚佔據，憤怒沒有出口，就會轉而攻擊自身，導致憂鬱。

過分的付出往往是控制欲的偽裝，雖然表面上看起來似乎對孩子沒有要求，但這份付出的潛臺詞是：「我為你好，你必須接受，不管你需不需要。既然你接受了，就得領情。我為你付出了這麼多，你必須按照我的期望來。」他們一邊不計回報地付出著，一邊又要求孩子要聽話，否則就是辜負了父母的一片苦心。

我給你的，你必須接受，否則就是辜負。也許孩子只想要一個蘋果，但我們給了他一車梨。這時候我們陷入自我感動之中，哭天喊地對著孩子控訴：「我都已經給了你一車梨了，為什麼你還不領情？」

一邊過度犧牲，一邊隱性控制，在這種教育下長大的孩子，是很難不接受父母的付出的。如果父母打罵孩子，孩子至少還可以表達憤怒。但過度付出的父母，為孩子犧牲了一切，他們以「為你好」的名義要求孩子做這做那，孩子有苦也說不出，沒有理由直接反抗父母，就只能壓抑自我。就算內心有不滿，也會被愧疚壓倒，覺得自己不該抱怨。這是一種情感債務，而且永遠無法還清。除非永遠聽父母的話，永遠為父母而活。孩子背負著這麼沉重的負擔，卻又永遠無法達到父母的要求，只能在內心一遍又一遍批判指責自己。

有些孩子會奮力反抗，想透過攻擊父母的方式讓他們醒悟，但攻擊父母又會帶來強烈的自責，進而引發更劇烈的痛苦。他們一邊處在愧疚中自我譴責，一邊又不堪忍受父母的越界干涉和控制。這時父母們可能會覺得很奇怪：「我都已經對你這麼好了，為什麼你一點都不知道感恩，還總是發脾氣呢？」

因為被愧疚感淹沒的孩子，他們的自我正被一點點蠶食，壓抑得無法呼吸。他們無力反抗父母的控制，甚至無法拒絕父母的「好意」。這時唯一能保持的自我主張只有憤怒。他們如同刺蝟一樣，哪怕一點小事就能引發情緒風暴。這種憤怒其實是在宣告：我無法反抗你們的安排，但你們也消滅不了我的情緒；你可以控制我的一切，但你永遠控制不了我的情緒。

還有一些孩子，甚至是已經成年的孩子，他們在無法反抗中積累了太多無力感，習得性無助，最終選擇自暴自棄。父母對生活總是抱怨和不滿，孩子也不敢快樂，因為不管怎樣都對不起父母。他們會無意識地追求不幸，因為幸福是對父母的背叛。他們既想拯救父母，又無法改變父母的命運，最終被沉重和無力感壓倒，磨滅了自己的生命力。於是他們跳進父母水深火熱的生活中和父母一樣受苦，毀掉自己的生活，以此來表達自己的憤怒和絕望。

有一次我和葉兒探討這個話題，我問他，有父母說：「我們為你付出了這麼多，辛辛苦苦賺錢供你上學、參加各種才藝班、讓你有機會考好學校，花費了這麼多錢，你怎麼能辜負我們……」聽到這些話你會怎麼想？

葉兒說：「那就從現在開始，不上任何才藝班，不接受任何課外輔導，不考好學校，任何和學習相關的事情都不再花錢，然後看看是孩子更著急，還是父母更著急。誰著急，這就是誰的需求。」

這還真是一句大實話。「我這輩子都是為了你」，這句話的本質就是「如果沒有你拖累我，我原本不至於此」。同樣，「我為你付出了這麼多」，言下之意就是「我在意的是投資的回報，而不是愛你」。真正的愛，沒有付出感。所有的「為你好」，實際上都是為了自己。哪怕再隱蔽，也是逃避責任和不敢承擔的說辭。我們想透過付出和犧牲，讓自己站在道德制高點上，這樣才能證明自己的辛苦付出是有意義的。

養育孩子，從來不是父母單方面的犧牲。我們未經孩子允許，就將一個生命帶到這個世界上，作為父母，我們理應擔起自己的責任。**雖然說養育孩子的過程中，父母肯定要付出時間和精力，但孩子同樣也給予了父母無與倫比的幸福感和成長。我們和孩子之間是愛的流動，而不是互相虧欠。**

我們努力工作，是為了自我實現、創造價值，讓全家過上幸福生活，而不是辛辛苦苦賺錢只為養孩子。讓孩子感受到你對工作和生活的熱愛，他才會對將來的人生充滿希望和憧憬，也會投入自己感興趣的領域學習。如果孩子感受到的是你對生活的抱怨、不滿以及沉重的付出，他就會覺得學習和工作是一件苦差事，也無法找到人生的意義和樂趣。

最重要的是，父母把自己的生活過好，照顧好自己，活出自己的精彩，創造並享受美好的生活，這才是孩子最好的榜樣。把放在孩子身上的注意力收回來放在自己身上，每個人在成為父母之前，首先都是一個人。你想過什麼樣的生活，請自己去創造、去爭取，而不是把一切都寄託在孩子身上。你透過努力不斷嘗試，學習新事物，取得成就，盡情綻放生命魅力，孩子也會從中體會到銳意進取，迎接挑戰，從而發現人生樂趣。你為了孩子放棄了自己，孩子也會自暴自棄、萎靡不振，又怎麼能學會拼搏向上呢？

當我們擁有獨立的人格，不再緊盯著孩子的一舉一動，不再期待孩子來滿足我們時，這時候孩子才有了成長的空間。我們承擔起作為父母的責任，孩子只需做回他應有的樣子，而不必背負不屬於他們的精神重擔。不失位、不越位，整個家庭才能健康發展。

人生有無限可能性，父母們也正值創造之年。願我們和孩子都能活出自己，擁有屬於自己的精彩人生。

做孩子內心的明燈，他一回頭就能夠看見

葉老師：

我上週離婚了，一個人帶著八歲大的女兒，離開了那個讓我無比傷心的家。

我結婚十年了，以前的我曾經對婚姻、對未來有很多憧憬和夢想。結婚時，我以為我會擁有幸福的家庭，愛我的丈夫和可愛的女兒。可是自從我懷孕，老公就開始以工作忙碌為藉口，每天很晚回家。孩子出生後，他也不太願意待在家裡，更別提照顧陪伴孩子了。

我只要提起這事，他就會發脾氣，說他忙工作還不是為了這個家，等賺了大錢就可以住大房子、過好日子了。可是我不想住大房子，我只想一家人能天天在一起開心過日子。如果現在日子都過不好，將來能有什麼好日子？

孩子慢慢長大了，可是我們夫妻的關係也越來越淡漠。我們很少交流，總是說不了幾句話就會吵起來。到後來他就不再理會我們母女，就連女兒叫他爸爸，他也不理。和他說話，他就像沒聽到一樣，看都不看一眼。到後來女兒也不敢再吭聲。

他在家的時候，整個家裡的空氣就像是有毒一樣。

我很多次都想離婚，但又害怕破碎的家庭會影響女兒。所以這些年雖然我很痛恨孩子的爸爸，但我一直告訴女兒，爸爸很愛她，爸爸不回家也是因為愛這個家，想賺更多錢。可是女兒還是害怕他。每次看到別的孩子被爸爸帶著出去玩，我都忍不住偷偷抹眼淚。

為了女兒，我一直忍受著他的各種冷暴力，總希望他能改，也許孩子大了就會好了。可是這麼多年等來的永遠是失望。我覺得再這樣繼續下去，我可能會早死，如果我死了，就更沒人照顧女兒了。

上週，我們終於離婚了。可是我好難過，我覺得自己終究沒能給孩子一個完整的家。身邊的人都告訴我父愛對於孩子來說很重要，讓我今後再找一個，可是經過這十年，我已經完全失去信心了。我是一個失敗的媽媽，不知道孩子將來會不會恨我。我們的前路一片灰暗。

一個看不到希望的媽媽

暫時看不到希望的媽媽：

讀了你的來信，我感受到了你對女兒深深的愛，和你想盡全力為她創造一個良好環境的用心。在這段時間裡，你和女兒一定都很不容易，經歷了很多不堪，也必定有很多辛酸和淚水。也許在將來的一段時間裡，生活仍會有些艱難，但你是勇敢的，相信在不遠的未來，你們一定能夠走出陰影，擁有幸福。

婚姻發展到最後這樣，一定是很多因素導致的，既然你們已經選擇了離婚，那麼目前最重要的目標就是和女兒一起，把往後的日子過好。你最大的顧慮，是覺得孩子變成了單親家庭的孩子。但我不得不指出，這份擔心其實你自己也知道是在自欺欺人，因為你已經感覺到了，即便不離婚，這樣的生活也會對孩子造成影響，甚至是更大的傷害。

不少人都會說是為了孩子才不離婚，但其實這並不是真正的原因。很多時候孩子會被拿來當成擋箭牌，而真正的原因，有可能是內心不獨立，不敢面對離婚這個事實；有可能是經濟不獨立，離婚後無法自己生活；也有可能是不能面對來自父母的壓力、周圍人的眼光和社會的輿論等等。但所有這些，都是我們自己的原因，和孩子沒有關係。孩子只是被我們架了出來，好讓我們不用去面對自己真正的問題。

「我一直忍著不離婚，都是為了讓孩子擁有完整的家」，這句話透露出的真實想法，翻譯一下可能是：「我擔心離婚會對孩子造成不好的影響，如果孩子將來的成長有任何不好的地方，都是因為我沒能給她一個完整的家，都是我害的，我不是一個好媽媽。所以為了孩子，一定不能離。」這種想法的潛臺詞是：只要不離婚，就不是我的錯。我是無辜的，我已經盡力做到一個好媽媽、好妻子了，我維護了家庭的完整性。

這種隱藏的想法，其實還是一種逃避的態度。請記住，「監護人」這三個字，是有分量的，我們要勇於承擔屬於自己的責任。不能要求未成年的孩子反過來照顧父母的情緒，她不應該為父母的婚姻買單。

你說害怕單親家庭會影響孩子成長，然而有多少表面上的雙親家庭，實際上父親嚴重缺席、「喪偶式育兒」的？更有甚者，因為夫妻關係緊張，長期爭吵或者冷戰，在這樣的環境裡，孩子又怎能幸福快樂呢？我們總是說離婚會傷害孩子，但是當婚姻變成令人窒息的墳墓時，傷害就已經在那裡了。就像你形容的「似乎整個空氣都是有毒的」，這種壓抑、恐懼的家庭氛圍，會給孩子帶來更嚴重的心理陰影。

孩子並不想生活在你們的不幸裡，也不想在她長大之後，看到已經白了頭的母親對自己說：「我這一生的不幸都是為了你。」這樣沉重的負擔她承受不起。她寧願看到分開了但是快樂的父母。而你面對這一切的態度，也會讓她學習到，人生中沒有什麼過不去的坎。即便是曾經選擇錯誤，你也有糾錯的力量，和從頭再來的勇氣。

你沒有在孩子面前數落她父親的不是，沒有說他的壞話，甚至沒有抱怨。在這樣艱難的情況下，還能做到這一點，我非常欽佩。當夫妻之間心生嫌隙的時候，孩子很容易因為向某一方情感認同，而敵視另一方。如果這時候家人把孩子當成籌碼，強行要求孩子站隊、評理，就會讓孩子的內心產生強烈的痛苦和分裂。

當著孩子的面反目，彼此之間互相指責、詆毀，會讓孩子認為自己是罪惡的。因為一旦選擇傾向於任何一方，都意味著對另一方的背叛。在孩子內心埋下仇恨的種子，割裂孩子和父母之間的連結，這是在否認孩子作為一個完整生命來到這個世界的意義。**無論如何我們都否認不了，孩子的生命有一半來自父親，另一半來自母親。也許你們的婚姻不幸福，但孩子的生命是無瑕的，她就是她自己。**

倘若孩子爸爸確實沒有盡到做父親的責任，那麼也不必一味地對孩子灌輸「爸爸其實也很愛你，爸爸這樣做都是為了這個家。」孩子如果沒有感受到愛，這樣的強調反而會混淆她對愛的感知，漸漸地她可能真的會誤以為這就是愛的表達方式。等她將來長大之後，當她尋求親密關係的時候，她可能會由於這種對愛的誤解，而去找一個冷漠疏遠的人，因為這個人看起來和她的爸爸那麼像，和那個口口聲聲說愛她的人那麼像。

你一定不希望你的女兒在長大之後，因為對親密關係的混亂和誤解，也找一個以忙工作為藉口、天天不回家，對她惡語相向甚至拳腳相加的丈夫。所以**從現在開始，就要讓她知道什麼是愛的正確表達方式。愛是平等，是尊重，是陪伴，是深深的理解和接納**；而不是打著愛的名義，傷害、控制、佔有對方。

請讓孩子知道，爸爸沒有學會愛的表達方式，這是爸爸自己的功課，和她沒有關係，她並沒有做錯什麼。離婚只是因為父母覺得他們不再適合一起生活了，而不是孩子導致的。年齡小的孩子很容易歸罪於自己，但她沒有做錯任何事，也不應為此感到內疚。離婚只是改變了一種家庭生活方式，孩子得到的愛並不會改變。

最重要的是，你也要愛自己。如果母親不快樂，孩子是不敢快樂的。你來信的關注點都在孩子身上，因為你愛她。那你呢，現在的你還好嗎？對於孩子而言，她可能確實要離開父親生活；但是對於你而言，你也剛剛結束這一段關係，也在傷痛之中。此時的你，更加需要照顧好自己，給自己多一些關懷和疼惜。

就算曾經有傷痛的過往，也只是你的經歷糟糕，而不是你這個人糟糕，你永遠都有追求

幸福的權利。也許之前的生活充滿坎坷，但這並不影響你成為什麼樣的人。後面的人生，你可以選擇如何走下去。不必用已經過去的事情限制束縛自己，你的新生活現在才開始展開，有著無數的可能性。從現在這一刻開始，你就能去創造屬於你的幸福。你不需要為了孩子能感受到父愛而去再婚，你再婚的唯一理由是找到你願意共度人生的人。

作為母親，我們要讓自己成為一盞燈，在黑暗中默默地亮著。不管孩子身在何方，不管她將來走多遠，我們都堅定而溫暖地亮著。**也許有狂風暴雨，但我們心中的光亮，從來不會熄滅。孩子只要一回頭，就能看見。這是她內心深處的底氣和力量，是她面對一切困難挫折的勇氣。**她將來會漸漸離開我們，去擁抱屬於她的星辰大海。但無論孩子走多遠，我們都在她背後默默地亮著，哪怕她不回頭，也會知道，我們一直都在。

用你的愛去澆灌她，用你的快樂去滋養她，她會看到一個充滿力量、積極樂觀的母親。你是她生命最初的愛與依戀，你希望她將來活成什麼樣子，你就先成為那個樣子。盡情綻放你的精彩，享受生活中的每一刻，你會成為她心中的力量泉源。她的前路不是灰暗的，因為你會照亮它。

單親媽媽是個偽命題

作為心理諮商師，我會接觸到很多單親父母，通常是單親媽媽，她們往往都有很深的自責和內疚。因為太多文章都在宣稱，父母之間彼此相愛是給孩子最好的禮物，父親的缺失會對孩子有怎樣壞的影響等等。這些單親媽媽，除了要面臨獨自撫育孩子的各種艱辛之外，還要面對來自社會、他人，以及自己的壓力。她們有時甚至會怨恨自己，因為沒能給孩子一個完整的家，所以就只能自認罪人，永遠活在自責中。似乎一個人如果婚姻不幸的話，那她作為媽媽，也永遠失去了幸福的資格。

身為單親媽媽，很可能會被輿論指指點點，除了要面對一樣不少的育兒挑戰之外，還要面對很多人的偏見。我在諮商中發現，如果一個普通家庭的孩子表現出了什麼不良行為，大家會說這個家庭的教育方法有問題；但如果一個單親家庭的孩子表現出了不良行為，大家就會歸因為他來自單親家庭。這是非常不公平的，是一種隱性歧視。因為當我們檢視「家庭教育」的時候，我們是在談論「方法」；然而當我們歸因於「單親家庭」的時候，我們是在評判一種「身分」。方法是可以學習改進的，可是單親家庭作為一種身分，似乎它的存在就是一種罪過，它意味著無論你怎麼努力都無法擺脫對這種身分的評判。

我們的文化經常過度誇大「母職」，一個為了孩子犧牲一切的母親是偉大的、值得被歌頌的。然而一個女性在「母親」這個身分之前，都首先是一個「人」。她們需要得到的是說明，是關懷，而不是指責，更不是站在道德制高點上的碾壓。

單親媽媽是一個偽命題，因為孩子只要出生，他就一定是有父有母的。對孩子影響最大的，其實是父母對待孩子的方式，而不是家庭構成。**真正破碎的家庭是沒有愛的家庭。孩子擔憂的並不是父母離婚，而是他是否會失去父母的愛。**並不是單親家庭的孩子就必然會有缺失，那些充滿了爭吵、冷漠、齟齬的家庭，即便是維護著形式上的完整，也不會讓孩子真正感受到溫暖。相反，獨立、自強、承擔的父母，即便是獨自撫養孩子，也同樣會給孩子帶來積極樂觀的力量感。

每個人身上都蘊含著父性和母性兩種力量，這與性別無關。在孩子年幼時，母性的力量會居主導，那是包容、接納、關愛、照料，給孩子帶來溫暖和安全感，讓孩子形成良好的依戀關係。隨著孩子年齡的增長，父性的力量就會開始發揮作用，那是激勵、規則、目標、眼界，給孩子力量感，讓他有勇氣迎接挑戰。**每個人身上都有這兩種力量，父親同樣可以細緻耐心地照顧孩子，讓孩子感受到溫柔；母親也同樣可以堅毅瀟脫，為孩子做出榜樣。**

我始終相信英國哲學家伯特蘭・羅素的那句話：「人間參差百態，皆是幸福之源。」單親家庭並不是破碎的家庭，它只是所有不同家庭形態中的一種；而無論何種家庭形態，都是正常的，並不比任何人低一等，也不應受到任何歧視或指責。單親家庭一樣有著自己的尊嚴和幸福。離婚帶給我們的功課，不僅僅是如何面對孩子；更大的功課，是如何放過自己。

無論是去學習如何溝通、如何愛、如何面對分歧，以此改善和伴侶之間的關係；還是確實看到一段關係真的已經不適合自己，於是拿出力量，帶著祝福和感激，負責任、無傷害地結束這一段親密關係，勇敢地去面對未知；這兩種都是成長，沒有高低好壞之分。

每一對離婚的夫妻，也許都曾經做過很多努力，想要修復關係；但也不得不承認，有一些事情是無論如何努力，都挽回不了的。**如果真的已經「物是人非」，那麼，鼓起莫大的勇氣，承受這分離之痛；同時理智成熟，去承擔自己應該擔負起的責任，這是對自己，同時也是對曾經的愛人最高的尊重。**

一些單親媽媽在對待孩子的問題上，會使用「彌補」一詞。她們會問：「要如何做，才能彌補孩子的缺失？」「彌補」這個詞，多少透著遺憾之情或愧疚之意，似乎覺得自己單親媽媽這個身分對孩子有所虧欠，一定要做出一些償還，否則孩子若有任何的缺失就都會歸罪到自己頭上。然而我們卻忘了，對於孩子而言，他可能確實少了父親的陪伴，但對於單親媽媽而言，你也少了伴侶的陪伴。此時的你，更需要給自己關懷和疼惜。

我們如果對「單親媽媽」這個身分過度認同，就會擔心孩子在單親家庭長大肯定會缺失什麼，一定會有心理陰影。於是各種悲情就會上演，甚至將孩子發生的一切都看成是單親媽媽這個角色導致的。這是一種自我設限，不但會加深自己的痛苦，限制我們用靈活多樣的視角去看待問題，而且會給孩子加強這方面的印象。**你不需要給自己貼上「單親媽媽」的標籤，你只是獨立撫養孩子而已。**

不管你是因為什麼樣的原因必須獨自撫養孩子，你已經承擔了極大的挑戰和艱辛，而你所表現出來的也已經是超乎尋常的勇氣和毅力。**你不需要彌補任何缺失，你只需要做你能做的，活出屬於自己的精彩，追求自己的幸福，就是對孩子最好的引領和教育，也會給到孩子充足的愛和滋養。**

離婚不代表孩子的愛一定會有缺失，我見過太多離婚的夫妻，依舊可以給到孩子滿滿的愛。讓孩子受傷的不是離婚這件事，而是父母對待離婚的方式和態度。如果父母雙方不去傷害、詆毀對方，而是在分開後依然能夠互相尊重、彼此祝福，那麼即便是做不了好夫妻，也一樣可以成為好父母。離婚僅代表婚姻關係的終止，但孩子依舊是父母雙全的。如果獨立撫育者可以保有自己的生活，懂得接納和欣賞自己，有正面詮釋人生、感知幸福的能力，一樣能給孩子一個快樂的童年。

與離婚類似，承擔著巨大心理壓力的還有「留守媽媽」。有一些因為客觀因素導致異地甚至異國的夫妻，或夫妻一方經常出差的家庭，這些父母也很容易產生無法陪伴孩子的心理壓力。在葉兒一歲多時，葉兒爸因為工作的原因需要常駐另一個城市，而我已經懷上葉新。在當時，無論是客觀條件還是主觀因素，都不太允許他調換工作，或者我帶著全家隨行。

孩子能夠得到父母雙方的陪伴當然很重要，但我也從來不認為，在條件不成熟的情況下，強行要求夫妻一方做出犧牲來維持孩子的「完整感」，就可以天經地義。雖然我確實會有一份擔心，擔心這樣的生活狀態是否會影響到孩子。然而，這就是我需要面對的現實，也是孩子需要面對的現實。

當然，不是沒有影響的，影響會一直在。可我也並不確定，在當時那種情況下，強迫自己放棄熟悉的生活環境和朋友圈子，去到一個陌生的地方漂泊，或者一味要求葉兒爸改變他的工作回歸家庭，這樣所引起的不滿、委屈、相互指責和抱怨，對孩子的影響就一定比現在小。所以，在仔細權衡做出選擇之後，我就接受現實，心無旁騖地去面對一個人帶兩個孩子的辛苦，以及用我最大的能力和心力，給予孩子們內心的堅定與平靜。

在這幾年的時間裡，我們經歷了家人住院護理、親人離世、搬家、孩子連續轉學，以及我必須高強度工作等各種七葷八素。很多時候我都只能牽著一個、抱著一個，焦頭爛額地處理這些瑣碎而又繁多的事情。

那段咬緊牙關的日子不是不艱難，但這就是生活的真實面貌，無需美化歌頌，也不必迴避壓抑。我們總是擔心生活給孩子帶來心理創傷，但現實是我們根本控制不了孩子的世界。我們不可能讓孩子永遠一帆風順，我們只能盡自己所能，呈現給他們真實的生活。

而且，為什麼要那麼懼怕傷痕呢？為什麼不能接受孩子在成長的過程中會有疼痛呢？**生活中的艱難和挫折，都是我們人生的一部分。我們無法保證孩子永遠不經歷這些，但這也是成長的契機，是光照進來的地方。**

幸運的是，葉兒爸爸會經常回來陪伴孩子，在我需要外出時，他會替我照顧孩子。我也經常送兩個孩子去爸爸那邊度假，孩子們和爸爸的感情非常好。我們執行著父母的功能，同時承擔著各自的責任。

隨著孩子年齡的增長，我也會讓他們知道，媽媽有自己的工作和生活，我不會捆綁自己必須每天陪在他們身邊，但這絲毫不會影響我對他們的愛。同時，他們也可以去體驗自己的生活，從其他家人那裡得到不同的愛。

每次外出工作，任務結束的當天晚上，無論多晚我都會趕回家，因為第二天我要送孩子上學；也因為，我希望他們早上醒來睜開眼睛時，我就在旁邊給他們一個擁抱。我不能放棄自己的工作，但我會用我的全部心力愛著他們。

有一次出差回來，因為飛機延誤，我的航班落地時已是淩晨。我獨自拖著沉重的行李箱，走在夜色裡，抬頭看著滿天的星斗，忽然生出了一種堅定和通透的感覺。是的，我可能做不到像別的媽媽那樣無微不至地呵護孩子，在孩子夜裡醒來時就陪在他身邊；我的孩子如果醒來，看到的最多的畫面，是我在燈下看書、備課。我有時需要外出講課，可能做不到每天都和他們在一起，但我在陪伴他們的時候，就是全心全意。我可能無法把全部精力都放在孩子身上，我需要顧及全家的生活，以及我熱愛的工作。但同時，我的孩子們也會看到一個堅毅、果敢的母親形象，無論遇到什麼困難，都會積極想辦法去應對；無論多麼艱難的事情，都敢自己去扛。

生活的本來面目就是如此，有愛，有艱辛，有幸福，也有無能為力。對孩子最好的教育，不是為他打造完美無缺的生活環境，設計一條康莊大道；而是帶著他一起，在這不完滿的人世間遊歷，並看到其中的美好和希望。相信孩子強大的自癒和重塑的能力，和孩子一起去面對真實的生活，他會看到你的選擇和態度，並由此獲得內心成長的力量。

這就是生活，是我們每個人的承擔。如果能夠承認並接受自己所面對的生活，盡自己的最大努力去追求幸福，用實際行動告訴孩子：「我們現在的生活，是我們共同努力的最好生活；我們的家庭，並不比任何人差。我們之間的愛，就是最好的愛。」孩子會感受到這一點，並從內心生發出自己的堅定和幸福。

就算是因為某些原因，你可能只能單獨撫養孩子而得不到他人的支持，即便如此，也不代表孩子就必然受到傷害。**孩子感受愛的標準不是必須「完整」，而是內心「充足」。給孩子充足的愛，孩子會在愛裡溫暖健康地成長。**

孩子是世界上最好的孩子，你也是世界上最好的媽媽。

你是在接納，還是在忍受

「接納」這個詞，大概是目前育兒界和身心成長領域最流行的詞了。無論是對於孩子的行為，還是對於自己的一些狀態，我們都會提到「接納」。

我曾經在一次家長座談會裡聽到大家互相傾訴，親子關係不和諧怎麼辦，夫妻關係不親密怎麼辦，婆媳關係太痛苦怎麼辦，我生活得太鬱悶怎麼辦……就在這個時候，總會有一些人，帶著一臉「慈祥」的表情，輕輕地點著頭，微笑著告訴你，要學會接納。彷彿只要學會接納，一切痛苦就都能被掩蓋。孩子的行為看不慣了，告訴自己要接納；和老公無法溝通了，忍著氣告訴自己要接納；快被婆婆逼瘋了，咬著牙繼續強迫自己接納。

於是接納和忍受就開始混淆，對自己的「接納」彷彿變成了合理化，對孩子的「接納」好像變成了縱容。那麼，我們有沒有想過，我們所做的這一切，真的就是接納嗎？

當我們說接納孩子的時候，並不是孩子做什麼都允許，而是瞭解孩子所有的行為背後的渴望和需求，明白孩子現在所呈現出來的狀態是有原因的，是和孩子的內在性格，以及父母之前的養育方式相關聯的。我們理解、接納孩子，但不代表當孩子的行為干擾到我們的時候，我們也聽之任之、無動於衷。

當我們說接納自己的時候，並不是自己做什麼都理所當然，而是認識到自己現在的狀態是受到成長的環境、過往的經歷，以及自身的侷限等因素影響。但不等於我們可以沉溺於過去，給自己找各種理由怨天尤人。接納不是理直氣壯地把所有的責任都推給他人和環境，那不是接納，那是逃避，是推託，是找藉口。

現在經常會有一些新聞報導「熊孩子」的各種破壞行為，我們可以理解這些孩子在很大程度上受到了他們所在家庭教育方式的影響，但不等於我們可以允許他們繼續為所欲為、不去糾正。同樣，如果一個成年人曾經因為原生家庭的傷害而形成一些性格方面的缺陷，我們能夠對他的成長經歷表示理解，但那不等於他就能以「接納」為藉口，不去面對可能造成的問題，而繼續沉溺過去、抱怨他人。

我們無條件接納的，是情緒和行為背後的原因，而不是滿足孩子的所有要求。我曾經看過這樣兩個案例：一個正處在秩序敏感期的孩子，非常固執，有一次媽媽把蘋果切成小塊餵他，結果他大發脾氣，非要媽媽把蘋果黏回原樣，不行就哭。於是媽媽就一直端著水果盤，手足無措，動也不是，不動也不是，就站在那裡跟孩子講道理。

還有一個爸爸，說他家孩子每天晚上臨睡前要看很長時間的卡通，於是導致很晚才睡，第二天早上起不來，然後遲到。爸爸說：「他看不夠就是不肯關電視啊，無論我怎麼說他就是不聽，我也沒辦法啊。老師不是說要接納孩子，要滿足孩子的需求嗎？」

但是，這樣的情況還真不是接納，因為你內心明明百般不情願。千萬不要說，我接納孩子所以就同意他的所有要求。那不是接納，那是順從，是縱容，是溺愛。

我們說接納孩子是指不因為這個行為就否定、評判孩子。我們不說孩子要一個完整的蘋果就是不懂事、無理取鬧。我們看到孩子是因為處在秩序敏感期，所以才要求蘋果是完整的，一切是有序的。我們也不去評判晚上不想睡覺的孩子就是不聽話、貪玩，而是去了解，為什麼他只能透過看電視的方式度過臨睡前的時間？他的需求是什麼？我們要怎麼做才能既滿足孩子的需求，又不影響正常的作息？

所以，真的別再總是稱自己的行為是「接納」了，你真的是在接納嗎，還是在忍受呢？接納和忍受有什麼區別呢？

忍受是在自我能力不足的情況下，因為沒有辦法、無能為力，只能選擇壓抑。當我們忍受時，我們的態度依舊是敵對的、鬥爭的，只不過那是一種無奈的、無聲的鬥爭。**而當我們**

真正接納的時候，是清楚地認識到自己曾經經歷的事情和目前的現實，接受過去發生的事實，並為此時此刻的自己負責。

很多時候，我們往往以為自己在理智上接納了，這件事情就真的被我們接納了。但你的身體會告訴你，你究竟是在接納還是在忍受。當我們接納時，我們的內心是輕鬆的、柔軟的，我們知道自己的選擇，並會主動承擔起自己的責任。而當我們忍受時，內心是緊張的、僵硬的，整個人一直處在一種消耗狀態，壓抑的情緒在體內糾纏，要麼透過指責傷害別人，要麼製造內疚傷害自己。

當我們真正接納一個人的時候，我們有能力看見對方、尊重對方，不去強迫對方改變，但同時也不失去自我。我不會要求你一定要按照我的想法來改變，而我也不是按照你的期望去生活，因為我們各自有各自的生活方式。接納不是妥協，而是尊重彼此的界限，不推卸責任，不強行控制。一個有接納能力的人，是真正能為自己負起責任的人，他不會期望別人為自己的生命負責，也不會依賴對方來承擔自己的生活。

接納不等於放縱，不是逃避的擋箭牌，更不是消極放任的幌子；而是始終盡自己所能，做好自己可以做的，在那個當下為自己負責。然後，允許一切如其所是地發生，不抗拒、不執著。就像山林裡的樹木，允許風從自己身上穿過。同時，接納還包括在自己還無法做到的時候，允許自己暫時做不到，不強求、不催迫，給自己多一些時間和耐心。

接納是一種狀態，而不一定是某個具體的行為。一個有接納品質的人，可以用接納的狀態，選擇接受或者不接受。我們並不是一定要求自己凡事必須接納，而是在這種狀態下，我們就有了選擇。當我們有了選擇，就有了新的可能性。你可以選擇帶著尊重去和對方溝通，也可以選擇降低自己的期待；你可以選擇允許自己暫時做不到接納，也可以就乾脆選擇不接納。但不同的是，你知道自己在做什麼。

我接納我的過去，無論我做錯了什麼，我選擇從中吸取寶貴的教訓，並繼續向前，而不是不斷地自責。

我接納我的現在，無論自己現狀如何，我選擇尊重自己所擁有的生命，及其尊嚴、價值和唯一性。

我接納我的情緒，無論產生何種負面情緒，我選擇正視、關注和體驗它，從中瞭解自己的思想和問題，並給以建設性的解決。

我接納我自己，沒有任何條件，這是我的人生態度，也是我的權利。

我有權利快樂，我有資格成功；我有權利不快樂，我有資格不成功……

雖然經歷過很多失敗，犯過很多錯誤，但那些都是我人生中的一部分，是我成長的階梯。

我接納自己的現在，雖然我有很多缺點和不足，但我珍惜自己所擁有的一切，尊重自己生命的尊嚴、價值和獨特性。

我接納自己的全部，雖然我不完美，但當下的我所能做的已經是我最好的表現，我相信自己未來會做得更好。

第二章

有效的溝通，才能為孩子帶來成長

事情永遠不如我的孩子更重要。

即便孩子可能會犯錯，

我們也可以帶著滿滿的愛，

去看看他需要什麼說明，

而不是指責他、否定他、教訓他。

從執拗到貼心——時光的魔法

葉兒兩歲時，有一天洗澡，正玩得高興的時候，忽然說：「我要尿尿了！」邊說邊從淋浴間裡走出來，但還沒有走到馬桶那裡，就已經尿了。小傢伙「哇」的一聲大哭起來，邊哭邊說：「我要尿在馬桶裡！」

阿姨走過來說：「沒關係啊，洗澡的時候可以尿在地上的。」

葉兒不聽，哭得更厲害了：「我不要！我要尿在馬桶裡！」

阿姨說：「那你到馬桶上繼續尿嘛。」

葉兒絕望地說：「我沒有尿了！」然後繼續大哭。

我媽聽到哭聲也走過來，說：「尿就尿了，有什麼關係。下次再到馬桶裡尿就是了，有什麼好哭的。」

葉兒聽了之後，哭得更加厲害，反覆地說：「我要尿尿！我沒有尿了！我要尿尿！我沒有尿了！」

我媽煩躁起來：「你怎麼不講道理呢？沒尿就沒尿，不許哭！」

葉兒一屁股坐在地上，拼命蹬著雙腳，哭得更大聲了。

阿姨把葉兒從地上撈起來，擦乾水，放在床上，準備穿衣服。但葉兒強烈反抗，拒絕身體接觸，繼續放聲大哭，聲音震耳欲聾。我拿了條浴巾包住葉兒，把他抱起來，走到我的房間去。我媽在身後氣急敗壞地叫道：「你都有八個月的肚子了，還抱他！」

我隨手關上門，抱著葉兒在房間裡踱步。葉兒繼續聲嘶力竭地哭著，聽起來很傷心。

我輕輕地抱著他，說：「你想到馬桶裡尿，但是尿在外面了，你覺得很難過。」

葉兒「哇」的一聲，彷彿積累了好多的氣，一下子都放出來了。

我：「你覺得尿尿一定要尿在馬桶裡，結果這次尿在外面了，所以你很難過。」

葉兒沒有回答，但哭聲明顯變小了。

我輕輕撫著他的背：「你還想到馬桶裡去尿，但又沒有尿了，這讓你感到很難受。」

葉兒抽泣著：「我難受！我難受！」

我抱著他：「是的，你難受，嗯。」

焦慮的葉兒逐漸平靜下來，哭聲小了，仍有些抽泣。

我沒有再說話，只是繼續抱著他在屋裡踱步，雙手環著他，用身體告訴他，我理解、我明白、我願意和你在一起。葉兒也不再大哭，只是靜靜地貼在我身上抽泣。很多時候，我們和孩子的交流，不需要太多的語言，只要理解與陪伴便足矣。

沉默了好一會兒，葉兒突然說：「上完廁所還要沖水。」

我：「啊，是啊，還要沖水。」

葉兒：「我自己沖水，我還幫媽媽沖水。」

我：「是的，你不但記得自己沖水，還會來幫媽媽沖水，媽媽就不用挺著大肚子彎腰了，這讓我覺得輕鬆很多。真是謝謝你！」

葉兒：「以後我也給弟弟沖水。」

我：「啊！好啊。不過弟弟剛出生的時候，還不會用馬桶，要用尿布。到時候你幫弟弟拿尿布好嗎？」

「好！」葉兒乾脆地回答。

這時葉兒已經不再哭了，我問：「穿衣服好嗎？」

葉兒說：「再抱一會兒。」

我：「好，再抱一會兒。」

葉兒用手環住我的脖子，頭枕在我的肩上，胸口緊緊貼著我的胸口，隔著衣服都能感覺到我倆的心跳在同頻共振。這種姿勢，讓我感到他是那麼信任我、依戀我，那麼全然地對我敞開。我早已不記得當時自己還身懷六甲，抱著他我覺得舒服極了。

曾經有人問我：「你童年的經歷，怎麼會讓你做到對孩子愛和尊重呢？你給不了孩子你沒有的東西啊。」是的，我也曾經一度很迷惑，我沒有得到過的愛與尊重，我要如何給予孩子呢？但現在我忽然明白了，我其實得到了「無條件的愛」，這個愛就是孩子給我的。他從出生以來，就是那樣地信任我、愛我，無論我說什麼，他都願意相信；無論我走到哪裡，他都願意跟隨。這是怎樣一種完完全全、徹底敞開心扉的愛啊！

葉兒的執拗屬於秩序敏感期的表現之一，通常兩歲以上的孩子會經歷這樣一個時期，比如進門必須有先後順序，電梯按鈕必須由固定的人來按等等。在這個階段，孩子們開始逐漸建立秩序感、形成規則意識等。這時孩子們往往會出現難以理解的「過分」要求，會顯得固執、鑽牛角尖、無法變通，甚至被認為是任性和胡鬧。這也給父母們帶來了很多困惑，為什麼明明是一件小事，在孩子眼裡卻好像天都要塌了一樣？

其實在這一階段，孩子的心理活動有著他們認為的秩序，並會要求嚴格地執行。對這時的孩子來說，世界萬事萬物有著固定的程式和秩序，並在此基礎上穩定地存在、運行。這是兒童最初的思維模式，也叫作「直線式思維」。隨著年齡的增長，穩定的秩序和不變的邏輯被內化到孩子的內心，外在的世界就可以千變萬化了。

之前家人對葉兒的回應，例如建議、安慰、指責、命令等等，這些都屬於無效溝通方式，在孩子情緒高漲的時候，無效方式會阻礙溝通的順暢進行。當孩子有情緒時，我們去傾聽他、陪伴他，幫助他表達內心的感受。當孩子的感受被理解並得以自由表達之後，他的情緒就會逐漸平復下來。

年幼的孩子情緒表達還不成熟，而正是在父母一次次的耐心和接納之中，孩子確認了父母心中對自己無條件的愛。只有被尊重、被理解的孩子，才能學會尊重和理解他人。孩子願意聽取父母的意見，是建立在對父母信任的基礎之上。隨著年齡的逐漸增長，這份信任內化到孩子的內心，成為良好親子關係的根基。

葉兒四歲時，有一次我在開車，他坐在後面的安全座椅上，把窗戶打開，手伸出去貼在窗戶的外側。

我看到後很擔心，於是說：「葉兒，你把手伸到窗戶外面，我會有些擔心……」還沒等我說後面的話，葉兒問：「你擔心我會受傷是嗎？」

我：「是啊。」

葉兒：「我要是受傷了，你會心疼的對吧？」

我：「啊，對啊。」

葉兒：「我上次生病了，你都心疼得吃不下飯、睡不著覺了！」

我：「是啊，確實很讓人揪心啊。」

葉兒：「所以你不想我受傷，現在你會擔心，都不能好好開車了是吧？」

這時候我已經快點頭點成小雞啄米了：「對啊！對啊！」

於是葉兒把窗戶關上了，我也安下心來。他這一連串對我內心感受的體察，讓我看到了被理解的孩子，也慢慢形成了理解他人、體察他人感受的能力。

這些事情已經過去很多年了，每當回想起這些小細節時，內心還是會暖暖的。當年葉兒處在執拗期的時候，幾乎每天都能讓我七竅生煙。我曾經無數次懷疑過自己是不是哪裡沒做好，是不是犯了什麼錯才讓他那麼倔強。我無數次嘗試，又無數次碰壁；也曾信心滿滿，但現實總是一次又一次讓我自我懷疑。

幼小的他，不明白這世界上為什麼會有那麼多的道理，他在挫敗中爆發著最原始的怒火，仿佛有雷霆千鈞之力；他努力地控制自己的身體，艱難地學習這個世界的運行規則。

我只能一次又一次陪在他身邊，一遍又一遍讓他感覺到，積木倒了、餅乾碎了，天不會塌下來，我會陪著你一起度過。這個過程，就像在沙灘上建造城堡，一次次嘗試，卻又一次次坍塌。然而終有一刻，仿佛流沙忽然成塔，孩子內心建立起穩固的內核，成為終身不動搖的根基。

感謝當年的自己堅持了下來，一直沒有放棄學習成長，不斷覺察和改變自己的固有模式。有時候覺得生活就像在建金字塔，早期可能辛苦，到了後面就能輕鬆一些；否則就可能是建倒金字塔，早期圖省事，到了後面就得加倍付出。即便如此，這倒金字塔還有可能因為重心不穩而搖搖欲墜。所以「一分耕耘、一分收穫」，這個道理在育兒上也是一樣的；同時還有另一種心態，是「只問耕耘，不問收穫」。當我們放下內心的控制和期待時，那個結果反而會以一種驚喜出現在我們面前。

余世存在《時間之書》裡寫過這樣一句話：「你的任務是平整土地，而非焦慮時光。你做三四月該做的事，到八九月自有答案。」我非常喜歡這句話。朝著自己想要的生活前行，相信時光會犒賞我們今天的堅持，把所有暫時的不堪，煉成歲月之金。

改變語言習慣，遠離暴力式溝通

當孩子剛出生的時候，我們的絕大多數精力都會放在他的吃喝拉撒睡上面，只要這些方面照顧得比較好，孩子就會感覺舒適，也會成長得比較好。但是隨著孩子年齡的增長、心智的發育，他開始可以用語言和我們交流，也會用行動去探索這個世界，這時候就不再是只需要管吃飽穿暖這麼簡單了。

當孩子有了獨立自主的意識之後，父母會突然發現孩子不再像以前那樣言聽計從，他會有很多自己的想法和主見。而此時面對孩子的一些行為，父母就會無比抓狂。這時候，如何與孩子溝通，就變得非常重要。

「孩子總是不聽話，想讓他做的事情他偏不做，不讓他做的事情他偏要做。我該怎麼和他溝通比較好呢？」

「我老公一點都不關心我，不但不幫我分擔家務，反而總是把家裡弄得一團糟。我和他溝通，他卻總是很反感的樣子，真是太氣人了！」

這兩句話裡都提到了溝通，說明我們都希望透過溝通解決一些問題。可是為什麼我們想要和父母、伴侶、孩子、朋友溝通，卻總是得不到我們想要的結果？為什麼對方總是牴觸？為什麼溝通到最後經常是以吵架收場？

我們心目中理想的溝通，是雙方心平氣和地表達自己的感受和需求，共同商量之後得出一個雙方都滿意的結果。但實際生活中的溝通，往往伴隨著指責、爭吵、互不讓步；或者一方想要溝通，另一方逃避、不配合，最後不歡而散。這時候我們難免會懷疑，既然都知道溝通的重要性，為什麼實際溝通時總是困難重重、結果差強人意？

總是溝而不通，是因為我們很容易進入「暴力式溝通」的模式。表面上看起來是在溝通，實際上語言裡充滿了攻擊性和火藥味。

暴力式溝通的第一大類型，是我們很難區分標籤和行為。我們說孩子拖拉、叛逆、膽小、不聽話；我們說伴侶懶惰、不體貼、不上進、無理取鬧……這些都是在給對方貼標籤。

所謂標籤，是一種主觀印象或預設判斷。當我們帶著標籤去看待對方的時候，往往會有失公允，認為對方一直如此。於是忍不住還要加上「你總是懶懶散散」、「你一直粗心大意」、「你真是一年四季都這樣」……暴力程度又翻了一倍。

標籤往往暗含著指責，意味著對方做錯了，做得不夠好，得趕緊改過來。而一旦他按照你說的去做了，就等於認同你所說的。但是每個人都不願意承認自己做錯了、不夠好。因此當對方感受到你的話語裡有指責的時候，就會透過反抗來表達不認同。

當我們溝通的時候，要注意的是描述行為，而不是給對方貼標籤。行為是一種客觀中立的事實發生，是不帶指責和評判意味的。溝通時，要學會把脫口而出的標籤轉化為客觀的行為描述，以免一開口就讓人牴觸。

標籤	**行為**
你經常丟三落四。	你今天早上忘記帶鑰匙了。
你總是邋裡邋遢。	你的衣服沾到菜湯了。
你真是粗心大意。	你的作業漏了一道題沒寫。
你一直都是這麼懶散。	我看到你上課時趴在課桌上。

區分標籤和行為，是一切平等溝通的基礎。當我們去掉指責性標籤的時候，描述行為就變成了一種提醒，對方才不會感到被批評，才更願意和我們繼續溝通下去。

第二種暴力式溝通，是我們很難區分事實和情緒，總是使用殺傷力巨大的反問句。

我有一位長輩，其實是一個很熱心的人，但她的表達方式卻總讓人覺得怒氣滿滿。有一次她來我家小住一段時間，一天中午我回來看到她坐在桌邊，就問：「你吃飯了嗎？」這個問題如果從事實層面回答，就是「吃了」或者「沒吃」。但她看了我一眼，說：「都幾點了，你說我吃沒吃？」如果我問：「水燒開了嗎？」從事實角度回答，就是「開了」或者「還沒有」。但她會回答：「開沒開你自己不會看嗎？」很多次這樣的模式之後，我就不想說話了。

反觀一下自身，其實我們很多時候也會不自覺地對孩子說：「都幾點了，怎麼還不睡覺？」「你不知道明天要考試嗎？為什麼還不複習？」「你沒看見我在忙嗎？」「你就不能安靜一會兒嗎？」這些反問句都帶有極強的攻擊性，往往話一說出來火藥味已經很濃了，接下來就要吵架了。

「呀，你怎麼來了？」「我怎麼就不能來？」

「需要我幫忙嗎？」「你能幫上什麼忙？」

……

每一個反問句，都在向外釋放憤怒和不滿的情緒。而溝通中雙方的情緒會互相傳染，這也是為什麼我們明明希望好好溝通，卻總以吵架收場。陳述事實，而不是帶著情緒去反問，更有助於我們客觀中立地看待事情，就事論事，更有效地解決問題。

第三，除了上述兩種溝通誤區之外，有時候我們還喜歡明知故問。「是誰把牛奶打翻啦？」「是誰把書撕壞啦？」這些明知故問會引發孩子的防禦，他們往往會說：「不是我。」於是我們又認為孩子說謊，明明看著你弄的，居然還說不是你。其實這時候，我們只需要陳述事實即可。「我看到你不小心把牛奶灑到地上了，來，我們一起把它擦乾淨吧。」這樣說不會引發孩子的防禦，而是把孩子帶到一起行動當中。

第四，習慣於暴力式溝通的我們，還會無意識地使用很多否定詞。

比如我們會經常對孩子說：「不要大喊大叫！」「不要漏看題目！」「不要把玩具丟到地上！」但對於孩子來說這是一種負面強化。孩子的大腦是很難聽到「不」這個字的，因為他們會首先聽到動詞，而忽略掉「不」這個副詞。例如當我們說「不要在沙發上跳」，孩子聽到的是「在沙發上跳」；當我們說「不要亂丟垃圾」，孩子聽到的是「亂丟垃圾」。因此，表達自己想要的，而不是自己不要的，在溝通當中會更為高效。

孩子說：「我要吃餅乾。」如果我們說：「不行，馬上要吃飯了，不能吃零食。」這時孩子聽到的就是禁止性的否定句。如果我們說：「好呀，吃完飯就可以吃餅乾啦。」這時孩子聽到的是允許。因此，與其說「別把東西亂放」，不如說「請把這些書放回書架」。與其說「不寫完作業就別出去玩」，不如說「好呀，寫完作業馬上就可以去玩啦」。這時，對方聽到的是一個目標性動作，而不是禁止性指令，去完成的意願才會更大一些。

第五，在溝通時，請清晰具體地表達自己的需求，而不是用籠統含糊的說法。

有一次我在給一對夫妻做諮商的時候，請雙方表達自己的渴望和需求。妻子說：「我希望你能多尊重我一點，多給我一些空間。」丈夫聽到後就覺得很疑惑。這樣的表達就是一個非常籠統的說法，因為每個人對於尊重和空間的定義都不一樣。妻子覺得丈夫不夠尊重自己，丈夫可能覺得自己已經很尊重了，於是誤解和矛盾也由此產生。

在夫妻溝通時，我們經常會聽到這樣的說法：「我希望你能更負責一點。」「我希望你能給孩子做個榜樣。」「我希望你對我好一點。」當說出這些話的時候，對方應該會覺得被指責，因為這種模糊的表達似乎在說「你不夠負責，你對我不夠好」。

同樣，父母經常對孩子說：「把房間收拾乾淨！」可孩子似乎從來達不到我們的標準。也許孩子覺得這樣已經挺乾淨了，但我們卻認為他就是在糊弄、敷衍，沒有認真收拾，於是數落他「亂得跟豬窩一樣」。

「我希望你能尊重我。」這句話具體的表達可能是：「我希望在孩子入學的問題上，你能聽聽我的想法。」或者是：「明年過年的時候，我希望和你一起去我父母家。」

「我希望你能給我一點空間。」具體來說可能是：「我希望每週能有一個自己外出逛街、健身的時間。」等等。

對於孩子來說也是如此。「你要自覺一點。」「你應該懂事。」「你就不能勤快一點嗎？」這些都是非常模糊的說辭，孩子無法理解，也就不具備可執行性，自然無法達到我們想要的標準。用具體的描述來代替，比如「換下來的衣服放到洗衣機裡。」「刷完牙後把漱口杯放回去。」「把書本放進書包裡。」清晰、具體地表達，而不是使用籠統含糊的說法，這樣才更容易讓對方明白我們的需求，也讓溝通變得更順暢。

無論我們是和孩子溝通，還是和伴侶溝通，雙方的情緒很容易互相影響。暴力式溝通帶有很強的攻擊性，我們總是不自覺地從語言庫裡調出這些我們熟悉的模式，結果越想溝通，就越容易吵架。次數多了之後，我們就對溝通失去信心了。想要改變這種循環模式，我們要靜下來看看自己的內心，**問問自己：我這句話想要表達什麼？這次溝通的目的是什麼？我希**

望得到什麼樣的回應？

我們總希望孩子多吃健康的食物，獲得全面的營養，才能擁有好身體。那麼，**孩子在家庭中每天聽到的話語，就是他攝入的內心成長所需的營養。**我們會儘量讓孩子遠離垃圾食品、黑心食品；**同樣，我們也要調整自己的溝通和表達方式，用建設性的語言，讓孩子的心靈也能健康成長。**

這篇文章中所描述的暴力式溝通方式，也許我們每個人都很熟悉，這是我們幾十年來形成的語言習慣。想要改變，需要我們持續學習成長、保持自我覺察、不斷練習調整。從術入道，從技巧到意識，從語言到思維，一步一步不斷成長。希望後面的文章能為大家逐步展開這一段過程。

講道理不管用？如何幫助孩子疏導情緒

曾經有一位自媒體創作者發文章詢問：「說說你們和伴侶都因為什麼奇怪的原因吵架？」其中讚數最高的回答是：「我跟他吐槽的時候，他居然跟我講道理。」看了不由得會心一笑。戀愛中的朋友，或夫妻關係中經常會有這樣的場景吧，這大概也是這條回覆得到如此多讚的原因了。

其實同樣的道理，放在對孩子的情緒處理上也是一樣。講道理並不能改變一個人的心情，如果想緩解他的情緒，首先要做的，是同理他的感受。

經常聽到有父母詢問：「我的孩子一發起脾氣來，就是『我偏不！』『我就要！』不管怎麼講道理都沒有用啊。」或者「我的孩子動不動就哭，一點小事也哭半天，無論怎麼說都沒用。」這些父母們的描述都指向同一個問題：當孩子產生強烈情緒時，我們要如何做才能幫助孩子疏導情緒？

當孩子發脾氣的時候，我們最常使用的方法大概就是講道理了。給孩子分析、說教，希望他能夠明白我們的一片苦心。然而現實並沒有那麼美好，孩子在氣頭上，哪裡能聽得進道理？於是為了平復事態，那就轉移注意力吧，讓孩子看個貓看個狗、給個玩具，趕緊息事寧人最重要。

看起來孩子似乎忘記了這件事，也不哭不鬧了，但父母們會發現，當下一次類似的事情再發生時，孩子的情緒會更加激烈。那是因為當孩子情緒高漲的時候，他的內心會充滿許多強烈的感受，這些感受需要得到自由地表達。可是我們習慣性地否定孩子的感受，認為他是在無理取鬧。耐心的時候還能苦口婆心地說事實、講道理，不耐煩的時候可能就是直接斥責，或強行打斷。

我們看看下面這個對話：

孩子：「我的小兔子今天早上死掉了！」

媽媽：「寶貝，別難過了。」

孩子：「嗚嗚嗚……」

媽媽：「別哭了，不就是隻兔子嘛。」

孩子：「哇哇哇……」

媽媽：「有什麼可哭的，我再給你買一隻不就行了。」

孩子：「我就要這隻小兔子！」

媽媽：「你真是無理取鬧！」

不知道這樣的場景大家是否熟悉，孩子就要那塊碎掉的餅乾或那個壞掉的玩具。這個時候我們絞盡腦汁去安慰、說教、想辦法，可是孩子並不會因此就好起來，反而哭得更大聲了。這是因為我們所做的這一切，都是在否定孩子的感受。

感受如果得不到表達，就會形成情緒。情緒如果得不到疏導，就會被一直卡在心裡。尤其是當孩子哭的時候，我們使用各種方法想讓他停止哭泣，這個引發哭的感受就被卡住了，無法表達，於是情緒就這樣積累下來。

我們來換位思考一下。如果你和你的伴侶吵架了，很傷心，你會選擇和自己的父母傾訴嗎？通常情況下是不會的。因為我們幾乎都能想到父母會給我們什麼樣的回應。

「別想那麼多，夫妻倆哪有不吵架的？你看我和你爸，吵吵鬧鬧一輩子，不也這麼過來了。你們孩子都有了，難道還能離婚嗎？日子總是要繼續過下去的嘛。」

「別哭了，哭有什麼用啊？男人嘛，都是這樣的，換成別人可能還不如他呢。想當初我和你爸……」

「肯定是你做了什麼事情不如他的意，他才和你吵架的。這個就是你不對了，他在外面工作壓力大，你作為女人，就應該多多體貼一點、包容一些。」

……

如果得到的都是上面這樣的回應，你會有什麼樣的感受呢？是不是會感到心裡很不痛快？可是明明大家都很關心你啊，都在動之以情、曉之以理，為什麼我們卻不會好起來呢？因為所有這些回應，都沒有顧及到我們此時此刻難過、委屈、氣憤、傷心的感受。當我們有這麼多複雜的感受時，我們不想聽大道理，不需要別人給我們出主意，我們只希望有人能明白我們經歷了什麼，能耐心聽我們傾訴，能理解我們的感受。

如果有情緒的時候不能表達，生氣的時候被告知不能生氣，想哭的時候被要求堅強不能哭，很多情緒就會積累在心裡。我們不斷積累情緒，終於有一天只是因為一件小事情我們就爆發了。可是爆發之後我們又後悔，覺得自己不應該發脾氣，於是又再度壓抑，不斷積累，下一次又重新來一遍，就這樣陷入循環。

我們平時總想要「控制」情緒，其實情緒是沒辦法控制的，它會一直積累在那裡，直到有一天我們反被情緒控制。因此當孩子情緒高漲的時候，我們要做的第一件事就是幫助孩子把感受表達出來。這種方法叫作**反映式傾聽（Reflective Listening）**[2]，幫助孩子表達感受、疏導情緒，並運用自己的智慧，找到屬於自己的解決辦法。

同樣的場景，如果換成下面的對話，孩子的感受是不是會好很多呢？

孩子：「我的小兔子今天早上死掉了！」

媽媽：「啊，是嗎？真沒想到。你一定很傷心。」

孩子：「我昨天還教牠玩遊戲呢。」

媽媽：「你們在一起很快樂。」

孩子：「牠是我的好朋友。」

媽媽：「失去朋友真的讓你很難過。」

孩子：「我還每天餵牠菜葉。」

媽媽：「嗯，你很關心牠。」

孩子：「媽媽，我想給小兔子畫一幅畫。」

媽媽：「好啊，畫一幅畫，想牠了我們就一起來看看。」

孩子：「可是我還是很想哭，嗚嗚嗚……」

媽媽：「是的，你現在一定很難過，難過的時候就想哭，媽媽會陪著你的。」

在這個過程中，媽媽沒有試圖安慰孩子，也沒有講什麼大道理，只是去傾聽孩子，去跟隨孩子的感受。當孩子可以自由地表達、感受得以自由地流動時，他就會慢慢平復下來，也能夠逐漸學會面對自己遇到的問題了。

我們的大腦在平衡狀態時，一半是情緒，一半是理智。當我們的情緒升溫時，就會把理智的那一半擠得只剩下一點點，這個時候我們是沒有辦法好好思考的。很多父母會發現，平時和孩子講道理，孩子都答應得好好的，但是一遇到事情，就什麼道理都沒用了。那是因為孩子不是不知道這些道理，而是在那個當下他做不到。**因為情緒上來的時候，沒有理性思考的空間。而傾聽就是在幫助孩子釋放情緒，讓大腦恢復平衡狀態，讓理智回來。**

反映式傾聽，或者叫共情，是去切身體會孩子內心的感受，幫助他表達和疏導。在傾聽的過程中，除了要注意聽孩子所說的事發經過之外，還要仔細聽到孩子沒有說出來的感受。這一部分的潛在資訊，是瞭解孩子內心的關鍵。

傾聽的時候，我們要保持專注，全然地和孩子在一起，這樣會讓孩子感覺到被尊重、被重視。**傾聽除了要聽到孩子所說的事實之外，還要幫助孩子表達感受。透過這樣的表達，給予對方的是一種理解性的回饋，同時傳遞出的是同理心與接納。**

有一位媽媽分享了她家的案例：媽媽白天要上班，每天早上離開家的時候，孩子就會一邊哭一邊抱著媽媽的腿，纏著媽媽不讓她走。之前媽媽會說：「不要哭了，媽媽下班馬上回來陪你啊。這有什麼好哭的啊。媽媽必須要上班賺錢啊。」可是孩子哭得更厲害了。這些回應就是一種無效溝通。因為媽媽講的道理其實孩子都知道，但在那個當下，他就是有這樣傷心難過的感受。孩子需要的是感受被理解，情緒得以表達。

後來有一天早上，媽媽嘗試了反映式傾聽。當孩子哭著說不要媽媽上班的時候，媽媽說：「你不想媽媽出門。」孩子哭著說：「嗯，我不想媽媽走。」媽媽說：「嗯，你希望媽媽一直待在家裡陪你。」孩子就說：「是的，你走了我好無聊，都不好玩了。」媽媽說：「你希望我不上班，就可以在家陪你玩，這樣你就不會孤單了。」孩子點了點頭，不哭了。媽媽說：「我也很想在家陪你，但我必須得去上班。有什麼辦法可以既不影響我上班，又能讓我快快回家陪你呢？」孩子想了想，說：「媽媽，你下班不要坐公車，你坐火箭回來，那樣我就不孤單了。」媽媽：「啊，我明白了。好，我下班會以最快的速度回家，一進門就可以陪你啦！」

在這段對話裡，媽媽沒有安慰，沒有講道理，也沒有轉移孩子的注意力，而是陪伴孩子去經歷他的感受。當孩子發脾氣的時候，情緒佔據了大腦，思考能力只剩下一點點。此時父母要做的就是傾聽孩子的心聲，幫助孩子表達感受，減少他的情緒，恢復他的思考能力，讓他用自己的方法解決自己的問題，而不是去責備孩子。等孩子的情緒完全表達之後，孩子會逐漸平復下來，這個時候你邀請他一起來想辦法，他也就能想到自己的方法了。

很多時候，孩子很難表達自己的情緒和感受，他只會發脾氣，只會說「我偏不！」「我就要！」他不知道這些感受叫作失望、沮喪、難過、委屈、憤怒等等，孩子不會分辨這樣的感受。如果他被傾聽了，下次再遇到這種情況的時候，他會知道發生了什麼事情，也會嘗試尋找解決問題的方法。

在這樣一次又一次的練習中，孩子慢慢學會了用語言來表達不同的情緒和感受，這也是**心智化（Mentalization）**[3]的重要過程。很多時候孩子一不如意就哭鬧、發脾氣，甚至摔東西、打人，一個很大的原因就是他無法用適當的語言來表達自己。如果父母們能夠理解孩子的情緒，並幫助孩子疏導表達，不僅能促進親子關係，增加雙方的信任和理解，也會為今後的溝通奠定良好的基礎。

2反映式傾聽（Reflective Listening）是一種常用於諮商或溝通上的積極傾聽技巧，傾聽者會透過用自己的話重述對方意思、進一步確認含意並推進說明與反映對方的話語或情緒，來幫助雙方更好地理解彼此。

3心智化（Mentalization）是一個心理學的概念，指人在心智發展的過程中逐漸能夠了解自己與他人行為背後意義，這個能力使人能夠覺察、理解和推測自己或他人的情緒與想法。

站在人的角度看問題，而不是帶著問題的眼光看人

有一句話叫「對事不對人」，它的意思是，我們不能因為某件事情而評判一個人。這在面對孩子的時候很重要。我們不能因為孩子忘記帶作業就說他丟三落四，也不能因為孩子不願和陌生人打招呼就說他膽小內向。這個部分我相信已經有很多文章論述過了，我也不再贅述。但同時，當我們面對孩子的時候，另外有一個視角很重要，那就是「關注人而不是事」。這兩個平行視角，一個客觀中立，一個以人為本。

有一次，在社區裡的兒童活動場地，有兩個孩子因為爭搶玩具而引發了肢體碰撞，繼而都大哭起來，引得兩邊家長都加入了爭吵。一位媽媽把孩子拉在面前不停追問：「這個玩具是誰的？是誰先動手的？為什麼不遵守誰先拿到誰先玩的規則？媽媽平時在家是怎麼教你的？」對方奶奶把自家孩子攔在背後，也吵嚷著說：「對啊，把事情說清楚啊！」而另一位爸爸在高聲要求：「怎麼還推人了呢？憑什麼說我家孩子先動手？敢不敢去找管理員查監視器啊！我倒要看看究竟是怎麼發生的！到底是怎麼回事！」

雙方吵得不可開交，而這個時候，兩個孩子雖然被家長拉在一旁，卻沒人關心他們現在怎樣、感受如何。孩子們驚恐地看著這一切，不知所措。

看起來好像每個人都在關注這件事情，可是，誰在關心這兩個孩子？孩子經歷了這一切，他們會有什麼樣的感受？表面上似乎所有的人都在關心這件事，但實際上每個人的腦袋裡面都只看到了事情，卻沒有顧及到當時的孩子。

孩子在外面發生打鬧哭著回到家，無論你是義憤填膺地想要去評理，還是冷靜地和孩子分析誰對誰錯，都沒有看見眼前這個委屈、害怕、傷心、難過的孩子。

所有的分析、所有的總結，都要在處理完情緒之後再進行。當事情發生時，我們首先要做的不是去評判誰對誰錯、應不應該，而是要先安撫孩子的情緒，理解孩子的感受。**父母要讓孩子知道，無論外面發生了什麼事情，都比不上眼前這個孩子對我來說更重要。**這就是我們說的「關注人而不是事」。

曾經看到過一篇新聞報導：一個13歲的女孩，在社區超市拿了一些巧克力以及生活用品沒有付錢，被超市老闆發現後通知了家長。女孩的媽媽認為「偷東西」是一個不可饒恕的行為，一定要嚴厲教育，好讓孩子接受教訓。於是她在趕到超市後先是打了女孩一個耳光，隨後在和店主交涉的過程中也不斷打罵孩子。媽媽以為這下孩子應該知道錯了，以後再也不敢犯了。可是女孩在離開超市一小時後就從樓上跳了下來。

不得不說這是一個悲劇。媽媽知道孩子「偷」東西之後無比惱怒，一心想要教育孩子，要是這樣繼續下去以後長大還得了？可是她恰恰忘了，孩子此時此刻那種驚慌失措、羞辱絕望的心情。她不知道媽媽會怎樣對她，也不知道事態會如何發展。會報警嗎？萬一警察來了怎麼辦？如果學校的老師和同學知道了又怎麼辦？這一切恐慌和羞愧的情緒讓孩子無法承受，此刻她需要的不是責罵和講道理，而是她最親的人能站在她身旁告訴她，即便你做錯了，我也願意和你一同彌補和面對。

我沒有指責這位媽媽的意思，她也是悲劇的受害者。然而，如果媽媽可以暫時先不問對錯，而是首先安撫孩子的心，哪怕只是簡單地問一句：「你還好嗎？有沒有被嚇到？」也許結局就會完全不同。能真正讓孩子感受到自己生命美好的，是來自於父母的愛，我們要為孩子搭建愛的堡壘。

這些年我在諮商和講課的過程中，經常會遇到父母想送孩子來諮商。我遇到過好幾個青春期的孩子休學，把自己關在家裡頹廢憂鬱，可父母來諮商時問的卻都是怎樣才能儘快讓孩子去上學。當我試圖向父母們轉述孩子的痛苦時，父母卻還是著急地說：「馬上就要大考了，這時間耽誤不起，你能不能想辦法讓他趕緊去上學？如果不能，我們就去找別人了。」

這時候我就會很無奈。父母眼中只有不上學這個「問題」，沒有孩子這個「人」。我沒法讓他們明白，孩子為什麼不肯上學、沉迷網路、有各種所謂的問題行為，是因為他內心沒有住著一個能給他愛和力量的人。能不能不要只關注學習、關注成績呢？能不能也看看眼前這個迷茫、無助、挫敗、絕望，卻還在跌跌撞撞地前行、已經疲憊不堪的孩子呢？

我們總說孩子需要挫折教育，但很多時候我們只給了挫折，沒給教育。挫折教育不是我們人為地製造出困難，挖個陷阱讓孩子掉進去，如果他爬不出來，就說他缺少挫折教育。真正的挫折教育，是當孩子遇到困難挫折的時候，我們能夠幫助他緩解情緒、梳理思考，共同面對困難，並在必要的時候提供適當的協助。

其實孩子每天遇到的挫折已經夠多了，來自於父母的控制、學習的壓力、同伴的困擾、社交的憂慮、自我的懷疑、認知的疑惑等等，只是很多時候我們並沒有識別出來。我們認為這些不過是很小的事情，很正常，每個人都是這麼過來的，沒什麼好煩惱的，都是因為孩子心理素質差，才小題大做。但用我們三四十年的生活閱歷去看孩子的行為，就仿佛開啟了上帝視角，這對於孩子來說是很不公平的。

我們總喜歡給孩子講述宏大的敘事，告訴他們將來的社會競爭多激烈，生活多艱苦，少壯不努力，老大徒傷悲……但孩子的生活閱歷讓他們體會不到那麼遠，他們看到的是眼前堆積如山的作業習題、父母老師不斷施加的壓力、一直被壓縮的個人時間、無法做自己喜歡的事情……父母們認為只要熬過學習的關鍵幾年就輕鬆了，孩子們面對的卻是日復一日的上課、補習、刷題，似乎永無盡頭。

每當看到有孩子自殺或離家出走的報導，就會有很多人說現在的小孩太嬌慣了，心理素質差，抗挫折能力低。其實不是因為挫折少了，恰恰是因為挫折太多了，孩子已經絕望了。這些挫折不一定是外界多大的打擊，而是內心一直被否定的感受。孩子感覺不到愛和接納，看不到任何美好，才會失去活下去的勇氣。

其實孩子不是沒有勇氣面對挫折，而是沒有勇氣面對父母的態度和責罰。孩子在家庭裡感受不到價值和歸屬，就會封閉自己，不再信任父母。家，本應是無論你走多遠，都心心念想要回去的地方；是無論你在外面遇到多少挫折，一想起來就覺得溫暖的地方。

父母的愛是一張安全網，當孩子遇到挫折跌落時，只要有這張網在，他就不會受傷。他有支持，便能復原。可現在很多父母在孩子遇到困難時的回應如同帶刺的鋼板，孩子遭遇挫折跌落下來，反而被扎得鮮血淋漓、遍體鱗傷。

只有儲備足夠的溫暖，才經得起嚴寒的侵襲。人的心靈也一樣，只有得到很多快樂、溫暖和幸福的滋養，才能經得起外界的挫折、嚴酷和傷害。良好的依戀關係才是孩子最大的抗挫力。我們能不能讓孩子相信，無論外面發生了什麼事情，在父母眼裡，這個孩子都是最重要的。如果父母可以讓孩子信任，孩子敢於表達自己的需求和感受，那麼無論在外面遇到什麼事情、什麼打擊、什麼挫折，他都知道還有父母會給他支持，還有家這個港灣可以給他依靠。就算再走投無路，他也有一條路可以走，那就是回家的路。

事情永遠不如我的孩子更重要。即便孩子可能會犯錯，我們也可以帶著滿滿的愛，去看看他需要什麼說明，而不是指責他、否定他、教訓他。

當我們否定孩子的感受和需求時，孩子也就逐漸學會了掩飾和壓抑。當孩子小的時候，他會對我們說「媽媽我要你陪我」或者「媽媽我好害怕」。可是我們給孩子的回應往往是指責和拒絕，「這麼大了還要人陪？你又不是小孩子。」「這有什麼好怕的？太膽小了，男子漢勇敢一點！」慢慢地，孩子就不敢表達感受和需求了。

也許他還會談想法：「媽媽，週末我想去同學家玩。」但很多時候我們連他的想法也要否定：「玩什麼玩，一天到晚就知道玩，要玩也和成績好的同學一起玩啊，別總是跟那些調皮搗蛋的混在一起。下週就要考試了，你作業寫完了嗎？複習好了嗎？」如果孩子的想法經常被否定，他慢慢就會知道，和父母談想法是不安全的，是會被批評的。於是他就學會了隱藏自己的想法，把父母關在心門之外，父母不再有機會走入孩子的內心世界。

有多少青春期的孩子，回家後就躲進自己的房間把門一鎖，無論父母問什麼都不想回答。很多父母會問：「為什麼我的孩子不和我溝通呢？」那是因為在孩子小時候，纏著我們嘰嘰喳喳的時候，被我們一點一點推開了。孩子的心是從內到外一步一步離家出走的。

為什麼有些孩子不願意和父母溝通？因為對於孩子來說，他願不願意和你說話，其實不在於你愛不愛他，而是在於和你說話安不安全，會不會遭到否定、批判、指責，甚至打罵。如果我們能夠暫時拋開事情的對錯，而僅僅是專注地傾聽，瞭解孩子行為背後的需求和感受，孩子才會感到被尊重、被接納，覺得自己很重要、有價值。在這種情況下，孩子便會願意和我們溝通。如果要問：「如何才能走入孩子的內心？」那麼方法就是：給予孩子這樣一種傾聽的水準。

用帶著問題的眼光看待人，就會認為對方是錯的，是需要改變的，彷彿他一身都是問題，想要解決問題就得去修理這個人。這樣只會把雙方越推越遠，彼此敵對，無法調和。無論發生任何事情，請站在人的角度去看問題，人永遠比問題更重要。即便我們之間有衝突和分歧，我們也不是站在對立面上；而是我們站在一起，面對問題，共同解決。

先處理情緒，再解決問題

有一位媽媽來諮商時，說她上國三的孩子一直以來都能按時作息，但有一天早上忽然因為被叫起床而大發雷霆。於是媽媽不再叫他，要讓他體驗遲到的**自然後果（Natural Consequence）**[4]。誰知孩子不但沒有吸取教訓，反而爆發了更大的情緒。媽媽很是困惑，不知為什麼孩子會有這麼大的反應。

自然後果法是很常用的一種手段，很多父母在孩子兩三歲時就開始使用。不願起床？那就遲到自己走去學校；不想吃飯？那就餓著什麼都不許吃。這種方法也許很有效，但它永遠是輔助，而不應該成為我們管教的法寶。如果成人帶著「我要教訓一下你」的心態對待孩子，無論是隱性的還是顯性的，都會造成孩子的對立和牴觸。家庭不是軍營，遲到了自己承擔後果是沒有錯，但孩子的情緒呢？他為什麼如此不願做這件事？他遇到了什麼困擾？他當下的感受和需求是什麼？這些才是我們需要去思考的問題。

當我們說「怎麼辦」的時候，我們很容易直接去想解決的辦法。遇到問題要想辦法解決，這是我們的思維習慣。但為什麼總是「道理都懂，就是過不好這一生」呢？因為我們忽略了真正影響我們解決問題的一個重要因素，就是我們的情緒。情緒如果一直被壓抑，我們就會忽略內心的感受，而只是試圖用頭腦去解決問題。於是很多時候，我們會發現自己很不情願地去做一些我們認為「必須」去做的事情。

孩子：「又起床！又上學！我睏死了你知不知道！」

媽媽：「誰讓你昨晚那麼晚睡啊？今天早點睡。」

孩子：「你以為我想那麼晚睡啊！那麼多作業怎麼寫得完！」

媽媽：「別人也一樣多作業啊，別人怎麼寫得完？你要提高你的學習效率啊，別總是摸魚走神，東搞搞西搞搞，時間就是這麼浪費的。」

孩子：「你有完沒完？有本事你來寫寫看啊！你知道我們有多少功課多少作業嗎？」

媽媽：「國三就是這樣的啊，是你學習又不是我學習。辛苦完這一年，後面就輕鬆了。別囉嗦了，有這時間都寫完好幾道題了。」

孩子「砰」的一聲把門關上了。媽媽也很委屈，明明自己認真地想要好好說，可孩子怎麼就是不懂道理呢？

我們想想看，這是一個國三的孩子，他不是三歲，不想上幼稚園，於是撒撒嬌、發發脾氣。回想一下我們的國中生涯，難道我們不知道要按時上學嗎？難道我們不知道遲到了會被老師唸一頓嗎？我們在學習壓力特別大、而又不被父母理解的時候，是不是也會感到非常委屈、無助、脆弱？

這個孩子是因為太累、太辛苦了，升學壓力那麼大，課業那麼繁重，似乎永遠看不到盡頭。他並不是因為早上被叫醒而發脾氣，而是這麼長時間的壓力積累，他的情緒無處宣洩，委屈、無助、焦慮，渴望被看見，但從來沒有人真正走進他的心。請設身處地把自己放在這個孩子的位置，想像一下自己就是這個孩子，能感受到他疲憊不堪卻一直堅持的心情嗎？

回想一下我們大考前奮戰的日子吧，或者我們剛開始工作時不斷努力卻又迷茫的時候，我們想得到的是什麼呢？當我們在亂石中、泥濘中、荊棘中努力前行的時候，我們需要什麼呢？是別人提供的幫助嗎？是一杯水、一個麵包？是別人拍拍我們的肩膀說「加油！我相信你能做到」嗎？似乎不是。我們想要的其實只是一個眼神，一個肯定的眼神，仿佛在說：「是的，我看見了，我看見你在那亂石中、泥濘中、荊棘中努力前行。我看見了你的不容易，你的委屈，你的艱辛，你的堅持。是的，我看見了！」相信就是這樣一種「看見」的力量，會讓我們淚流滿面。

這位媽媽聽了之後恍然大悟：「啊，真是深有體會啊！我當年也是這樣，我媽媽同意我繼續睡、不去學校，但我的心情並沒有好起來，反而覺得很失落。」是的，因為深層的感受和渴望沒有被看見，表面上似乎解決了問題，但孩子的情緒沒有得到疏導。而父母可能會更委屈：「我都讓你繼續睡了，你怎麼還不高興？」

如果媽媽去傾聽孩子的感受，孩子的情緒得到釋放，他知道有人能夠理解他，就不會感到那麼無助、孤單，也就可以慢慢地自己走出困擾。

孩子：「又起床！又上學！我睏死了你知不知道！」

媽媽：「你看起來真的是很累啊。」

孩子：「我肯定累啊！我昨晚一點多才睡啊！那麼多作業！」

媽媽：「是啊，那麼多作業，晚上要熬夜，早上還要早起，任誰都要崩潰了！」

孩子稍微平靜了下來：「可是不寫不行啊，馬上又要考試了。」

媽媽：「要完成那麼多功課，還要面對考試，壓力一定很大，我看著也很心疼。」

孩子不再發脾氣了，媽媽也沉默著陪伴了一會兒，孩子嘟囔著說：「算了！我再瞇一會兒就起來，誰叫我是國三生呢！」

很多時候孩子的叛逆、抱怨、頂撞，並不是我們認為的「不懂事」，而是他們內心積壓了太多委屈、憤怒、難過、壓抑的情緒。父母向孩子傳遞出一種理解、接納的狀態，傳遞一種相信的力量，孩子的情緒在得到釋放和疏導後，大腦才有思考的能力。雖然該做的事還是得去做，並沒有變得輕鬆，但在被理解之後，我們才更有意願堅持下去。

另一位媽媽遇到了一個演唱會的難題。孩子上高三，想去參加一場明星演唱會，但時間和學校安排的模擬考試衝突了。媽媽詢問朋友們該怎麼辦，一部分人說學生還是得以學習為重，千萬別一時放縱耽誤了大事。還有一部分人說要尊重孩子去演唱會的想法，一次考試算不了什麼，青春就應該多彩。沒錯，因為我們被應試教育害苦了，我們的青春全都奉獻給了升學和考試，所以我們不希望自己的孩子和我們一樣。

「我絕對不讓孩子過我小時候那樣的生活」，這種做法，其實也是一種投射，無意識地剝奪了孩子自主思考和選擇的權利。這樣做孩子當時可能會很高興，但事後也有可能抱怨：「媽媽你為什麼不阻攔我呢，我錯過了模考的機會，結果大考都沒考好，正好考到了模考裡的概念啊！我不懂事，難道你也不懂事嗎？」可是如果要求孩子去考試，給孩子分析不去考試的利弊，孩子又會覺得你是在講道理，想要說服他，從而產生牴觸。即便最後去參加了考試，也完全達不到考試的效果。

別忘了這是個高三的孩子，十八歲了，有自己的判斷能力和思考能力。我們要做的是去尋找孩子的感受，用身心去跟隨，和孩子同頻，幫助他梳理思緒。這樣，即便孩子選擇去看演唱會，他也會有替代的備選方案，因為是他自主做出的選擇，就會願意為這個選擇負責。

以下是媽媽嘗試說明，讓孩子表達感受的對話。

孩子：「學校居然在演唱會那天安排了考試！簡直太過分了！」

媽媽：「啊？這樣啊！你一定很生氣。」

孩子：「是啊！氣死我了！我等了這麼久就為了這一天！」

媽媽：「一直在等，結果有考試，如果是我，肯定失望透頂！」

孩子：「那當然啊！你是不知道，上次演唱會那叫一個熱火朝天……」

媽媽：「真的啊！聽你這麼一說，我都能感受到現場那種熱烈的氣氛了！」

孩子：「要不我乾脆不去考試了，就說生病了，溜去看演唱會。」

媽媽：「嗯，聽起來是個辦法，去聽演唱會，不參加模考。」

孩子：「可是，這是最後一次模考，不參加就再沒機會檢驗自己的掌握程度……」

媽媽：「的確很難選擇啊！又想去演唱會，又不想錯過考試，真是讓人糾結啊！」

孩子：「啊啊啊，到底該怎麼辦啊，煩死了！」

媽媽：「哎，確實蠻讓人頭疼的，哪邊都不想錯過，哪邊都擔心會有遺憾。」

孩子靜下來，思考了一會兒，說：「算了，我還是去考試吧，反正再過幾個月別的縣市還有一場演唱會，那時候我已經考完了，我可以坐高鐵去。」

媽媽：「真是個不錯的主意，到時候別忘了多拍點影片回來給我看看！」

這個案例裡的媽媽沒有做任何評判，也沒有分析去考試的利弊，更沒有給孩子出主意，甚至在孩子提出要蹺課去看演唱會的時候，也沒有立刻否定孩子的想法，而是一直幫助孩子表達感受、處理情緒，並留給孩子自己思考的空間。同時，在孩子表現出考試也很重要的猶豫時，媽媽也沒有趁機對孩子進行說教，最後是孩子透過自己的思考做出了決定。

也許有人會擔心孩子不按劇本來怎麼辦？他就是堅持要去演唱會怎麼辦？別著急，傾聽孩子的感受，等他把情緒溫度降下來，說明他有思考空間了，你們可以一起想一個雙贏的辦法，去滿足雙方的需求。有的孩子可能會提出，把試卷拿回家，在媽媽的監督下自己模擬一次，然後打分；有的媽媽可能會接受給孩子請家教等等。每個家庭是獨一無二的，每個孩子是獨一無二的，那麼你們想出來的解決辦法也會是獨一無二的。無論最後的辦法是什麼，關鍵是孩子自己參與決策。**「選擇」這個行為本身對於孩子的意義，遠遠大於選擇的結果。它帶給孩子的是一種自主感，讓孩子感到他是在積極地解決問題，而不是製造問題。**

先處理情緒，才能更好地解決問題。孩子因為考試而緊張，擔心考不好而畏縮，這些都是孩子的情緒，是孩子需要學會自己去面對的功課。無論我們是安慰他不用緊張，還是著急地給他提各種建議告訴他應該怎麼做，都是越過了界限，剝奪了孩子自己面對問題的權利。當孩子遇到困擾的時候，我們不應該把注意力全都放在事件上，更重要的是我們要看到孩子內心的感受和渴望。父母傾聽孩子的感受，同理孩子，在他需要的時候提供說明，而不是一廂情願地替他解決問題。孩子的情緒得到理解和疏導，才有理性思考的空間，也才能找到最合適的解決辦法。

然而我們總是控制不住自己，總是想給孩子提建議、想辦法。當我們給別人出主意的時候，潛臺詞是：我比你強。這個信號被對方接收到，對方要麼牴觸，堅決不接受；要麼更加覺得自己不行，依賴外在的答案。其實真正解決問題的人只能是自己。然而我們經常無心地剝奪別人獨立解決問題的能力，尤其是對孩子。

我經常會聽到這樣的提問：「我的孩子總是和朋友鬧彆扭，昨天還玩得好好的，今天就說要絕交。我要怎麼引導才能讓她學會處理人際關係呢？」「我的孩子考試沒考好，就說不要上學了，我要怎麼引導才能讓他愛上學習呢？」「不是說父母是孩子的領路人嗎？那我應該怎樣引導孩子，才能讓他少走彎路，養成正確的生活方式呢？」

類似這樣的提問有很多，太多焦慮的父母，總是想著要如何「引導」孩子，擔心自己的做法究竟會給孩子造成什麼樣的影響。我們一看到孩子遇到問題了，就忍不住撲上去，告訴他什麼是「正確」的方法，好讓他可以找到解決問題的「捷徑」，必須要給孩子正向的「引導」，否則孩子就會誤入歧途……

但是，我們真的有足夠的智慧，可以做孩子的人生導師嗎？我們真的有足夠的遠見，去為孩子規劃他的人生嗎？我們用「過來人」的眼光去看孩子，就彷彿開了上帝視角一樣，很容易覺得孩子不夠成熟，就應該按照我們說的做才能少走彎路。**但有些經驗，就是得自己親身經歷才能學會。**因此，不必直接給他們解決辦法，而是幫他們鋪路，讓他們自己找答案。很多時候，我們都太急於解決問題，但其實，答案永遠在自己心裡。

我們總說言傳身教很重要，其實孩子不是聽我們怎麼說，甚至不是看我們怎麼做，**而是在學習我們是一個什麼樣的人。**因此在日常生活中，我更願意採用的是分享的方式，而不是把自己放在一個高高的位置上去教導對方。分享和教導是有區別的。分享是：我知道一些經驗，我毫無保留地分享給你，是否採納完全取決於你。教導是：我知道的東西比你的更好，你必須聽我的話，照我說的去做，才能過上更好的生活。分享是不強迫，相信對方會為自己的生活負責。教導是我先進、你落後，你得按我說的來，否則你就沒能力解決這個問題。

分享是出於愛，我對自己有滿滿的愛，我對你也有充分的信任，我們彼此之間互相陪伴，互相協助。教導往往是出於恐懼，給孩子灌輸一大堆的「應該」和「必須」，要麼擔心孩子離開了我們的引導就會誤入歧途；要麼擔心自己做得還不夠，沒能對孩子起到教育作用。要麼擔心孩子表現得不夠好；要麼擔心自己做得不夠好。

其實每個人的內心都蘊含著力量，都有自己的內在智慧。孩子天生就有著美好良善的本質，我們要做的是提供他們一個充滿愛的環境。父母對於孩子的意義，並不是每次在孩子遇到難題的時候直接給他一個正確的答案；更重要的意義，是幫助孩子瞭解自己的情緒，獲得愛的感受和溫暖的連結。

我們要相信孩子有自己解決問題的能力。日常生活中我們為孩子包攬了太多事情，我們不願意孩子遇到困難，走所謂的「彎路」，所以一遇到情況比孩子還著急，要麼出一堆的主意想讓孩子照著做，要麼想方設法引導孩子按我們的意願來。而這恰恰剝奪了孩子去經歷、去體驗的權利。孩子失去了面對困難挫折的機會，於是漸漸變得依賴父母。等到該獨立的時候，由於沒有經驗，他要走出父母的羽翼一定不會很容易，這時候父母又會開始抱怨孩子怎麼沒有主見。

父母把尋找解決問題的方法的權利交還給孩子，這一點非常重要。父母的任務是協助孩子，按照孩子自己的節奏完成解決問題的步驟，而不是代替孩子完成整個過程，更不是列出一個時間表來催促孩子解決問題。很多時候，我們總是把自己當成正確的化身，然而只要我們全然地信任孩子、在他需要的時候給予恰當的協助，當孩子的情緒可以自然流動的時候，其內在智慧就會開始湧現。這種由內心深處發出的美好，將會是孩子未來面對一切困難挫折的力量源泉。

當一個孩子確信自己能透過自己的能力面對生活中的困難時，他就擁有了最穩固的安全感和力量感。這種根植於內心深處的力量，將會支持他去面對未來一切可能的艱難困苦，在遇到挫折時不輕易否定自己，在遭受失敗之後仍能重新再來，即便暫時失意也不放棄堅持的夢想，哪怕是在谷底也依然能看見希望的曙光。

4 自然後果（natural consequences）：正向教養主張以自然後果取代懲罰，指在家長不介入的狀況下，讓孩子自然體會行為的結果。需在合適的情境下搭配一定的原則進行。本文中主要描述了此法被誤用和濫用的狀況。

你眼中的問題行為，恰恰是他人的解決辦法

薩提爾有一句名言：問題本身不是問題，如何應對才是我們需要學習的。這句話有兩層含義，一層含義是此刻產生的問題並不可怕，關鍵是我們如何去應對；另一層含義是我們現在看到的問題都不是真正的問題，而是我們應對真正問題的一種方式。

例如妻子抱怨老公酗酒，想要解決他喝酒成癮的問題。但在系統的視角下，我們看到的實際問題是，丈夫酗酒是為了逃避什麼？也許是逃避工作的壓力，也許是麻醉生活的不如意，也許是想逃離喋喋不休的妻子等等。酗酒，就成了這個丈夫應對這些問題的辦法。

如果一個孩子翹課，對父母來說這可能很嚴重，但其實這個問題只是表像，是這個孩子想出來的解決辦法。他可能想逃避在學校裡被欺負的狀況，可能無法面對考試帶來的焦慮，也可能是為了反抗父母給自己的高壓等等。翹課，是這個孩子應對這一切的解決辦法。

很顯然，酗酒和翹課都不是好辦法，但那是當事人在他面臨的情況下所能做到的方式。我們眼中所有的問題行為，都是那個人在當下唯一能想到的解決辦法。我們要做的不是去批

判這個解決辦法，而是幫助他拓寬選擇，找到核心需求，才能發展出更合適的處理方式。

有這樣一個比喻：一個人吃樹皮充饑，如果我們跟他說吃樹皮不好、樹皮沒營養、樹皮不衛生、吃樹皮傷身體等等，都沒用。不要跟樹皮較勁，無論再怎麼批判、禁止樹皮，都無法改變他的行為。要看到這是一個饑餓的人，他吃樹皮是為了活命。如果我們調整他的飲食，均衡他的營養，等他的身體恢復健康而不是饑餓狀態時，他自然也就不會吃樹皮了。

同樣，很多人發展出一些問題、一些成癮的行為，父母或家人就想糾正他的這個行為，但很有可能正是這些「問題行為」才讓這個人能繼續活下去。

曾經有一個青少年告訴我，她是住校生，因為成績不好總被老師批評，和父母傾訴時父母只會讓她反省自己，專心學習。她一邊承受著每天高強度學習的巨大壓力，一邊又被同寢室的同學排擠，每天晚上都躲在被子裡哭，卻又不敢太大聲，怕被老師同學指責。這個時候她就會幻想自己最喜歡的明星，站在她面前對她說：「你要加油，你可以很優秀的，等你考上大學來看我的演唱會。」就是靠著這種幻想的力量，這個孩子努力撐著。可在父母和老師眼裡，追星是必須改掉的壞毛病，正是因為追星才導致她學習成績下降。她收藏的海報被撕毀，存錢購買的專輯被砸爛。表面上看起來這些問題行為都被禁止了，可孩子並沒有變「好」，反而出現了更為嚴重的心理問題。

再拿父母們深惡痛絕的網路遊戲來說。當孩子沉迷遊戲、影響學習的時候，父母往往會嚴令禁止、沒收手機，苦口婆心地給孩子講各種道理。但孩子們往往不買單，反而引發激烈的反抗。這時父母們就會視網路遊戲為罪魁禍首，認為孩子沉迷都是它害的。但是我們有沒有想過，孩子為什麼這麼喜歡網路遊戲？他們從中獲得了怎樣的樂趣？父母們有試著從孩子的視角去瞭解遊戲帶給他們的體驗嗎？

作為心理諮商師，我曾經陪伴過很多沉迷遊戲而休學的孩子們，聽他們講述遊戲帶給他們的樂趣，那是他們在生活中從未得到過的樂趣。網路遊戲有不同的類型，有的孩子喜歡玩打打殺殺的，有的孩子喜歡玩組隊任務的，有的孩子喜歡玩角色扮演的，有的孩子喜歡玩世界搭建的……不同的孩子從遊戲中吸取的東西也不一樣。我一邊聽他們講述，一邊思考：有的孩子在遊戲當中是一個孤獨的勇者，總是獨自去冒險，那麼他在生活中最想做的冒險是什麼呢？有的孩子在遊戲裡扮演一個和自己生活中完全相反的角色，那麼他扮演的又是誰呢？哪個才是他想活出的樣子呢？有的孩子喜歡在遊戲中創建屬於自己的世界，那麼他希望創建的內心世界又是怎樣的呢？這些都是孩子們給我帶來的思考。

這些孩子們告訴我，當生活和學習壓力太大的時候，他們就會躲到遊戲裡去放鬆一下。父母的嘮叨、老師的批評、考試的焦慮、學習的枯燥，壓得他們無法喘息，只有在遊戲中才能不想這些。在那個虛擬世界裡，他們有朋友、有歸屬，也有即時的獎勵。他們一起組隊出任務，每個人都是不可或缺的重要角色，挑戰成功之後全團歡呼。那種成就感、意義感，被需要的感覺，和對自己角色的掌控感，讓他們一遍遍研究遊戲攻略，一次次失敗後重新再來，再怎麼辛苦都樂此不疲。

父母們經常說，這些孩子要是把遊戲中的勁頭用在學習和生活中該有多好。那我們可以問問自己，孩子在現實生活中能體會到這些成就感、歸屬感、掌控感和價值感嗎？如果他不玩遊戲，他還能做什麼？是不是只能好好學習、鍛鍊身體、閱讀名著、輾轉各種才藝班？但凡有一點自己的興趣愛好，也必須得到父母的認可，否則就會被歸結為浪費時間、影響學習。在虛擬世界中斷了他的精神來源，在現實世界中又沒有幫他建立起來。有時我都想問問父母們，如果讓你們和孩子互換身體，過一過孩子每天的生活，你能堅持多久呢？

孩子在現實中一次次遭受打擊和批評，一遍遍體驗挫敗和無力，只有沉浸在虛擬世界時，才能暫時忘掉這些痛苦。可是沉迷久了，勢必導致現實生活和學習的進一步失利，於是更加焦慮，只能繼續躲起來。這種循環，父母意識不到，孩子無力打破，只好繼續逃避。

能對抗網路遊戲樂趣的，只能是另一種樂趣，而不是痛苦。父母要讓孩子感受到現實生活的豐富多彩、其樂無窮，孩子才不容易沉迷虛擬世界。從小帶著孩子去嘗試各種不同的體驗，見識不同的生活面相，發現和感受生活中的各種趣味；父母和孩子之間有著各種各樣的共同話題，天南地北暢聊各個領域，天文地理、歷史傳說、社會新聞、偶像明星……而不是除了學習、成績、分數之外就沒有任何可以說的了。如果父母們願意在和孩子的生活互動和共同話題上花些功夫，孩子們也許不會覺得這麼孤單吧。

不要妄圖透過講道理、說教，透過所謂的溝通就能讓孩子明白父母的一片苦心。很多時候我們認為我們在和孩子溝通，實際上都是在自說自話。**溝通的一切方法和技巧，都是建立在關係的基礎之上的，而良好的親子關係離不開陪伴、理解、尊重、信任，以及日常生活中的情感交流。**離開了這些最基礎的部分，所謂的溝通技巧就變成一種話術，再好的技巧也無法深入孩子內心。就算我們把每句話都說得像教科書一樣完美，但孩子依舊不願意聽。

如果一個人的內在有很多需求無法在生活中得到滿足，那麼他就會透過沉迷網路、小說、追星等方式來彌補。然而父母們看到的往往是孩子的表像行為，看不到他們內在的心理狀態和需要。於是我們就很容易把這些問題行為歸因於外在因素，把電子產品、明星、小說等視作洪水猛獸。可是就算沒有手機，還有電腦；沒有電腦，還有電視。即便是我們小時候，那時也有武俠和言情的漫畫、電影……於是我們用粗暴的方式去干涉、管控孩子，以為只要剝奪了這些，孩子就能好好學習、不受影響。可如果內在的根源沒有解決，外在的問題就會層出不窮。

不要和玩手機、電腦，看小說、追星這些表面行為較勁，就像之前那個例子，不要和樹皮較勁一樣。問問自己，我們在平時的關係基礎方面做得怎麼樣？我們有沒有給到孩子精神所需？如果孩子不做這些，我們能夠提供什麼其他有趣的事情呢？

解決問題的辦法往往在問題之外。每當我們面對一個問題行為的時候，與其問該怎麼辦，不如先去看看，這真的是一個問題，還是他發展出來應對問題的解決方法？我們要探索的是，他發展出這個問題行為是為了滿足什麼、應對什麼？隱藏的核心需求究竟是什麼？

問題行為也是一種解決辦法，是有功能的。當我們有這樣的視角時，我們的注意力就會從「如何改變對方的行為」轉到「我能做些什麼幫他建立同樣的功能」；我們的思路也就從「他不應該追星、翹課、沉迷網路遊戲」變成「為了實現同樣的功能，我們還有哪些新的選擇可以嘗試」。

問題行為隱含著需求，它不是我們深惡痛絕的惡習，而是我們走近對方、瞭解他內心的通道。只有透過表面的問題行為看到對方內心深處的渴望，才能真正理解行為的原因，也才能找到合適的方法去應對。

每個人的需求都值得被尊重

在生活中我們經常會遇到和孩子意見不一致的時候，當我們想要這樣做時，而孩子偏偏想要那樣做，這時候我們和孩子之間就有了分歧和衝突。遇到這種情況，父母們往往會不知所措。要麼就使用權威，強行要求孩子聽從自己的安排，但孩子強烈反抗，結果鬧得雞犬不寧；要麼就是妥協退讓，只要孩子不吵不鬧，什麼都由著他，但這似乎又和溺愛沒區別。

其實分歧和衝突在生活中很常見，尤其是家庭成員之間，經常會有不一致的意見產生。分歧並不可怕，如何應對和處理分歧才是我們需要學習的。

我們選擇做一件事一定有一個出發點，也就是動機，這個動機是為了滿足自己的某些需求。例如我們要吃飯，是因為不吃會餓，這是生理需求；我們看育兒書，是因為想透過學習成長，獲得和孩子之間良好的親子關係，以及和諧的家庭氛圍。同樣，孩子的行為背後也有他們的需求。如果孩子的某些行為我們不能接受，與其單純地去控制孩子的行為，倒不如去看看孩子行為背後的需求是什麼。不是去要求他應該怎樣做，而是去思考他為什麼這樣做。

一個三年級的孩子，每天晚上寫作業都磨磨蹭蹭，一會兒要喝水，一會兒要上廁所，總之就是很難坐在那裡集中精力寫作業。媽媽想了各種辦法，講道理、催促孩子、制定時間表、透過遊戲的方式等等，剛開始貌似有效，但很快就又回到老樣子。有一天媽媽終於找了個時間，和孩子好好地談了一次，透過傾聽，終於明白孩子為什麼寫作業會是這個樣子。

因為在一年前，媽媽剛生了二寶，於是全家人的注意力就都放在新生兒身上。而老大已經八歲了，大家都認為他是大孩子，懂事了，所以什麼都要求他自己做。這個時候他發現，只要他寫作業困難，媽媽就會花很多心思在他身上，要麼陪他一起寫，要麼用遊戲的方式想讓他寫作業，總之就是會增加對他的關注。於是這個孩子潛意識裡就不斷為自己爭取這樣的機會，寫作業儘量磨蹭，拉長作業時間，總是遇到難題。因為一到寫作業的時候，媽媽就會讓其他人帶寶寶，自己單獨陪老大。原來這才是孩子行為背後真正的需求。

透過傾聽和溝通，媽媽明白了孩子想要的是媽媽的關注和單獨陪伴，而媽媽希望的是孩子能獨立完成作業，不佔用全家人一起活動的時間。於是他們就想了個辦法，孩子每天完成作業之後，臨睡前會有和媽媽一對一的陪伴時間。孩子知道只要完成作業，每天都有和媽媽單獨一起玩的時間，於是寫作業再也不磨蹭了，反而會儘快寫完，來爭取更長的玩耍時間。

當父母遇到問題時想到的是要如何去滿足孩子的需求，那麼問題也就更容易解決了。如果孩子想要媽媽關注和陪伴的需求沒有得到滿足，他就會不斷地爭取，即便是讓他寫作業不磨蹭了，他可能吃飯又變慢了；好不容易調整了吃飯問題，他可能晚上又不肯睡覺了。因此在我們不知道孩子行為背後的原因時，即時針對行為做很多處理，都可能不會奏效。

當然，不是所有拖拖拉拉的孩子都是這個原因，一百個不想上學的孩子背後可能有一百種原因。但無論是何種情況，透過表面行為去看更深一層的需求都是處理衝突的關鍵。

如果一個人感覺很渴，你跟他說，現在不是喝水的時間，這個時候不應該喝水，喝太多水不好，這個水太燙，這個水不乾淨……你說再多道理可是他還是渴，還是會吵著要喝水。這個時候我們只要想辦法讓他趕緊喝到乾淨水就可以了。所以如果孩子有某個行為困擾到我們，真的要去看到孩子行為背後的需求是什麼。針對這個需求去做一些改變，才有可能解決問題，否則就是治標不治本。

其實很多時候我們達不成一致，是因為我們一般腦兒想的都是解決辦法。孩子要買玩具、要玩手機，這些都是解決辦法，而不是需求。那麼要如何將需求從解決辦法中分離出來呢？就是問自己一個問題：「這樣做能給我帶來什麼好處？」這個好處就是需求。

比如我想買一輛新車，買車不是需求，這只是一個解決辦法。那買車可以給我帶來什麼好處呢？有可能是方便，不必天天擠公車；也可能是節省時間，可以代步；還可能是有面子，滿足我的虛榮心等等。這些才是需求。只要是能夠滿足需求的辦法就都可以選擇，也許不一定非得買新車才能解決。

因此，如果在遇到衝突的時候是從需求出發，我們看待問題的角度就會不同。

一對夫妻要去蜜月旅行，丈夫想去新疆，妻子想去三亞。這個問題乍看好像無法調和。於是通常會使用妥協的辦法：這一次先去新疆，下一次再去三亞。可是被犧牲掉的那個總是心不甘情不願的，覺得不公平。也有可能會談條件，妻子可能說：「我可以同意跟你去新疆，但是你得買個名牌包包給我。」好吧，這可真是現實版的「包」治百病啊。

這其實是一種「商務談判」，每個人都在出各自的價碼，希望把自己的利益最大化。如果我們用這樣的方式對待孩子，實際上就是在教會孩子談條件。如果你的條件不足以吸引孩子，那他自然也不會願意按照你的方法去做。長此以往，總有一天孩子的條件會越來越大，你終將無法承受。

但如果我們從需求出發，我們可以問問丈夫為什麼想去新疆。丈夫回答，因為他希望找個有挑戰的自然環境徒步。知道了丈夫的需求，我們再問問妻子為什麼想去三亞。妻子回答，因為想享受陽光、沙灘、海浪、海鮮。這樣我們就把夫妻二人各自的需求從解決辦法中分離了出來。後來這對夫妻選擇去了一個半開發的海島，有著非常美麗的自然風光和未被破壞的環境，既可以讓丈夫徒步探索，又滿足了妻子對於海邊風景的嚮往。最後雙方都非常滿意，蜜月也開開心心。

當我們遇到衝突時，可以選擇不把精力消耗在彼此對抗，計較誰輸誰贏；而是把注意力放在如何解決問題上，尋找一種方法，讓每個人的需求都得到尊重。當我們用這樣的方式去面對衝突，雙方是一種協作關係，而不是服從關係。我們呈現的僅僅是差異，而不是對錯。

有些時候，孩子想要做一件事，我們不同意，於是衝突就產生了。但如果我們能從需求入手，問題解決起來也容易很多。

葉兒三歲的時候，有一天晚上我需要準備第二天的講座。給葉兒講完睡前故事後，我告訴他：「媽媽要備課，不能陪你們一起睡，你先睡覺，媽媽備完課就來。」

葉兒很不情願地哼哼唧唧，一定要陪。他說：「媽媽，你不在這裡我好孤單的，房間這麼黑，我會想你，想得都睡不著了。」

我傾聽了一會兒他的需求，待葉兒情緒平復一些後，我邀請他一起來想辦法。

我的需求：準備明天的課程，同時早些休息，不熬夜，不影響明天的精神狀態。

葉兒的需求：媽媽陪伴。

我先提議：葉兒自己睡，我去書房備課。（未滿足他的需求，他想讓我陪。）

葉兒提議：媽媽陪到他睡著之後，再去書房備課。（未滿足我的需求，我不想熬夜了。）

我又提議：我在臥室的隔間裡備課，葉兒不會干擾到我，同時能看到我在隔間裡。

葉兒不置可否，同意試一試，於是我坐在隔間裡備課。但我很快就發現，葉兒總是從床上爬起來，走到隔間門口看我在幹什麼。把他送回床去，但很快又來了。反覆幾次之後，我開始有情緒了。剛想發脾氣，忽然想到，葉兒之所以會重複這個行為，一定是他的需求沒有被很好地滿足。

於是我跟他確認：「葉兒，我看到你總想來看我哦。」葉兒說：「是啊，媽媽，我覺得你離我好遠。」我說：「哦？你想離我近一些？」葉兒點點頭。看來剛才這個解決辦法，其實是沒有滿足他的需求的，他需要的不僅僅是睡前陪伴，而且是媽媽近距離的陪伴。

於是我們重新開始一起想辦法，我說：「嗯，你很想媽媽就在旁邊陪你，這樣你會睡得比較踏實。可媽媽今晚確實有工作需要完成，我們還能想到什麼辦法，既能讓你開心，又能讓我放心呢？」葉兒忽然眼珠一轉，說：「媽媽，有啦！你可以坐在床邊備課，開檯燈，這樣不會照到我的眼睛。你戴上耳機，我躺在床上不說話，不會吵你。」我聽著覺得不錯，於是就同意了。

當晚我完成了備課，葉兒在我備課的過程中睡著了。我備課結束後也睡了，沒有熬夜。第二天課程結束後，我對葉兒表達了肯定：「你昨晚自己睡覺，讓我有時間能夠準備今天的課程，也不用熬夜。我休息足夠，覺得今天上課很有精神，也更有信心了。媽媽很喜歡自己的工作，所以我會很認真，希望可以做得更好。」結果他後來上癮了，每天晚上都不要陪睡，讓我去備課，還說要趕快長大，好好學習，因為他也要做自己喜歡的工作。

我們並不提倡父母為了孩子一味地犧牲自己的需求。**孩子有權要求自己的重要需求得到滿足，但同時父母也是有需求的，也有權要求自己的重要需求得到滿足。**當我們用這樣的方式和孩子一起想辦法的時候，其實也是在告訴孩子：下一次你遇到這樣的困擾時，也可以來和我一起想辦法，因為每個人的需求都值得被尊重。

解決行為造成的「問題」，而不是「禁止行為」

當孩子出現了我們不能接受的行為時，無論怎麼說，孩子都不聽，該怎麼辦？這大概是很多父母都有的困擾。「我都說一百遍了，可是他就是不改！」說了一百遍，孩子還是不改，這不但不能說明孩子有問題，反而恰恰反映出我們這種「說」法根本不起作用。我們應該調整的是我們的表達方式，而不是去控制孩子。

根據西尼・朱拉德的自我揭露理論，人與人之間互相真誠敞開和表達自己的感受和需求，能夠促進雙方關係發展。原本以為能透過溝通增進雙方的情感連結，結果發現在現實生活中往往卻是一表達關係就完蛋。因為我們平時表達的時候都是在說「你要……」「你應該……」「都是你……」，這樣的話語裡暗含了指責的意味，似乎都是因為對方沒做好，才造成了現在的結果。但是沒有哪一個人願意承認是自己做錯了，自己不夠好，所以會透過反抗來表達不認同。如果想避免這種情況，當我們向對方表達我們的不接受時，不妨換一個角度，從「我」的方面來表達，就是從自己的角度出發，表達的是這件事情對我們的影響，以及我們自己的感受。

有一次我開車去商場購物，在停車場停車的時候，旁邊的一輛車佔用了我車位的一些空間，導致我很難把車停進去。停車場的管理員就對那個司機說：「你怎麼停車的啊，會不會啊？你看你停這麼歪，別人要怎麼停？」那輛車的司機聽了後很不高興，就想發火。

我生怕他倆吵起來，就更沒法解決問題了。於是趕緊下車查看一下情況，對那位司機說：「這個車位寬度有限，現在我這邊的空間有點小，我就不方便把車停進去了，我技術也不太好，萬一刮到我的車，還是挺心疼的呢。」

那個司機聽到之後，明顯火氣降下去很多，很快把車擺正了。這樣的溝通方式就是從指責「你」，變成了表達「我」，話語裡不包含任何的攻擊和責備，所以不容易引起牴觸。它其實是在向對方表達：我現在遇到了一個問題，希望能得到你的理解和配合。

有效的溝通，能夠給事情帶來有益的變化，同時可以維護他人的自尊，維持彼此的關係，還能夠提升雙方共同解決問題的能力。而當我們去批評、命令孩子的時候，雖然有時也能改變孩子的行為，但是這樣的方式會傷害孩子的自尊，影響父母和孩子之間的關係，同時剝奪了孩子主動解決問題的機會，顯然無法達到我們希望的效果。如果我們去指責孩子，就很容易引起孩子的牴觸，根本不聽我們在說什麼。而如果我們坦誠地表達自己的感受和需求，則可以避免對方產生對抗情緒。

例如孩子把音樂聲音開得很大，如果我們說：「沒看到我在工作嗎？你開這麼大聲音是不對的，是不懂事的，是不體貼人的。」此時孩子接收到的是指責和批評，他心中升起的是罪惡感。但如果我們從自己的感受和需求出發來表達：「你的音樂聲音開得很大，我就不能集中精力專心工作了，做不完工作，我覺得很著急。」這時候孩子感受到的是：「哦，原來我把聲音開得太大，是會吵到別人的，我的行為會給別人帶來這樣的影響。」明白這一點，孩子會升起一種責任感。因為沒有感到被指責，這時孩子會更有意願配合，調整的可能性也會更大。他會知道，如果自己把聲音調小，別人會更放鬆、更舒服，從而自發地把聲音調小，消除他的行為對你造成的影響。

不少父母發現，當自己不再使用批評的方式對待孩子後，孩子感受到了被尊重、被理解，也會比較願意配合。但有時候我們也會有一些誤解。那就是我們認為我們表達了自己的想法，孩子就應該理解並乖乖聽話。這實際上是把有效表達的方式當成了控制孩子的工具。溝通是為了讓孩子的行為不造成不良影響，而不是透過溝通的方式溫柔地控制孩子，讓孩子只能按照我們的要求做。

有一位媽媽說，她的兒子在廚房裡用小桶子和瓶瓶罐罐玩水，於是她說：「寶貝，你在廚房玩水，桶子和瓶子放在地上，媽媽可能會絆倒，也沒辦法好好準備午飯呢。」孩子聽了後說：「那我去廁所玩。」媽媽說：「你在廁所玩也會把水弄到地上啊，等一下我還要收拾。」孩子說：「等一會兒我跟你一起收。」媽媽繼續說：「你又收不乾淨，還不都是我來弄。」孩子就發脾氣了：「不行！我就是要玩！」於是媽媽很疑惑，我已經真誠表達自己了，為什麼孩子還是不聽呢？

這裡其實我們可以看到，孩子一直在配合媽媽想辦法，消除自己的行為可能帶來的影響，但媽媽真正想要的是孩子停止玩水這個行為。當我們表達自己的感受和需求的時候，將對方的行為對我們造成的影響告知對方，是在邀請對方做出一些調整，從而消除這個行為對我的影響，而不是完全禁止對方的行為。

所以我們一定要知道，當我們不能接受對方的行為時，這件事情對我的影響究竟是什麼，是什麼原因導致我不能接受對方的行為。因為同樣的行為，對於不同的人來說，影響也是不同的，我們的表達自然也就會不同。

例如妻子在家裡準備了一大桌的飯菜，但丈夫下班後沒有按時回家。對於有的妻子，她可能會這樣表達：「老公，你說好六點回家吃飯，現在八點才回來，我準備了好多菜都沒能和你一起吃，我覺得好失落哦，因為我很想和你一起共進晚餐。」丈夫感受到了妻子愛的需求，可能會回答：「噢，真是抱歉，我下次一定早點回來。」

而對於另一些妻子，她們知道丈夫是因為工作原因導致不能按時回家，確實不是能改變的，對於她們來說，這個事件的影響可能是，丈夫回來晚了，妻子得重新熱一遍飯菜。如果是這種情況，這些妻子的表達方式可能就會是：「老公，你說好六點回家吃飯，後來八點才回來，我就得重新熱一遍飯菜。但晚上我有固定的安排需要聽課學習，這會影響我的時間，我覺得有些為難。」這時如果老公回答：「那下次我回來晚了就自己用微波爐熱飯菜吧。」這其實也是幫助妻子消除晚歸這件事對她的影響。

我們做內外一致的自我表達，是為了告知孩子這件事情對自己的影響，同時邀請他一起來想辦法，消除這個影響。**這時候孩子會有選擇，有路可走，也就更願意配合，事情也就得以順利解決。**而不是要求孩子必須按照我們的意願來，倘若他不配合，那我們就只能帶著落空的期待，獨自失望了。如果直接禁止孩子的行為，孩子感到無路可走，沒有選擇了，那自然會強烈反抗，堅決不聽。

如果我們清晰地表達自己的需求，那麼孩子也會明白，媽媽不同意我的這個行為，並不是因為我不夠好，而是因為我的行為可能給別人造成什麼影響。由此孩子自發地調整行為，這也是在培養孩子的責任心。

一位媽媽分享了她和四歲兒子之間的對話。

媽媽：「寶貝，你在家裡玩搖搖車，車頭很容易刮壞牆壁和櫃子。要是櫃子弄花了，牆不好看了，媽媽要心疼呢。」

孩子想了想，說：「是不是只要我不刮壞牆壁，你就同意我玩搖搖車呢？」

媽媽原本是想著就不能在家裡玩，但聽孩子這麼一說，覺得很有道理，於是回答：「對哦！如果不弄壞就可以玩啊。」

孩子立刻跑進房間，找了個棉被套把車頭包起來，還真的就不會刮壞牆壁和櫃子了。

這是孩子主動想辦法，配合媽媽消除影響。而媽媽想要的只是牆和櫃子不被破壞而已，並不是完全不允許孩子玩搖搖車。因此，當我們能夠和孩子一起想辦法，而不是禁止孩子的行為時，孩子通常也會配合。因為他知道，只要不影響到別人和環境，他就可以做這件事，那麼他就會積極動腦筋想辦法，並形成這種思維模式。下次再遇到類似問題時，孩子也會主動考慮到父母或他人的感受，用一種不影響別人的方式去實現自己想要的。

給孩子立規矩，不是在跟孩子較勁

如果我問，孩子需要規則嗎？估計大家會馬上回答：當然！要是都沒有規則，那不就成了放任溺愛嗎？

沒錯，規則是非常重要的。孩子們都知道，如果玩遊戲不遵守規則，遊戲就無法進行下去。同樣，生活中如果沒有規則，事情就會亂成一團。尤其是當孩子進入社會之後，不守規則會寸步難行。所以，規則的重要性是毋庸置疑的。

但現在一些推崇「自由教育」的父母們，誤以為規則是自由的對立面，是對自由的限制和束縛，為了給孩子最大的自由，不去對孩子的行為做任何約束。其實這是對規則和自由最大的誤解。規則是大家共同制定並遵守的、保護所有人自由和權利的共同約定。規則的存在，不但不是對自由的限制，反而是一種保護。

我家社區正對著一個十字路口，每天我們過馬路的時候，都會在人行道根據紅綠燈的指示通行，車輛和行人都遵守交通規則，井然有序。後來由於路面維修，有近一個月的時間紅綠燈失靈，行人和車輛都變得非常「自由」。而這時的路況變得擁擠堵塞，我們在過馬路的時候，也會特別擔心隨時呼嘯而過的車輛。沒有了規則，大家反而覺得擔心害怕、無所適從。

同樣，對於孩子來說也是如此。規則帶來的是有序的生活，是內心的安全和安定，也是孩子步入群體、走向社會時，維護自己和尊重他人界限的前提。然而現在很多父母走進了一個誤區：只定規則，不講道理。這裡的「不講道理」，並不是說規則本身沒有道理，而是父母們並沒有明白規則存在的意義。如果給孩子制定的全部都是限制性規則，他們就會認為規則是在剝奪自己的權益，那自然會心生牴觸，不願執行了。

曾經聽到一位媽媽說：「我們家的規則是自己的事情自己做，東西從哪裡拿就要放回哪裡去，按時吃飯睡覺，不可以打人，不可以未經同意拿別人東西，玩具玩完了要歸位，不可以在規定的時間外吃零食，別人在休息時不可以大聲喧嘩……這些規則全部都列成清單貼在牆上，如果沒有做到，那就要承擔後果，只有這樣才能讓孩子學會自律。」

我聽了有些頭皮發麻，於是問：「那執行效果怎麼樣？」這位媽媽說：「大部分還能遵守，只不過每次都需要花點力氣去壓制。而且孩子可狡猾了，總是喜歡鑽漏洞，總能找出還沒有寫到的地方。所以每週都會有一些新的規則，要補充一次清單內容。」

聽了這番話，我似乎腦補出一張越來越長，直至覆蓋整面牆的規則清單。這似乎已經不是規則了，而是懲罰條例。規則不應是由一方制定，另一方沒有選擇，只能執行。這樣的規則只可能有兩種結果：要麼孩子不敢反抗，只知服從；要麼偏偏不服，於是不斷挑戰，以至於你不得不在規則線上和孩子鬥智鬥勇。結果規則越定越多，條例越來越細，你得不斷緊盯著孩子的一舉一動，最後身心俱疲、兩敗俱傷。

透過規則讓孩子學會自律，這本身並沒有錯，然而自律不是靠我們單方面的規定就能形成的。如果孩子只能服從規則，做不到就要受懲罰，那他就會把注意力放在如何不被抓住上面，這樣形成的只能叫作「他律」。**自律，是無論有沒有人監督，都在心裡知道自己要做什麼和不做什麼，是一種自我約束的能力。**這顯然不是僅透過制定和服從規則就能達到的。

自律的人的約束行為是被「道德感」驅動，是發自內心覺得自己不應該做對不起家人、社會、自己的事情，即使沒人看到也不行，要是做了虧心事就會受到良心的譴責。而他律的人的約束行為是被「羞恥感」驅動，也就是說不管做了什麼虧心事，只要別讓人抓住就行，抓住了丟臉，沒抓住就沒關係。這種說法雖然不見得全面，但確實形象地說明了「自律」和「他律」的區別。

譬如早些年發生的北京野生動物園老虎襲擊人的事件，儘管有參觀協議、注意事項、安全警示牌和廣播通知，可是這位遊客還是無視這一切，打開車門走下車。而造成此悲劇的很大一個原因，就在於對規則的漠視。同年，寧波動物園一名遊客為逃票翻越圍牆進入虎園，最後命喪虎口的事件，再次將遵守規則的話題推向輿論頂峰。這兩名遊客並沒有意識到動物園制定的這些規則都是為了保護遊客自身的安全，他們可能僅僅把這些規定當成了一種限制，和從小到大一直以來受到的限制一樣。因此只要不被抓到，那稍微違反一下也沒關係。然而最終帶來的，卻是以生命為代價的懲罰。

這就是不理解規則存在意義的悲劇。如果規則被等同於限制，等同於對抗，這無疑是可悲的，也是父母們不願意看到的情況。如果規則帶給雙方的是更多的對抗、更多的情緒、更多的煩惱，父母不得不花更多的精力在控制上，那這種規則就是需要去質疑的。以強硬的態勢去壓制孩子，收穫的只會是反抗。即便是給孩子立規矩，也不是去跟孩子較勁。一旦陷入了和孩子爭輸贏的局面，無論最後結果是什麼，都是你輸。

規則意識的建立，不在於你的聲音有多大，不在於你可以如何懲罰，而在於你是否真正考慮到了雙方，在於孩子是否信服你，在於你是否能夠共同執行規則並自覺遵守。因此，我們可能要看得更深一層的是，我們為什麼要給孩子立規則。

前面說過，規則是大家共同制定並遵守的、保護所有人權利和自由的共同約定。規則的作用是為了保證我們的日常生活可以順利進行，是為了維護雙方的感受和滿足大家的需求，這樣的規則才是合理的、人性化的、容易執行的。我們不是規定「不可以打人」，而是讓孩子知道「被打了，身體會痛」，同樣也沒有任何人可以侵犯你的身體；不是規定「不可以搶玩具」，而是「玩具被搶了，會很傷心」，同樣你的玩具你也擁有所有權，未經你的同意其他人也不可以擅自拿走；不是規定「不可以大聲喧嘩」，而是幫助孩子明白「過大的聲音會影響別人休息」，同樣你也擁有不被他人打擾的權利……

例如我在工作的時候，如果葉兒進來打擾我，我不會跟他說：「媽媽工作的時候不可以打擾，這是規則。」而是告訴他：「你現在很想媽媽陪你一起玩，媽媽還有一點工作沒有完成，你在這裡我就不能集中精力了，我覺得有點著急。我希望可以儘快完成工作，這樣就有更多的時間陪你玩了。」

這時孩子會明白，自己的感受和需求很重要，對方的感受和需求也同樣重要。孩子透過自發地調整行為來滿足雙方的需求，這也是在培養孩子的同理心和責任感。同樣，孩子也會知道，如果他不打擾我，我就可以更快地完成工作，反而有更多的時間陪伴他。而且，當他在做自己感興趣的事情時，也有權利要求自己不被其他人打擾。那麼，遵守規則其實也是在維護他們自己的需求。如果遵守規則可以保護自己的權益而不是剝奪權益，那孩子自然也會願意去執行。

我帶孩子們去室內遊樂場玩的時候，有一條滑索是孩子們的最愛，每次都排很長的隊。於是我就饒有興致地在一旁觀察孩子們的狀態。在旁邊沒有成人維護的情況下，一群四五歲的孩子，自發地排隊等候。每個孩子滑下去之後，會從一旁的樓梯走上來，自動排在隊伍的末尾，幾乎沒有插隊的現象。很偶然地會有新來的小朋友站到隊伍的前面，這時其他小朋友就會告訴他要排隊。

我不由得驚歎孩子們自發形成的規則意識。在我們的印象中，四五歲的孩子，在家裡可能需要我們不斷提醒才會心不甘情不願地遵守規則，可是為什麼在沒有大人監督的情況下，反而更能形成自己的規則呢？因為孩子們內心很清楚，只有遵守規則，遊戲才能進行下去。如果自己插隊，看起來好像暫時排在了前面，但這也意味著其他人也可以插隊，那最後的結果就是亂成一鍋粥，誰也別想好好玩了。

因此在規則方面，我比較贊同國際上通用的「三不原則」：不傷害自己、不影響他人、不破壞環境。這三條原則在最大程度上維護了雙方的感受和需求。而在此規則之內，孩子就享有充分的自由。只有這樣，規則才是有意義的，也是大家樂於遵守的。

我家那兩隻「小怪獸」，年齡只相差兩歲。男孩子精力充沛，攻擊性強，如果我規定「不可以打架」、「不可以搶玩具」、「要互相謙讓」等等，那估計「不可以」會越來越多，而我也早就累壞了。**與其制定那麼多規則，不停地查漏補缺，還不如從小教會他們為自己的感受和需求負責，同時尊重他人的感受和需求。**

在經歷了多次衝突和調整之後，弟弟學會了如果想玩哥哥的玩具，就要用自己的去交換，而不是直接動手搶；同樣，哥哥在計畫週末活動的時候，也會考慮弟弟喜歡玩的項目，給弟弟做好安排，盡可能保證自己想要的行程不受影響。

如果一個孩子總是不願意遵守規則，我們可能要先質疑一下規則的合理性，以及制定方式和執行難度。若規則太過僵化，或者只是父母單方面的規定和壓制，那孩子自然不願意遵守。孩子會更樂於遵守那些他們自己參與制定的，並且真正顧及到自己需求的規則。

同樣，在制定規則時還要考慮到孩子的年齡，有一些在我們看來非常簡單、理應做到的事情，對於年幼的孩子來說卻是很有難度的。這時候也需要我們做出適當的調整，進行步驟分解，協助孩子共同完成。

如果規則本身沒有問題，但孩子偏偏總是違反，這個時候我們可能要去看看，是不是平時我們和孩子的關係出現了問題。倘若孩子感受不到關愛，心裡充滿了壓抑和憤怒，那他很可能會透過挑戰規則的方式來表達自己的反抗。在這種情況下，如果我們只是一味地給孩子制定規則，是不會有好效果的。這時候應該先去理解他行為背後的情緒和需求，修復和孩子之間的關係，讓孩子重新感受到愛的連結。

對於家庭來說，規則就是一個大框架，是為了維護所有人的感受和需求。當孩子們學會表達自己的感受和需求，同時考慮他人的感受和需求時，他們會自發自覺地遵守規則，甚至自己制定規則。

家有倆寶，如何調停無休止的紛爭

隨著生育政策的開放，越來越多的家庭有兩個以上的孩子，而這對於我們這一批已經習慣獨生子女生活的父母們來說，無疑是一個巨大的挑戰。

很多書籍和文章都強調，父母們應該對所有的孩子一視同仁、絕對平等，這樣才能讓孩子們感覺公平。然而這個概念其實很誤導人，也使父母在對孩子的情感出現不同時會感到內疚，甚至產生罪惡感。我們經常說做父母的對待兩個孩子要公平、要一樣；但是，真的可能一樣嗎？對於兩歲的孩子和十歲的孩子，你的態度肯定是不同的，而他們的需要也是不一樣的。如果只是為了公平，一味地去追求一致，其實並不是真正從孩子的需要出發。

同樣，他們是完全不同的兩個人，我們對他們的欣賞和喜愛也一定是不同的。就好比孩子既愛爸爸，也愛媽媽，但是他對於爸爸和媽媽的愛，也不會是完全一樣的。我們不會去比較孩子對父母的愛，既然如此，我沒有必要要求自己對每個孩子都完全一樣，而這並不妨礙我們去愛他們。

何況，即便是我們跟孩子強調，我們對他的愛和對其他兄弟姐妹的愛是一樣的，孩子恐怕也不會這樣認為。父母對孩子的愛是怎樣的，孩子有自己的判斷和感受，不是我們強調或要求就能達到效果。

如果總想著要公平，那在每件事情上你都會想要去當法官，因為要公平嘛。但是，愛的重點是質量，而不是相同。對於多子女家庭，要傳遞的是父母和孩子之間獨有的愛的連結，而不是絕對的公平。不要拿兩個孩子互相比較，我們要讓孩子知道，他在這個世界是獨一無二的，我們對他的愛不會因為任何人而改變。父母對每個孩子的愛都是唯一的，因為孩子自身就是獨一無二的。

家裡有兩個以上的孩子，衝突是不可能完全避免的。但我們不必過分擔心，因為這也是孩子們建立關係的必經過程。孩子們之間的衝突並不是每一次都需要父母的介入，很多時候他們都可以自行處理。透過衝突，他們也在建立屬於他們自己的連結，同時也在逐漸形成自己的社交能力。

通常情況下，我對於孩子們之間衝突的介入標準有兩點：第一，孩子是否求助。第二，是否會有危險，或出現較大的肢體衝突。如果孩子來尋求我們的幫助，我們當然不能袖手旁觀，但不代表所有的事情都要由我們去替他們解決，而是看看我們能夠做些什麼來協助孩子。同樣，如果發生了較大的肢體衝突，我們也需要將孩子們暫時分開，做好保護。

有時候雖然孩子們之間有衝突，但他們會自己嘗試解決。父母不必一看到孩子爭執就立刻撲上去替他們想辦法、擺平一切，這樣其實是在剝奪孩子面對衝突、解決問題的機會。有時候孩子並不覺得有多大的事，但被父母們一介入，反而覺得事態嚴重。

對於多子女家庭來說，每個孩子都渴望擁有父母的愛，如果對愛的需求沒有得到滿足，那麼對物質的爭奪就會永遠無止無休。表面上爭的是東西，其實爭的是愛，是理解，是關注。當孩子們發生衝突的時候，父母要做的不是去評判對錯，而是幫助雙方表達自己的感受和需求。

有一次，葉新吃一塊蛋糕，吃了一半，把剩下的放在茶几上就去玩了。葉兒走過來看到，就把蛋糕吃完了。過了一會兒葉新回來，發現蛋糕被吃了，立刻哇哇大哭，並衝上去打了哥哥一拳。哥哥還手，兩人打成一團。

我走過去把他倆分開，一隻手摟著一個。

葉兒氣沖沖地說：「弟弟打我！所以我就打他！我要打他一百天！」

我說：「嗯，弟弟打你，你很生氣，恨不得打他一百天才解氣。」接著轉過頭對葉新說：

「你打哥哥，哥哥會痛。」

葉新喊道：「誰叫他吃了我的蛋糕！我不同意！打死他！」

我：「嗯，哥哥沒經過你同意就把你的蛋糕吃了，你覺得特別生氣。」

葉兒嚷著：「他把蛋糕放在那裡，我又不知道，我以為他不吃了。」

我：「原來是這樣，你以為弟弟吃完了，於是你就把剩下的吃掉了。」

葉新：「可是我還沒吃夠呢！」

我：「還沒吃夠，要是還有就好了。」

葉新眼淚都要掉下來了：「可是已經沒有了。」

我：「是啊，沒有了，真可惜。」接著轉過頭對葉兒說：「弟弟的蛋糕被你吃了，他感到很難過。」

葉兒看了看弟弟快要哭的樣子，小聲說：「我是真的不知道，我也不想他這麼難過。」

葉新聽了哥哥的話，身體不再那麼緊繃，說：「你下次能先問我一下再吃嗎？」

葉兒點點頭說：「好的。」隨後走回自己的房間，拿了一塊餅乾和一個玩具，出來遞給葉新，說：「這是我送給你的，我們一起玩吧。」

我並不會跟孩子強調「哥哥應該讓弟弟」，或者「做錯事必須道歉」。孩子之間都是平等的，不存在誰該讓著誰。年齡大不是強迫他吃虧的理由，年齡小也不應該成為被縱容的藉口。同時，如果孩子心裡並沒有歉意，強迫他去道歉是沒有任何意義的，甚至有可能會讓孩子把道歉當成擋箭牌，覺得反正我已經道歉了，你又不能拿我怎麼樣。真正的歉意，是能夠體會到對方的感受，從而由內心生發而出的。這時即便是沒有口頭的道歉，孩子也會透過行動來表達。

在兩個孩子的衝突中，袒護任何一方都是不公平的，但也不必為了追求公平而把家庭變成法庭。介入孩子的矛盾中時，我們應該是協調者，而不是法官或者陪審團。爭執對錯並不重要，重要的是孩子們在衝突中學會了什麼。幫助他們把各自的感受表達出來，當我在傾聽一個孩子的感受時，其實也是在對另一個孩子傳遞資訊。只有雙方都瞭解彼此的感受，被理解也理解對方，才有可能生出體諒之心。

孩子是在衝突中學習交往的，而不是靠提前制定的規則。我們可以試想一下，即便是我們提前規定「自己保管好自己的東西」，或者「吃東西之前先問一下是誰的」等等，孩子也不一定能夠馬上理解、記得並自覺執行。而體驗是最好的學習，在這次的事件中，不需要我的說教，他們也知道了東西不亂放、拿東西之前要詢問，以及做錯事要道歉。

當兩個孩子發生衝突的時候，先幫助他們彼此表達感受，再協助他們共同解決問題。**當孩子的感受可以自由表達的時候，孩子會覺得被理解、被尊重，這時他們也會更積極地投入**

想辦法的過程中。

除了表達感受之外，父母在協調孩子之間的衝突時，也要讓孩子們明白雙方的需求，然後從需求入手，和他們一起來尋找大家都滿意的解決辦法。

葉兒五歲生日的時候，爸爸送了他一輛滑板車，這下兩個小傢伙可熱鬧了，都搶著要玩，誰也不讓誰。看著他倆每天都要為滑板車爭執，總是得調解，我也有些鬱悶。於是有一天看他們剛吃完飯心情還不錯，我就叫上他們一起，看看有什麼辦法能夠解決這個問題。

我：「滑板車是送給哥哥的生日禮物，但你們兩個都想玩，有的時候就會打架，這讓我覺得很為難。給弟弟玩吧，但車是哥哥的；不給弟弟玩吧，又覺得有些不忍心。你們總這樣爭來爭去的，我也協調不過來。可是我也不想再買一輛滑板車，總是買兩件一樣的，媽媽的錢包也受不了。」

葉兒：「車是我的，當然我說了算，我讓他玩他才可以玩，我不讓他就不能玩！」

我：「哦？你是想自主安排自己的東西，你有決定權。葉新你呢？」

葉新：「我只想玩。」

嗯，聽起來葉兒的需求是擁有物權、獨立自主。葉新的需求是有機會玩車。而我也有需求，我不想花太多錢買重複的東西。於是我說：「好啊，那我們一起來想想辦法吧，看看有沒有什麼方法，讓我們大家都開心呢？」

葉兒聽了，像機關槍一樣一口氣說了好幾個：「我讓他玩他就玩，我讓他停他就停。」「我白天上幼稚園的時候他可以玩，我回來了就還給我。」「我們可以一起玩，但我要來控制方向。弟弟站前面，我在後面決定向左還是向右。」「媽媽你去買個雙腳滑的滑板車，和這個不一樣，我倆換著玩。」

我又問葉新有沒有什麼辦法，葉新說：「我坐滑板車，哥哥推我。」過了一會兒，又說：「我用飛行船和他換著玩。」

每個人都七嘴八舌地說了一堆後，我們就一起來看這些想到的辦法。第一個葉兒說的「我讓他玩他就玩，我讓他停他就停。」葉兒聽了後自己說：「弟弟肯定不會聽我的，讓他停的時候不停，那我又要打他了。」接下來葉兒提出來的「可以一起玩，但我要來控制方向。」這一條又被他否定了，他說弟弟太重，兩人一起會摔跤。

最後剩下來幾條：哥哥上幼稚園時，弟弟玩車；買一個不一樣的滑板車，兩人換著玩；弟弟坐車上，哥哥推；弟弟玩車時，哥哥玩飛行船。這幾條是我們都同意的，於是當天我們就開始執行。

白天葉新玩夠了滑板車，到了晚上似乎也不怎麼想和哥哥搶了。等哥哥從幼稚園回來，兩人一會兒互相推，一會兒滑著滑板去接飛行船，玩得不亦樂乎。很快葉新生日時，我又買了一輛有兩個踏板的剪刀滑板車，於是兩個孩子每天吃完飯後，各自騎一輛在社區裡遊戲追逐，互相交換，別提多開心了。當然，畢竟他倆年齡小，有時還是會有爭搶的現象，那時候我就再次邀請他們一起來想辦法，通常用不了幾分鐘，兩人又嘻嘻哈哈地玩開了。

有人可能會疑惑，幹麼花這個力氣呢，直接買兩個一模一樣的不就解決了嗎？確實，這也是一種方法。但在現實生活中，我經常聽到父母們說，即便是買一模一樣的，孩子們還是會覺得對方的比自己的好，要麼這裡新一點，要麼那裡亮一點，依舊覺得不公平。而且，你並不可能所有東西都永遠買兩個一模一樣的。如果不想總是陷入紛爭，教會孩子解決問題、處理衝突的方法，比每次都買雙份更有效。

如果兩個孩子都很喜歡同一款玩具，我也會毫不猶豫地買給他們。但如果只是看到對方有，自己就想要，這時候即便買了回來，玩具很快也會被丟在一旁，孩子又開始為其他事情爭吵了。經過幾次這樣的問題解決方法之後，我家兩個孩子很快就發現，他們各自選擇自己喜歡的玩具，哪怕不一樣也沒有關係，因為他們既得到了自己最喜歡的那款，又可以互相交換玩耍，比每次買一樣的可要划算多了。

想辦法並不難，難的是我們能不能轉變我們的態度，把孩子也包括進來，成為解決問題的一員。雖然有時候孩子想的辦法可能天馬行空，壓根沒有可行性，但重要的是讓孩子覺得他是在努力參與解決問題，而不是製造問題。

帶著孩子一起想辦法，而不是我們去吩咐、命令孩子。這樣，我們也在教會孩子們如何參與解決問題。幫助孩子形成這樣的思考方式，無論是現在，還是將來，無論是在家裡，還是進入複雜的社會中，這樣的方式都能讓孩子受用一輩子。

第三章

有愛的家庭氛圍，是支持孩子的力量

童年得到的愛，是未來生活中的光。

你現在為他心靈所搭建的每一磚一瓦，

都是將來他抵禦生活中困難挫折的城牆和堡壘。

童年得到的愛，是未來生活中的光

很多媽媽留言說，在有了孩子之後，她們就開始了自我成長的道路。確實如此，孩子的內心是最純淨透明的，它就像一面鏡子，能夠映照出我們內心曾經的傷痕、黑暗的角落和不被我們察覺的行為模式。對於媽媽來說，有了孩子之後，彷彿一下子被拉回自己的童年經驗中。那些早已遺忘的傷和痛重新被勾起，在不經意間提醒著我們，還有功課沒有完成。這也讓我懂得，所有的媽媽都是帶著兩個孩子負重前行，一個孩子是眼前的寶貝，一個孩子是過去的自己。

心理學裡有一個現象叫作「強迫性重複」，說的是我們很容易在潛意識的驅使下，不知不覺中重複某一類型的經歷。強迫性重複可以理解為一個人小時候形成的關係模式的不斷複製。這種重複又被稱為原生家庭的惡性循環，而很多時候，我們以為它是命運。形成強迫性重複的原因很複雜，其中有一個原因是，我們從小被植入的各種信念和規條，在我們長大之後依舊無意識地運作著，影響著我們的生活。在我們覺察之前，就會不斷受其影響和束縛。

有一次我帶兩個孩子去泡溫泉，驅車一百多公里，到了目的地之後，葉兒忽然告訴我他忘記帶游泳鏡了。那個溫泉有一個配套的水上樂園，兩個孩子都說要有泳鏡才好玩。而我在出門之前就把他的泳鏡放在門口的鞋櫃上，還提醒了他好幾次。所以當我一聽到他說忘記帶泳鏡的時候，簡直都要氣炸了。我首先冒出來的念頭就是：「我都提醒你那麼多次了，你居然還忘，你有沒有一點責任心啊？沒帶活該，誰讓你自己不記得，那就自己承擔後果吧！看你下次還長不長記性！」

這番話語在第一時間就從我腦中冒出來，但我還沒有說出口，葉新就說：「媽媽，你給哥哥買一個吧，溫泉這裡就有賣，沒有泳鏡哥哥就不能玩了。」葉新並不知道我腦中的那些聲音，而是最直接地表達了一個解決問題的辦法。可是我根本聽不進去，我的大腦被一個聲音佔據：「忘了帶就買一個？那沒有學到教訓怎麼辦？以後都可以不記得帶囉？」

於是我不同意，忍著脾氣想敷衍過去，就對葉兒說：「下次再帶，這次就算了。你和弟弟共用一個，兩人輪換著用。」可我們進入溫泉樂園後，葉兒一直悶悶不樂。我以為他看到各種水上遊樂設施會很開心，但他一直在糾結泳鏡的事情，都沒了玩的心情。我看到後，心裡滿是怨氣：「我這麼好心好意帶你們出來玩，花了這麼多錢，開了這麼遠的車，你們居然不開心！真是不領情，不懂感恩的小混蛋！」

我憋著一肚子的氣，走到櫃檯前一看，一個很普通的泳鏡在外面買只要四、五十塊，在這裡買要兩百多塊。我瞬間火又起來了，腦海中一下子響起了另一個聲音：「果然出來玩就是浪費錢，還不如在家待著，沒這麼多問題。以後哪裡都別去了，真是花錢找罪受！」

這句話我實在是太熟悉了，所以一冒出來就立刻震驚到我。這是我父母的話，在我腦海中響起的是我父母的聲音。我沒和他們在一起生活已經十多年了，可是遇到這樣的事情時，我的頭腦中第一時間響起的還是他們的聲音。我在原地頓了頓，稍微消化了一下，然後開始審視自己的這個念頭。

在我小時候，家裡經濟條件不是很好，父母很少能帶我出去玩。我很羨慕別人家的孩子可以和爸爸媽媽一起出去旅遊、去遊樂場。但當我提出我也想去的時候，他們就會對我說，旅遊就是浪費錢，吃得差，玩得不開心，到處都是人，出門就是花錢買罪受，還不如在家裡看電視裡的風景，還更清楚一些。

小時候的我無力辯駁，於是慢慢地我也就接受了這個解釋。但我沒想到的是，我不單是接受了這個解釋，我還把這個觀念直接內化。想起前幾年出去玩，明明我已經工作掙錢了，可是只要外出我就特別節省，能不吃的就儘量不吃，能不玩的就儘量不玩。以至於明明是去旅遊的，但什麼特色小吃、特色景點我都沒有體驗，就只是看看，走個過場，拍些照片，然後安慰自己：看啊，我也到處去玩了，多好。現在想想，表面上這是在節省，但實際上是對交通費和時間的極大浪費啊。

再想想眼下這件事，我們幾個人花了幾千塊的門票，又開了一百多公里的車，可謂是下了大成本。現在因為一個兩百多塊的泳鏡，要搞得這一次出遊的所有人都不愉快，這才是最大的浪費。

而且說實話，我也不覺得孩子透過這件事情就能記住教訓，今後永遠不會再忘。因為成年人偶爾也會忘記帶東西，並不是我們不知道後果，而是有的時候就是會疏忽。如果我用這件事情來懲罰他，他更可能記住的是這個超級不愉快的經歷，而不是我想讓他吸取的教訓。

所以，如果去掉我頭腦中的各種聲音和演繹出來的各種劇情，事情就變得很簡單，就是要不要買一個泳鏡。想到這裡，我的氣就消了，給他買了個泳鏡，葉兒非常開心，後面的時間都玩得很盡興。回家之後，他從鞋櫃上拿了忘記帶的泳鏡，和新買的放在一起，小心地收好。而我也很慶幸自己沒有因為一時賭氣，毀掉一次全家外出度假的愉悅。

我曾經在一個工作坊裡演過即興舞臺劇，展現不同的養育風格，我拿到的角色是扮演一個虎媽。那一次我驚奇地發現，我完全不需要準備時間，不需要排練，也不需要想臺詞，就可以非常流利地對著扮演孩子的組員，說出一連串的指責、批評、諷刺、各種大道理等等，還可以做到完全不重複。扮演孩子的同伴完全沒有招架的空間，被我整治得服服貼貼。表演結束後大家紛紛說我演得特別真實、有共鳴，但他們不知道我其實是本色出演。

在我小時候，這樣的話語實在是聽得太多了，就像有一個巨大的資料庫一樣，儲存在那裡，而且可以無限量下載，我根本不需要思考，隨便就可以信手拈來，滔滔不絕。如果我沒有開始學習、不斷覺察，那我恐怕就是這樣的母親，想想還真是挺可怕的。

看到這裡可能有人會問，那孩子就是丟三落四怎麼辦？難道都不用他承擔後果嗎？其實幫助孩子建立良好的習慣是我們平時的功夫，比如帶著孩子一起整理書包，收拾房間，外出旅行準備行李，提前列一個清單對照著去安排等等。然而生活中經常是我們包辦了孩子的很多事情，當孩子年齡還小的時候，我們怕他做不好，怕他會忘記，於是全權負責，安排好一切。等到我們覺得孩子已經足夠大了，就忽然變為要求孩子自己收拾好一切，帶好所有東西，記得每天的安排。

孩子需要的是經驗，在他小的時候我們帶著他一起去做，他就會從經歷中學習。帶著他做的次數足夠多之後，就自然形成了習慣。同時，我們要允許孩子有做不到的時候，這時他更需要我們的說明，而不是斥責和挑剔。

不必為了讓孩子記取教訓，就故作兇狠地對他們說：「連這麼點小事都做不好，你還有什麼用？」「這次再出錯，看我怎麼罰你。」被這樣對待的孩子也許能記住，下一次會更小心，但他也記住了那種恐懼的感覺。這樣的孩子將來很有可能遇到一點小事就會全面崩潰，因為他的抗壓能力已經超載了，他只會看到自己又做錯、又沒做好，會遭到嚴厲懲罰。

這些孩子，戰戰兢兢、小心翼翼地避免犯錯，卻不曾被溫柔相待，不曾有人告訴他：「沒關係，辦法總比問題多，我會和你一起面對。」我們往往過於依賴懲罰的效果，而不敢相信「相信」的力量。內心被信任和愛灌注的孩子，才有力量在遇到困難時不被壓倒，不會陷於恐慌之中，而是會開始思考：「我遇到了一個困難，那我們來一起想辦法吧。」

我們日常生活中的每一點一滴，其實都是在告訴孩子，遇到事情可以怎樣思考。孩子就是我們的鏡子。

有一次我買了一袋草莓，和葉兒一起坐車回家時，路上遇到另一輛車突然調頭。司機趕緊踩了一腳急剎，葉兒的背包倒了下來，剛好壓在草莓上，草莓就被擠扁了。當時是孩子拿著草莓，所以他特別難過。

我在安撫了他的情緒之後，對他說：「有一個詞叫不可抗力，你聽說過嗎？」

他搖搖頭，很好奇地問：「什麼叫不可抗力啊？」

我說：「就是在一件事情裡沒有任何人做錯，但結果卻不那麼盡如人意，不是我們能控制的，就叫不可抗力。」他聽了以後似懂非懂。

後來這件事過去很久，我都已經忘記了。有一年葉兒過生日，想去溜冰。我家離溜冰場很遠，開車繞了大半天才到，走到前臺一看，因為機器壞了需要維修，溜冰場暫停營業。當時我是挺失望的，因為那天是孩子生日，我們花了好多功夫大老遠趕過來，花費的時間不說，本來抱著那麼大的希望興致沖沖地打算好好體驗一場，結果卻滑不了。我正在想要怎麼講，才能跟孩子解釋這件事，要怎麼安撫他的情緒，因為在我看來他肯定會哭鬧的。

葉兒看了一眼停業通知，又趴在欄杆上望著空無一人的溜冰場發了會兒呆，扭過頭來對我說：「媽媽，你還記得你以前告訴我的不可抗力嗎？這大概就是不可抗力吧。」我忽然一下子好感動，也有點慚愧，因為我默認了他會發脾氣。

我不好意思地對他說：「哎呀，這麼大老遠跑過來，卻沒有溜到冰，我以為你一定會不高興呢。」他回答：「以前我打爛了草莓，你也沒有怪我啊。而且你不是說了嗎，不可抗力就是誰也沒有做錯事情啊。」

我還在感動當中，一時沒接話。葉兒又說：「好了媽媽，我們去樓下吃冰淇淋吧，生日就是要吃好吃的呀。」於是我倆跑到樓下，吃了一個超級大的冰淇淋，然後開心地回家了。

孩子真的是一種神奇的生物，你給他一點愛，他就回報給你巨大的愛。

曾有個提問：「什麼會促使一個人改變？」有人回答愛，有人回答對美好事物的追尋。在五花八門的答案中，有一個選項一直高居前列，那就是：孩子。我們總是渲染母愛有多麼偉大，但真正偉大的，是孩子對我們的愛。這份愛是那麼全然，那麼純粹，那麼義無反顧。

很多媽媽都會發現，自從有了孩子以後，自己似乎脫胎換骨，變了一個人。這正是因為，孩子給了我們無條件的愛，融解了我們內心的堅冰，喚醒了我們的靈魂，重新賦予了我們愛的力量。在這個過程中，我們的孩子一直都在陪伴我們，幫助我們，照見我們。

有這樣一句話：「幸運的人一生都在被童年治癒，不幸的人一生都在治癒童年。」一個人曾經體會過多少愛，內心儲存了多少幸福，就有多少力量抵禦外界的挫折和痛苦。**童年得到的愛，是未來生活中的光。你現在為他心靈所搭建的每一磚一瓦，都是將來他抵禦生活中困難挫折的城牆和堡壘。**

由育兒引發的家庭大戰，爭的究竟是什麼？

葉兒剛出生的時候，我就像護子心切的母獸一樣，看誰都不順眼。月子裡，葉兒爸把葉兒抱在手上，好奇地顛過來倒過去，一下給他翻個身滾幾圈，一下又伸伸胳膊拉拉腿。我咆哮：「別碰他！這麼劇烈的運動怎麼行！萬一傷到筋骨怎麼辦！」之後葉兒爸每次試圖接近葉兒的時候，我都會虎視眈眈地盯著他，生怕他一個閃失，就會傷到稚嫩的寶寶。葉兒爸自覺沒趣，就乾脆每天窩在書房裡玩電腦。我也不覺得有什麼不對，正好不給我添亂，他也落得個清閒。於是就創下了一個記錄：葉兒六個月了，爸爸抱他的時間加在一起不超過六小時。

隨著孩子慢慢長大，我自以為看了幾本比較新的養育理念的書，就整天把愛和自由、接納、尊重掛在嘴邊，似乎全世界就只有我最懂孩子。家人若想插手，我通常開頭一句就是：「你別……，這樣會給孩子造成……」大道理滿天飛。

時間長了，我覺得這樣的家庭氛圍一點都不是我想要的。既然我能接納每個孩子都是不同的，為什麼我不能接納家人對待孩子的方式也會有不同呢？既然說允許生活的多樣性，為什麼又不允許家人用他們的方式來愛孩子呢？

葉兒從小就非常喜歡爸爸，特別樂意和爸爸在一起。但葉兒爸一直在外地工作，因此父子相聚的時間就更為珍貴了。於是我盡可能地創造機會讓他們父子倆單獨相處，哪怕是葉兒爸用我不那麼認可的方式對待葉兒，我也不再硬生生阻止，而是去營造一種機緣，創造一些機會，讓他們一起去做一些有趣的事情。

因為葉兒爸有大直男的粗線條，所以葉兒也曾由於爸爸照顧疏忽而生病、磕得額頭烏青，但他還是義無反顧地親近爸爸。我終於明白，爸爸有權用他的方式來陪伴孩子，那就是他們父子的互動方式。無論如何，爸爸在葉兒心中的地位，是我這個做母親的無法替代的。

當我們學習了新的育兒理念時，會特別希望家人也能來和我們一起學。有時候媽媽們會強行拉老公來參加課程，或是要求老公讀育兒書、畫重點，還要發表讀後感。因為我們會有一個觀點：父母雙方保持一致，才是對孩子好的教育。

而我們這樣做，卻會給伴侶無形的壓力，讓他想要反抗，想要逃離。於是我們認為老公不上心，就繼續施壓、灌輸理念，導致老公更加抵觸，就這樣進入了一個循環。我們從最開始抱怨老公「陪伴孩子的時間少，品質不好，還不接受新觀念」，到後面就升級成為「無法溝通，不理解我，不關心孩子的成長」。然而，當我們如此熱切地希望伴侶和我們一起學習的時候，我們要想一想，這究竟是孩子的需要，還是我們自己的需要？

當我這樣問自己的時候，我首先想到的是，如果老公能一起學習同樣的理念，就證明了我的理念是正確的，我的育兒方式是最好的。這樣我的付出就有意義、有價值了，我在育兒方面自然就擁有了話語權，我也就可以得到全家的認可。這樣想想，就仿佛找到了給我撐腰的靠山，而不是像現在這樣，總是被否定被質疑。

其次，如果他也知道這些理念和方法，那麼當我遇到搞不定的事情的時候，至少他能理解我，可以支持我、幫助我，我就不至於又要管孩子、又要糾正家人對待孩子的錯誤方式，而總是把自己弄得焦頭爛額了。

第三，如果我們秉持的是同一理念，我們就不會因為育兒而有那麼多的爭執和分歧，我可以省心省力，我們的關係也可以變得更融洽。

經過這樣的覺察和思考後我發現，由育兒問題引起的我們對婚姻的焦慮和不滿，是因為除了期待爸爸的參與能夠讓孩子更加健康地成長之外，我們自己還有著更深層的需求和渴望。我們希望自己在家庭中的付出得到肯定和認可，希望有更加融洽的親密關係、更加和諧的家庭氛圍，以及基於這一親密關係的自我發展和認同。當我們能夠覺察到這一點的時候，也許就可以將關注點從爸爸育兒的觀念和方法上移開，去看看我們可以做出哪些改變和努力，來實現自己內心的渴望。

如果我們總把視線盯在是非對錯上，認為自己是對的，老公的做法是錯的，我們的內心就已經下了這樣一個評判。然而對於老公來說，他也認為他是對的，我們才是錯的。但如果我們把視線從對錯上面收回來，看到我們和另一半的不同，只是不同，不是對錯，那麼我們就從二元對立，來到了多元。我們之間只是差異，而非一定要爭個誰對誰錯、誰好誰壞。

真實的生活，是父母們各自做真實的自己。孩子可能會看到父母之間有矛盾、有差異和分歧，但同時他也會看到父母是如何處理這些差異和分歧的，這對於孩子來說是非常好的情商和愛的教育。孩子會看到，爸爸是這樣的，媽媽是那樣的，那我也可以有我自己的樣子，我可以和別人不一樣。

孩子也會因此而知道：媽媽陪我講故事是愛我，爸爸帶我玩遊戲是愛我，奶奶給我買零食是愛我，爺爺讓我看卡通是愛我。所有的人都很愛我，只是大家愛我的方式不一樣。每個人表達愛的方式都不同，孩子也有權去經歷他自己生活的多樣性。人們是因為相同而連結，因為不同而成長。正是因為人和人之間的不同，才構成了這五彩斑斕的世界。

說起夫妻在養育方式上的分歧，現在流行一個詞叫「喪偶式育兒」，說的是現在很多家庭教育中父親缺位的現象。有些時候是因為爸爸還沒有習慣父親這個身分的轉變，這需要爸爸們意識到自己新的身分，擔負起應有的責任，給予妻子支持，從而給孩子一個父親的形象。

而另一種情況，是父親們有參與育兒的意願，但因為沒有經驗，做不到讓妻子滿意，被批評了幾次後，積極性受到打擊，就乾脆不參與了。媽媽們都很希望爸爸能夠多參與孩子的生活和教育，可是一旦看到爸爸帶孩子的方式不如己意，就開始批評、嘮叨、指責和抱怨，不但沒有達到自己想要的效果，反而將爸爸越推越遠。

例如我的一個學員，她老公帶孩子的方式比較粗放，會讓孩子在地上滾，玩土玩沙，甚至去爬樹，經常把孩子弄得髒兮兮的，也偶有磕碰受傷。於是她就常嘮叨，當爸爸和孩子在一起的時候，她總要叮囑這個也不行，那個也不能做，時間長了，爸爸就不願帶孩子了。

要想讓父子之間建立起親密的關係，就要讓爸爸們有意識地參與照顧孩子的工作，多創造一些機會，給爸爸和孩子單獨相處的空間，讓他們一起去做一些有趣的事情。當爸爸體會到帶孩子玩耍的樂趣和成就之後，自然也會更樂意參與了。

葉兒三歲時和爸爸單獨出去玩了七天。最開始，葉兒爸發訊息來炫耀：「我把兒子罵哭了，我要他不准哭，他說，我哭一下下就不哭了。」我扯了扯嘴角，把內心呼嘯而過的一萬匹馬壓了回去。隔了兩天，又發來一條訊息：「我又把兒子罵哭了，我說，哭一下下就別哭了啊。他說，不行，我要哭好長時間！」

我沒忍住哈哈大笑，父子二人都在調整自己的方式啊。要是以前，我一定會抓心撓肺，擔心會不會對孩子造成傷害啊，會不會有心理陰影啊，然後就開始埋怨。但現在，我分明看到一個從不允許哭到可以哭一會兒的爸爸，和一個敢於明確表達自己需求和情緒的孩子。父子二人都在這樣的互動中彼此學習，共同成長。

如果遇到較大爭議時，我會儘量以尊重和愛的態度去溝通。這樣既營造了家庭成員之間愛的氛圍，也會讓孩子看到你是如何處理自己和別人的不同。有時，我也會邀請孩子一起來想辦法，我會對他說：「嗯，這件事情在媽媽這裡是沒有問題的，但是爸爸不同意，因為爸爸可能會有一些擔心。媽媽很在意你，也很在意爸爸，你們的感受同樣重要。我們能不能一起來想個辦法，既能讓你高興，也能讓爸爸放心呢？」這樣既表達了對爸爸的愛和尊重，又表達了對孩子的理解和支持。孩子就是在這樣的過程裡，學會如何處理自己和他人的分歧。

沒有誰天生就會做父母，爸爸們也需要在和孩子的互動中學習。在這樣的過程中，他們才能建立情感連結，學會彼此之間的相處方式。即便爸爸照顧孩子的方式可能不那麼細緻，我們也不應去指責、批評，而是去做爸爸與孩子之間的橋樑。放鬆心態，不要因為擔心爸爸會給孩子帶來傷害，就一直將孩子護在身後，將爸爸隔離。只有精神放鬆了，父母的狀態才會好起來，才能相應地帶動孩子的狀態。

與其強行要求一致，不如讓孩子看到真實的關係和生活。不同的觀點並不可怕，真正可怕的是整個家庭成員都不允許有分歧而只能服從某一方。這種被強制的統一，才是畫地為牢的禁錮。**分歧不是問題，如何處理分歧才是我們需要學習的。**家人之間處理矛盾甚至衝突的方式，也是在向孩子展示如何內外一致地表達自己，如何有效地和他人溝通，如何既保有自我又尊重對方，以及如何共同合作、達成目標。

曾經有一位學員來參加課程，在第一天分享時說起老公的不支持。老公認為她來參加學習是加入了什麼傳銷組織，會被洗腦，所以很反對。三天課程結束後，這位學員很疑惑地問我：「我們的課程是自帶能量場嗎？我這幾天回去也沒來得及對老公使用你教的方法，甚至因為忙著複習預習都沒怎麼和他說話，可為什麼他整個人好像都變了呢？我晚上回家的時候，他已經買好了菜，還提醒我第二天上課別遲到。究竟發生了什麼？」

我當然不知道原因。後來過了一段時間，這位學員又找到我說，她終於明白了為什麼老公會忽然發生那麼大的變化。原來在她第一天課程結束後，她老公趁她不注意時翻看了她的學員手冊，因為擔心她真的加入了什麼傳銷組織，想要看看她一整天都在學什麼。在課程開始時，我曾經帶她們做了一個練習：寫下現在最困擾你的、你最想解決的問題，以及為自己的學習設定一個目標，希望透過學習達到一個什麼效果。

這位學員的孩子年齡還很小，所以她寫的都是想改善和老公的溝通問題，她寫道：老公每天下班回家都看起來壓力很大的樣子，我想幫他分擔，但不知道要如何開口。而她所設定的目標是：希望有良好的夫妻關係，有和諧的家庭氛圍，以及等到年老之後，孩子們都離開家了，可以和老公一起相濡以沫，攜手遊歷大好河山。而這一切，都被老公看到了。雖然她老公嘴上沒說什麼，但內心的觸動可想而知。

人不會因為指責而改變，我們願意改變，是因為愛。

只要整個家庭的氛圍融洽，即便看待事情的方式不同，也不會影響家庭成員之間的感情。這對於孩子來說反而是一件好事，因為他能夠獲得更多的視角，也會有自己的選擇。他會明白每個人都是不同的，生活可以是靈活、開放的，不同的意見都值得被尊重和考慮。而這所有的不同，都不會影響我們之間的愛。

你對孩子的教育，究竟是出於愛，還是出於恐懼

如果我問：「你相信自己的孩子嗎？」你一定會回答：「當然相信！」可是，真的嗎？我們在意識層面都知道，孩子是獨立完整的個人，和我們是平等的。然而在潛意識層面，我們卻往往給孩子貼上一個「小孩」的標籤。他們是小孩，我們是大人，小孩當然應該聽大人的。

事實上，我們對待孩子和對待大人的方式也不同。如果你的朋友跟你抱怨說她不想上班了，你也許會很關切她發生了什麼，最近狀態如何，遇到了什麼煩心事等等。但如果孩子說：「我不想上學。」我們可能就沒法這麼平靜了。各種擔心、焦慮撲面而來，內心萬馬奔騰：啊？這麼小就不想上學了？那以後考不上好高中怎麼辦？上不了好高中，進不了好大學怎麼辦？將來找不到好工作怎麼辦？難道一輩子啃老？那我這臉可往哪放啊？

於是，我們從孩子一句簡簡單單的話語中，就彷彿看到了他悲慘暗淡的一生。我們不相信孩子，看不見真實的孩子，我們只看到自己內心的恐懼，一直在頭腦裡上演著這樣的「科幻恐怖大片」。

一位媽媽憂心忡忡地問：「我兒子才四歲，一發起脾氣來就說要打死這個打死那個，還要把誰誰誰打成肉醬。他才這麼小就這麼暴力，要是不嚴加管教，將來豈不是要去殺人放火？」這樣的擔心其實很典型，孩子的語言引發了我們恐懼，然後在這個恐懼下去揣測孩子的行為。我們內心有太多恐懼，所以第一反應是：「如果不嚴加管教，這個孩子將來肯定完蛋了。」為了避免這樣的事情發生，我們會採用各種手段，比如說教、講道理、懲罰，或者乾脆把孩子打一頓，讓他知道錯了。這樣的教育，就是出自於恐懼。

但如果我們對孩子的教育是基於愛、基於信任，我們首先看到的就是孩子的憤怒。這時候我們的反應是：「發生了什麼事情讓孩子這麼憤怒呢？」基於這個反應，我們才會去瞭解事情的起因，去看看孩子的內心經歷了什麼。

其實我們自己有時候也會說一些充滿情緒的話，例如：「我不想上班了，我要辭職！」「這老闆有毛病吧？真想踹死他算了！」「啊！好煩躁啊，好想死啊！」但我們並不會真的這樣去做，而只是在宣洩情緒。情緒並不等於行為。

很多時候我們混淆了孩子的情緒和行為，誤以為孩子的話就是他即將要去做的事情，但其實並不是這樣。孩子說這樣的話，並不代表他真的要這樣去做，他只是在表達他的憤怒。他需要我們去傾聽，去幫助他緩解情緒。但我們會害怕，會擔心，會以為他說的就是真的。

這就是我們的恐懼，是我們對孩子的不信任。

有一位媽媽說，她的兒子十歲，在學校不願意和同學一起玩，而是一個人看漫畫。最開始媽媽總是糾結：「這孩子是不是在學校受了排擠啊？」「這麼不合群，長大也不懂得人際交往，以後會吃虧的！」「是不是被老師批評了？還是被同學欺負了？這心理素質不行啊，一點小挫折都受不了，今後到社會上怎麼辦呢？」這就是媽媽的糾結又跑到了頭腦中，拿著頭腦編出的故事自己嚇自己。

在這樣的恐懼驅使下，媽媽想透過溝通改變孩子。

媽媽：「老師說你下課一直在看漫畫，你怎麼不去和同學一起玩呢？」（質問）

孩子：「不想和他們玩。」

媽媽：「你怎麼這麼不合群呢？你要多和同學打交道，多結交朋友，學會為人處世。你這麼內向，以後到社會上可怎麼辦！」（指責）

孩子不說話。

媽媽：「你不能總看漫畫啊，能學到什麼？你看你上次考試排名都退步了，你不能這樣下去啊！你是學生，要把學習放在第一位，你到底知不知道學習的重要性啊？」（說教）

孩子：「知道了，煩不煩。」

媽媽：「你這是什麼態度？再這樣下去，所有的漫畫書全部沒收！」（威脅）

孩子轉身走進自己的房間，「砰」的一聲把門關上了。

類似這樣的拉鋸戰在家中持續了很久，媽媽覺得孩子不合群，總想讓他多參加集體活動，同時又擔心他沉迷漫畫，為此絞盡腦汁，可是孩子依舊我行我素。慢慢地，媽媽發現自己的方法需要調整，開始學習改變溝通方式，並不斷修復和孩子之間的關係。母子二人的親子關係越來越好，孩子也逐漸願意表達了。有一次，媽媽嘗試透過傾聽走進孩子的內心。

媽媽：「老師有跟我談起過，這段時間你下課時和放學後都是一個人在教室裡看漫畫，幾乎從來不參加集體活動，我有些好奇，不知道發生了什麼事。」

孩子：「和他們玩很無趣。」

媽媽：「哦？你覺得和同學一起玩很無趣。」

孩子：「嗯，他們現在都在玩××卡牌，我看了幾次，那個規則很難。」

媽媽：「規則很難，你擔心自己玩不好。」

孩子：「如果我玩不好，他們肯定不願意帶我玩的。」

媽媽：「是哦，如果玩不好，大家不帶你玩，你一個人被落在旁邊，一定很孤單。」

孩子：「他們肯定不會帶我玩的。媽媽你不是說，無論做什麼事情都要做到最好，要不然就乾脆別做了嘛。那我現在做不好，我也不要做了。」

媽媽：「（停頓了一會兒）我平時這樣要求你，讓你覺得壓力很大。」

孩子：「對啊，反正我什麼都做不好。」

媽媽：「你覺得自己總是做不好，這種感覺一定不好受。」

孩子：「誰叫你總是稱讚哥哥，哥哥什麼都做得好，我什麼都做不好！」

媽媽：「（沉默）媽媽這樣做，讓你覺得很不公平。」

孩子：「我也有做得好的地方啊，為什麼你從來都看不見？」

媽媽：「你做得好的時候，我沒有肯定你，還總是拿你和哥哥比較。」

孩子：「是的，一點都不公平。為什麼事情必須要做好才能去做？如果我不去做，我怎麼知道我能不能做好呢？」

媽媽：「是啊，不做怎麼知道做不好呢？」

孩子：「說不定我要是試了，也能很厲害呢。」

媽媽：「對哦！」

孩子：「我去找鵬鵬，他上次說可以教我玩，我學會了就可以和大家一起玩了！」

媽媽：「好啊！」

在這次的對話裡，媽媽沒有說教、講道理，沒有指責、貼標籤，而是全然地傾聽孩子，體察孩子話語背後的感受，帶著滿滿的愛，帶著關切，去看看孩子是不是遇到了什麼困難，自己可以做些什麼來幫助他。當媽媽帶著這樣的心和孩子交談時，孩子也逐漸變得清晰通透起來。**當孩子不被評判，而是可以自由表達想法和感受的時候，他才不會把力量都用在對抗上，才能開始思考，接下來才會知道要如何去做。**而只有透過傾聽，我們才會知道孩子內心的想法究竟是什麼，究竟是什麼在困擾孩子。

有一次我在講課時舉了我孩子的一個例子，一位爸爸說道：「老師，你相信你的孩子是因為你的孩子值得信任。我的孩子不一樣，他不值得我信任，我不能相信他。」我聽了後覺得很奇怪，就問道：「你為什麼覺得他不值得信任呢？」這位爸爸說：「因為他總是做出錯誤的選擇。如果他能選對的話，我也會放心交給他選啊，但他總是選不合適的那一個。」

我聽完之後很感慨。這位爸爸雖然表面上給了孩子選擇，但其實在內心早就做好了自己認為最合適的決定。而當孩子的選擇和自己想的不一樣時，他就會收回給孩子的選擇權。這其實是搞反了因果。**不是因為孩子值得信任，我們才相信他；而是因為我們相信他，他才會變得值得信任。**同樣，不是因為孩子能做出正確的選擇，我們才放心讓他選；而是因為我們願意尊重他的選擇，他才能慢慢學會做出適當的選擇。

要知道，「正確」的選擇是從經驗裡得到的，而經驗恰恰是從「錯誤」的選擇裡摸索出來的。**從小尊重孩子的選擇，讓他們有探索承擔的自由，並和孩子一起面對選擇的結果，共同探討其他的可能性，這樣孩子才能由內而外生發出責任心和自我負責的意識。**

如果我們不信任自己的孩子，就會生出各種擔心、各種「萬一」，這時候我們的注意力都在自己的恐懼裡，迷失在自己的想像中，根本看不見眼前的孩子內心的真實渴望是什麼，他究竟是在為什麼事情而困擾。這個時候我們和孩子是背離的。而如果我們相信孩子，就只需要去感受孩子的感受，傾聽他、陪伴他、幫助他，孩子會在愛裡向著光成長。

我們對孩子的教育，究竟是出於愛，還是出於恐懼，區別是很大的。同樣，我們對待孩子的方式，讓孩子感受到的是愛，還是恐懼，這個區別也是很大的。

如果我們倚仗自己的權威，對孩子使用命令、威脅、指責、打罵……孩子也可能會服從，但那是出於恐懼。當有一天這些恐懼不再有威懾力的時候，我們的權威也就蕩然無存了。而如果我們帶著關心，去看到孩子行為背後的感受和需求，孩子體會到的則是理解和尊重。當親子關係是建立在理解和尊重的基礎之上時，反抗自然會化於無形。我不希望孩子服從我是因為害怕我，我希望孩子願意考慮我的感受是因為愛。

穿越頭腦的恐懼，看見真實的孩子

我們總是說要看見自己、看見對方，可是很多時候我們只看到了事情的經過，卻忽略了事件背後的細節；很多時候我們只看到孩子的行為，卻漠視了行為背後隱藏的渴望。

看見，聽起來是那麼容易，真正做起來卻很難。回想我們的成長經歷，有幾次我們覺得自己的想法和感受被父母、老師、伴侶真正理解了呢？當我們的需求、想法和感受被漠視時，我們實際上在對方面前是不存在的，於是我們就把心門關上，開始學會用頭腦生活。

生活中的我們很擅長用頭腦分析，這件事為什麼不該做，那件事為什麼要這樣選擇。但在諮商中做自我探索時，當我問對方：「發生那件事情的時候，你的感受是什麼？」「當你有那樣的想法時，你的內心感受有什麼變化？」「你的渴望是什麼？」「說這番話時，你此刻的感受是什麼？」這時候大家回答我的往往都是想法和觀點，是評判和對錯，而不是感受。我們很難說出自己的感受，無法用語言描述出自己的真實感覺，我們的頭腦和心是背離的，我們感受不到自己的感受。

分析是我們最擅長的，當一件事發生的時候，我們會自動化地開始分析這件事，這是我們的邏輯習慣。遇到問題要分析，卻沒有顧及到自己內心真正的感受。我們總以為頭腦能掌控一切，卻很少去遵循自己的內心。頭腦負責觀點，而心負責感受。心被壓抑了，心裡有了情緒卻試圖用頭腦去解決。於是我們給自己講一堆大道理，不斷壓抑自己的感受和需求，把每件讓我們不舒服的事情都合理化。因此，很多時候我們會發現自己很不情願地去做一些我們認為必須去做的事情，卻很少去思考，我真正想要的是什麼？我想過什麼樣的生活？

回到我們和孩子身上，當孩子出現狀況的時候，很多時候我們的注意力會被事情的對錯所吸引，而忘記了孩子內心真正的感受和渴望。我們會用自己代入對孩子的評判，我們認為孩子理應和我們擁有一樣的想法和感受。

有一位學員曾經跟我分享過她印象非常深刻的一件事：在她很小的時候，每天早上媽媽總是會煮一鍋很燙的粥，並催促她快點吃完去幼稚園。她有好幾次都告訴媽媽粥很燙，可媽媽會嚐一口，然後說：「哪裡燙了？一點都不燙啊。」她說了很多次，然而媽媽並不以為意。但是她真的覺得非常燙，於是吃得很慢。媽媽著急，就會餵她吃。一大勺濃稠的熱粥灌到嘴裡根本化不開，她被燙得說不出話，又害怕被媽媽責怪，只能忍著咽下去，而馬上下一勺熱粥又填了進來。

有一天早上趕時間，媽媽又在很急地餵她吃粥。滾燙的粥讓她覺得整個嘴裡都很疼，實在咽不下去，她再也忍不住了，大哭起來。媽媽詫異地問：「你哭什麼啊？」她抽泣著說：「粥，粥實在太燙了！」媽媽覺得莫名其妙，責怪道：「燙你就說啊，這麼點兒事有什麼好哭的呢？說一聲不就行了！」當時這位學員覺得特別委屈，因為她之前已經說過無數遍了，可是媽媽並不相信，因為媽媽不覺得燙。直到她被逼得大哭，媽媽才終於把粥放涼一點。

也許這就是很多親子之間無法順暢溝通的原因吧，當孩子心平氣和地向我們表達感受和需求時，總會被我們認為無理取鬧、小題大做、胡說八道……我們體會不到孩子的感受，於是認為它們根本就不存在。我們隨意否定孩子的感受，直到有一天，孩子只能透過歇斯底里、大哭大鬧的方式向我們表達訴求，我們才會覺得這件事情可能需要調整。但同時又會責怪孩子，為什麼不好好說，非要鬧這麼大動靜。可是，孩子已經說了很多很多次了！

如果我們不能放下自己頭腦中先入為主的判斷，我們就很難看見真實的孩子。於是我們對孩子說我們「認為」正確的道理，說我們覺得他「應該」有的感受……而當太多太多的「我認為」洶湧而來的時候，孩子就被淹沒了。我們沒有看見孩子，我們只是在重複自己頭腦中的聲音。如果我們能清空這些嘈雜的干擾，去聽聽孩子真正想說的是什麼，看見孩子內心的需求，你就會發現，很多時候都是我們頭腦中的恐懼和擔心在左右我們的判斷。

葉兒剛上一年級的時候，當時葉兒爸在另一個城市工作，兩個城市很近，也就兩三個小時的車程，通常週末爸爸就會回來陪兩個孩子一起玩。有一次因為爸爸週末要出差，就週四回來了，於是週四晚上我剛一回家，葉兒就對我說了一句：「媽媽，爸爸回來了，我明天不想去上學了。」我那天正好心情不好，聽他這麼一說，就直接回了一句：「你想得美。」葉兒一下就不高興了，說：「我不要上學，偏不去！」我瞪了他一眼，惡狠狠地說：「不可能，你以為你還是在幼稚園嗎？想不去就不去？做夢吧！」

葉兒很委屈，撇撇嘴哭了起來，徑自跑進房間，縮在床角上哭。我當時也在氣頭上，沒去管他，先進洗手間開始洗臉刷牙。一邊洗漱就一邊想：「這孩子，這麼小就不想上學了，今後不好好讀書，天天不想上學怎麼辦？」我狠狠地漱了一大杯水，繼續怨氣沖天：「還找理由說爸爸回來了，那以後每次爸爸回來都不要去上學了嗎？什麼想在家跟爸爸玩，都是藉口，還不就是想拿爸爸的手機玩。爸爸也不管管，這以後要是沉迷網路，可怎麼得了？」我一邊刷牙一邊氣鼓鼓地想這些，手上用的勁兒也越來越大，感覺牙刷毛都快被我刷禿了。

刷完牙之後用冷水洗了把臉，我稍微清醒了一點，站在鏡子前面深深地吐了一口氣，然後開始審視自己的想法。我發現我被各種各樣的念頭和預設填滿了，我可以密密麻麻羅列出一大堆「現在不怎麼樣，將來就怎樣」類似這樣的論調。而這樣的句式通常反映的都是我們內心的恐懼和焦慮。在這麼多的恐懼和焦慮下，我沒有去聽孩子究竟想說的是什麼，我完全沒有瞭解他的想法，就被自己的擔心遮住了眼睛，又哪裡還看得見孩子呢？

識別出這部分之後，我問自己，我頭腦中的聲音說的是真的嗎？我的想法就是絕對正確的嗎？我以為的就是事實嗎？我擔心的事一定會發生嗎？

問完自己這些問題，我基本上已經平靜了下來。我走到房間去，看到葉兒還在床上躺著，小聲抽泣。我對他說：「剛才我那麼大聲凶你，你一定很難過吧。」

他很委屈地說：「就是！」

我說：「我都沒給你機會說話，就直接拒絕了你，還對你發火。」

孩子說：「對呀，你知道什麼呀，爸爸說現在博物館有個埃及文化展，他想明天帶我去，因為週末他不在，而且週末人太多了，根本看不到什麼。」

我聽了一愣，這個確實是我不知道的，我只知道他那段時間對埃及木乃伊很感興趣，但我不知道有這個展覽。而我在瞭解事情原委之前，就已經跑到了自己的預設裡，我認為他就是想翹課好在家裡和爸爸一起打遊戲。

於是我對他說：「原來是這樣啊，你是想明天和爸爸一起去看埃及文化展。」

他說：「這個展覽是全世界巡展的，每個城市就停留很短的時間，如果我這次沒看成，那它不是白來了嗎？」

我回答：「對哦，那可不就是白來了嘛。」

葉兒本來一直縮在床角，聽我這麼一說，忽然坐了起來，然後爬到我坐的位置，坐到我腿上，對我說：「所以我明天不想去上學了，你能跟老師請假嗎？」

我說：「好，我覺得你說得很有道理，我去和老師請假。」

葉兒聽我這麼說，開心地打開雙手環住了我的脖子，對我說：「媽媽我好愛你！」我也順勢抱了抱他。

我沒有跟他說我的擔心和焦慮，也沒有問他會不會這次請假了以後就總是找理由讓我請假。因為那些焦慮是我的功課，我要在自己這裡消化，而不是強加到孩子頭上。

這件事情已經過去很多年了，葉兒也沒有出現過不想上學要請假的情況，就算是爸爸要出差什麼的，他也沒有提過要請假。我的擔心根本就沒有發生。相反，孩子非常通情達理，有一次聊天的時候他對我說：「媽媽，你還記得上次我們吵架的事嗎？以後要是我們又有不同意見了，我們不要吵架，我們來商量吧。上次我說得更有道理，你就聽我的了，那下次如果你有道理，我也願意聽你的。」這個剛上小學的孩子，用他稚嫩樸實的語言告訴我，尊重和理解是相互的。只有被傾聽的孩子，才會傾聽他人的意見；只有被理解和尊重的孩子，才會願意理解和尊重他人。

孩子並不會因為我們的包容和接納而得寸進尺，他只會感受到他是被愛的。那些因為溺愛而變得毫無責任心的孩子，其實是因為溺愛往往伴隨著包辦，目的還是為了控制孩子。於是就把對孩子的滿足變成了一種條件：「我都對你這樣了，你還不怎樣怎樣？」或者「好好好，我答應你，只要你不怎樣怎樣。」這一些滿足都附帶了條件，孩子認為這一切都是交換得來的，當然不會領情。而**無條件的愛並不是無條件滿足孩子的一切，而是在滿足的時候不講條件，在不能滿足的時候真實坦誠**。

很多時候，我們對外在世界的看法，就是我們內在世界的呈現。當孩子出現某個行為的時候，我們對這個行為的解讀，就是我們內心的投射。看到孩子不收玩具，我們就會想，哎呀，這養不成好習慣可怎麼辦？孩子偶爾玩玩電腦遊戲，就會擔心，這以後要是沉迷網路怎麼辦？孩子想要買玩具，就會糾結，這以後看到什麼就要買什麼，不知道勤儉節約怎麼辦？孩子一哭一鬧，又會擔心，以後凡是不滿足的就都用哭鬧來要脅我怎麼辦？於是，我們根據孩子現在的一些階段性行為，就開始編寫他未來的人生劇本。有這麼多的擔心和恐懼在，我們就很難看到現實中的孩子。

如果希望孩子養成物品用完歸位的習慣，就帶著他一起去做；如果覺得太常使用電子產品不好，就以身作則樹立榜樣，同時給孩子提供其他更豐富的體驗和環境；如果感覺和孩子交流有問題，就積極調整狀態，創造有效溝通；**同時看到養育是一個整體，偶爾的放鬆不會導致孩子行為偏差走上歪路。如果你覺得一種生活狀態是好的，那就活出這種狀態來，**而不是莫名地焦慮不安。

有些父母對孩子非常嚴苛，緊盯著孩子的一舉一動，生怕自己沒有嚴加管教，孩子就會誤入歧途。他們制定嚴格的規則，孩子必須遵守，否則就嚴厲地懲罰。還有一些父母，可能又走進了另一個極端。他們小心翼翼地跟在孩子後面，不敢約束，一味放縱，生怕自己哪裡沒做好，就會給孩子留下無窮大的心理陰影。這兩種態度其實都是出自內心的恐懼，只不過前者是恐懼孩子不夠好，後者是恐懼自己不夠好。這一切，都和愛沒有關係。

這些年我在各地講課時收到了父母們的各種提問，其中被問到最多的就是：「孩子要買玩具，若答應他，今後會不會貪得無厭？」「要不要讓孩子吃些苦，否則會不會太嬌氣？」還有「要不要現在提前給孩子一些挫折教育，這樣他將來會更成功。」最開始我還會比較正式地去回答這些問題，後來發現，根本回答不完。因為這些觀點背後都是深深的恐懼和焦慮。父母如果陷在頭腦的恐懼中，無論我們舉多少例子、講多少道理，都無法打消他們內心的疑慮和擔憂。

當我們有類似這樣的擔憂的時候，不如回過頭來問問自己，為什麼我們那麼害怕滿足孩子？我們是什麼時候被灌輸了「滿足孩子就等於寵壞孩子」這樣的概念？為了不寵壞，於是就不滿足，這個邏輯成立嗎？同樣，為什麼我們對於「為了將來能成功，現在一定要吃苦」這樣的論調深信不疑？為什麼現在市面上眾多看起來完全不成規的訓練法，只要一暗示「有助於孩子將來成功」，父母們就會趨之若鶩？現在吃苦了，將來一定能成功嗎？如果不成功，我們要如何面對孩子、面對自己的失望呢？成功又是由誰來定義的呢？

還有一些父母總是很喜歡問「怎麼辦」。針對孩子的一個行為，希望我能給一個具體的方法，只要回去照著做了，孩子的問題就解決了。當我向他們解釋孩子這種情況的成因時，他們又會說：「你不用說這麼多，你就直接告訴我要怎麼辦就行了。現在孩子大了，我們學習也已經來不及了，你就告訴我怎麼樣可以把問題解決了吧。」

可是我沒辦法指揮父母們應該怎麼辦，養育孩子不是程式輸入，不可能說出一二三，你回去做了，孩子就四五六了。「怎麼辦」其實已經到很後面的步驟了，前面還有很多基礎要打扎實，很多鋪墊要做好。例如親子關係決定了孩子是否願意和你溝通，家庭氛圍決定了孩子內在的安定和穩固，有效陪伴和以身作則決定了孩子行為習慣的建立等等，這些都需要父母們運用自己的智慧，在生活中慢慢地發現和領悟。

我們所有的學習都是去學習另一種思路、另一種視角。需要我們在現實生活中，運用自己的智慧，去面對真實的孩子，用屬於我們的獨一無二的方法，解決我們獨一無二的問題。如果僅僅是去照搬別人的方法，你會發現方法總有用完的一天，而問題似乎層出不窮，越來越多，最後束手無策。養孩子不是使用電器，沒有現成的說明書去操作。即便你閱讀了再多的育兒書籍，也是為了回到你自己的內心。書籍是幫助你從更多的角度瞭解孩子，而不是代替你去思考、去行動。無論讀了多少書，一定要記得，所有的知識和方法都是為協助你理解孩子而服務的，最終還是要看你真實的孩子，而不是照搬書上的道理。

如果被恐懼蒙住雙眼，我們就很難聽到孩子內在的聲音。如果我們能夠聽到孩子內心有什麼樣的感受，他才可能和我們一起分享內心的渴望。**你不一定要完全接受孩子的行為，但至少要能聽到他的內在發出了什麼樣的聲音。**如果不能面對我們自身的恐懼，我們就會不斷去抓取、控制孩子。生活是成長修行的最好道場，在你的恐懼沒有化解之前，任何具體的方法都不能讓你安心。

我們要時刻保持思辨的思維，覺察自己的內在。這樣我們在和孩子相處的過程中才能不被頭腦的妄念帶走，才能看到眼前、當下這個真實的孩子。**每個孩子的情況都不同，聽到不同的孩子內心不同的想法和感受，才能用一種宏觀的視角，看到養育的整體。**

所有的方法都是在幫助我們找到愛

不知大家是否會發現，有一些父母，他們沒有學習過什麼育兒知識，也不知道那麼多方法和技巧，但是他們對孩子所表現出來的那份愛，是那麼天然，那麼不著痕跡。

我曾經看到過一篇教師記錄，這個記錄裡的故事深深地打動了我。做記錄的這位老師在一所貧困山區的小學做偏鄉教育支援，帶那裡的孩子一起做手工、繪畫、遊戲等等。這位老師的課是每天下午放學之後半小時開始，來上課的是四五年級的學生，自願報名參加。在一段時間之後，這位老師發現，有一個名叫小石的男孩，每次上課都會遲到五分鐘。

老師覺得很奇怪，這個課程是自願參加的，如果不喜歡可以不來。可是為什麼這個孩子報了名卻每次都遲到呢？但他並沒有先入為主地下判斷，也沒有因為遲到批評小石，而是帶著這個疑問，每次上課之前在走廊上觀察小石的活動。他想看看，放學之後小石在幹什麼。

他發現，放學後小石在一年級教室外的走廊上來回踱步，一會兒在牆上蹭蹭，一會兒在窗戶上摳摳，顯得有些焦急。大概二十分鐘之後，從教室裡面會出來一個小女孩。小石一把拉起這個小女孩就往學校外面跑，在十五分鐘之後，他會再回到學校來。也就是說，當小石和小女孩離開學校的時候，離手工課開始只有十分鐘了，而小石會離開十五分鐘，所以他每次都會遲到五分鐘。

老師發現這個現象幾乎每天都會出現，但考慮到小石性格靦腆，他並沒有直接叫孩子過來詢問，而是去向其他老師瞭解情況。在走訪的過程中他瞭解到，這個小女孩是小石的妹妹，每天放學後，小石要先把妹妹送回家，才能趕回來上手工課。而從學校到小石家往返需要十五分鐘，這才導致他回來上課會遲到。

可老師還是有疑惑，放學到手工課開始，有半個小時的時間，為什麼不能一放學就把妹妹送回家呢？透過進一步走訪，老師瞭解到小石家很窮，沒有通電，而他居住的地方採光不好，妹妹回家後寫作業沒有光，所以小石要先等妹妹在學校把作業完成，才能送她回家。

瞭解到這些情況之後，這位老師在下一次的課上，對小石表達了自己的肯定和欣賞。他說：「我知道你每次都要先把妹妹送回家，才能來上課，所以才會遲到。但即便如此，你還是會堅持來上課，我每次看到你來，都會覺得很開心。」

小石聽了以後，低著頭，臉漲得通紅，小聲說：「老師，明天我還是會遲到的。」老師說：「沒關係，我會先複習上節課的內容，等你來了之後，我再分組做練習。」

但是第二天，小石沒有遲到。後面連續好多天，他都沒有遲到。老師覺得很吃驚，於是就去問他：「我發現你最近一直都沒有遲到，我很好奇，你是怎麼做到的呢？」小石聽了之後很開心，把臉揚得高高的，笑著說：「我告訴媽媽，我很喜歡這門課，我再也不想遲到了。於是媽媽把我和妹妹叫過來，我們一起想了一個辦法。放學之後，我會先把妹妹送到離學校最近的同學家做作業，等我下課後，再去接她回家。」

當我在複述這個故事的時候，我彷彿看到了小石臉上燦爛的笑容。很多時候，當孩子的行為不符合我們的期待和標準時，我們就會認為孩子有錯，急著要糾正，希望他能儘快改變，變成符合我們要求的好孩子。而我們先入為主的判斷，會迷惑大腦，遮蔽雙眼，看不見孩子行為背後的原因。

關注孩子的行為問題，還是關注行為背後的原因，會決定我們採用不同的思路和做法。當孩子的行為不符合我們的期待時，也許我們可以問問自己：「這個孩子遇到了什麼困難？在他身上發生了什麼？我可以做些什麼以支持和幫助他？」而不是考慮：「我要怎樣做才能讓他表現好？」

這個故事真正打動我的，並不是他們最後用了一個完美的方法來解決問題，滿足了各方的需求。真正打動我的是，這裡面所有的人，他們並沒有學習過什麼高深的育兒方法和技巧，然而他們身上所散發出來的濃濃的愛，深深地觸動了我。

當老師發現一個孩子每次上課都遲到的時候，他並沒有像我們認為的那樣，去批評、懲罰或要求孩子，而是深信孩子的行為背後一定有不為人知的原因，他願意帶著好奇去探究這個原因，並給予幫助。這是一個老師對於自己學生的愛與職守。而小石，他在走廊上焦急地等待妹妹，卻從不催促，更不推託，這是一個哥哥對妹妹的愛與責任。同樣，當小石對媽媽說他再也不想遲到的時候，媽媽並沒有指責他不懂事、不知道體恤家庭，而是把兒子和女兒叫到一起，共同來想解決辦法。這是一個媽媽，在艱難的生活環境裡，依然給予兩個孩子充分的愛與關懷。而最小的妹妹，她寧願去其他同學家裡做作業，也希望哥哥上課能夠不再遲到，這是一個妹妹對哥哥的愛與支持。

這才是真正打動我的地方：所有的一切，都是出自於愛。我們為什麼想要學習育兒的理念，我們為什麼想要改變溝通的方式，都是因為我們想要表達愛，我們想要成為愛。因為愛，就是一切的基礎。

然而現在的父母們似乎陷入了一個惡性循環，到處學習各種方法和技巧，只要看到孩子出現某種行為，就開始按圖索驥、見招拆招。可是孩子壓根就不會按照書上寫的那樣出招，這時候父母們就傻眼了，心想這熊孩子怎麼不按常理出牌啊？於是就不知道接下來該怎麼辦了。經常如此，父母們的挫敗感就會越來越強，總是會擔心，自己是不是傾聽失敗啊，是不是又說錯話了啊，孩子說了這一句，我下一句要怎麼接啊。

很多父母非常熱衷於學習各種育兒知識，但越學習就越焦慮：「呀，這裡我又做錯了。啊，那個關鍵期我又沒抓住。」這樣其實是錯把方法當成了目的。我們學習各種理論和方法，是為了獲得和孩子之間良好的親子關係，而不是為了把所有的技巧都使用正確。

如果你要成為一個正確的媽媽，你就會想方設法消滅掉所有的錯誤，而這些「錯誤」，就會被投射到孩子身上。於是你就會想要去糾正，想要去改變。而一旦只為追求正確，那就只能看見方法和技巧，看不見真正的孩子。技巧總有用完的一天，到最後你會無奈地發現，你的育兒方法越「正確」，你的親子關係越糟糕。

孩子所感受的，是父母的內在狀態。孩子不需要一個完美的父母，他需要的是真實的關係。當我們去協助孩子解決問題的時候，我們的注意力應該放在孩子身上，去傾聽他的感受和想法，看看他遇到了什麼困難。可現在我們的注意力都在自己身上，總是會擔心，我這樣做會對孩子產生什麼影響啊？有沒有達到好媽媽的標準啊？我接下來要對孩子說些什麼啊？

這些擔心，都反映了我們內心的恐懼。而當恐懼和擔心占滿了我們的內心時，我們就看不見眼前的孩子了，我們只是為了把技巧用對，只是為了達到自己「好媽媽」的標準。然而在對孩子的養育中，與孩子之間建立起良好的關係，比採用所謂「正確」的技巧來得更為重要。

當我們傾聽孩子的時候，就全心全意與孩子感同身受，而不是心猿意馬地想：「我要怎麼說，孩子才能不哭？」當我們表達自己的感受和需求時，就一心一意與自己同在，而不必擔心：「我表達之後，孩子不理我怎麼辦？」

不必擔心後面會怎樣，只要在那個當下，做你能做到的最好選擇，盡最大能力內外一致地真誠表達，不指責，不評判。每一個人的需求都值得被尊重、被滿足，但不一定所有的需求都能同時得到滿足。當你無法滿足的時候，無論是調整接受，還是表達拒絕，你的出發點，你的態度，你的心，始終是最關鍵的。

成為父母後，我們急切地發現自己需要學習和成長，但我們不是去學習所有的理論方法和技巧，而是學習如何去愛。所有的育兒理論和方法，都是來幫助我們思考的，而不是捆綁束縛我們的。技巧和方法，帶不來愛。只有心中有愛，才能透過恰當的方法表現出來。我們學習的所有理論和方法，都是為了幫助我們找回自己內心深處的愛。

很多時候，我們總想著要掌握多少科學知識，運用多少技巧，學習各種理論來武裝自己的頭腦。但其實，養孩子用心遠遠勝於用腦。溝通，是心靈與心靈的擁抱，不需要那麼多「理論」和「知識」，只需要真誠地敞開和接納。就是生活中這樣一點一滴的細節，滋養著我們，用心去感受，讓我們內在豐盈，獲得那一份寧靜和快樂。

隔代育兒，如何減少紛爭？

前面談到了如何處理夫妻在育兒方面的分歧，除此之外，困擾我們的還有我們和老一輩之間的關係。尤其是當父母長輩和我們同住的時候，家庭大戰更是一觸即發。對於父母輩來說，我們可以遵循的原則是「關係大於教育」。如何讓家中充滿愛的氛圍，比糾正他們的育兒方式要重要得多。

有一本書叫《愛之語：永遠相愛的祕訣》，書裡介紹了五種我們渴望愛以及表達愛的方式，分別是：肯定的言詞、精心時刻、服務的行動、接受禮物、身體的接觸。

在平時的日常生活裡，我們可以透過這些不同的愛的表達方式，來向我們的家庭成員傳遞愛的資訊。每個人都有自己最希望得到的愛的方式，同時也有自己比較擅長的表達愛的方式。如果我們能夠準確找到對方的愛之語，就可以達到事半功倍的效果。

例如我們的父母輩，他們向我們表達愛的方式，可能更多地採用的是「服務的行動」這一種。他們會幫我們帶孩子、做家務，提醒我們天冷時多穿件衣服，讓我們早睡早起、保持良好的生活習慣等等。可是很多時候我們並沒有接收到這份愛。我們總是會挑剔他們帶孩子的方式不科學，做家務沒有按照我們的標準來，嫌棄他們的叮囑太囉嗦……我們忽略了這其實是他們在試圖向我們表達愛，儘管他們的表達方式可能不是我們想要的。

而我們的父母最渴望得到的愛的方式，恐怕要屬「肯定的言詞」了。他們為我們做了這麼多，無非是希望能得到我們的肯定和認可，他們也需要實現自己的價值感和歸屬感。然而我們回應他們的卻往往是批評和挑剔。如果是這樣，雙方就很容易陷入一個拉鋸戰。越是得不到的，就越是要在每一件事情上都爭取。

最開始，老人們會想盡一切辦法證明自己是對的。他們可能會說：「別人家都是這麼帶孩子的啊，那孩子可聽話了！」「我不就這麼把你帶大的嗎？你看你現在不也蠻好的嘛？」而我們更加需要維護自己在家庭裡的正確地位，於是我們反駁：「聽話不見得是件好事！」「誰說我好的？你知道我有多少心理陰影嗎？」

老一輩被否定之後，他們無法證明自己是對的，於是就會轉而指向：好啊，既然不能證明我是對的，那我就攻擊你是錯的。他們可能會說：「你說的那一套根本行不通，你不在的時候孩子還好帶一些，你一在孩子就哭得沒完沒了。」「都是因為你給孩子穿太少，現在好了吧，感冒了吧！」

可是一旦陷入這種「我對你錯」的爭執中，事情本身就變得不那麼重要了，重要的是，最後誰會贏。我曾經觀察過一些夫妻或者父母子女之間的吵架，爭吵開始五分鐘之後，基本上就已經完全聽不出他們最開始是因為什麼而產生分歧了，吵架的內容已經離題萬里。但所有的人都在力爭一件事，那就是確保自己最後獲勝。

如果我們平時可以透過愛的方式去表達，看到父母或者伴侶做得好的地方，並予以肯定和欣賞，他們的價值感和歸屬感得到了滿足，也就不會在每一件事情上都要爭個輸贏。

也許有時候我們會鬱悶：「我想和他溝通啊，我也表達了我的意願，可他從來不配合啊！」這時候我們可能要看看，不一定是你的表達方式錯了，而是你們之間的關係出現了問題。想要順暢地溝通並得到對方的理解配合，需要你們之間有愛。如果是因為關係的問題導致了溝通無效，我們要先修復關係，再解決問題。

有位學員一直以來備受婆媳關係的困擾，和婆婆同住的十年裡，無論是生活習慣還是育兒理念，她們總是分歧不斷。用她的話來形容是：「社區上方經常迴蕩著我們家的哀號聲。」而在課程快結束的時候，我們彼此之間在表達感謝，她忽然意識到，這十年裡她從來沒有下過廚，一直都是婆婆在為全家人準備飯菜、幫忙收拾家務、操持家裡的大小事，而她從來沒有為此向婆婆表達過感謝之意。

當晚回到家，一進門看到的又是婆婆繫著圍裙在廚房裡忙碌的身影。婆婆見她回來，也像往常一樣嘮叨著：「回來啦？趕緊去洗手，換身衣服。再等一會兒啊，過十分鐘飯菜就上桌了。」如果是平時，她就會「嗯」一聲，走回自己的房間。但這次她把手上的東西放下，走進廚房，走到婆婆身後，站了好一會兒，鼓起勇氣說：「媽，這麼多年一直都是你在照顧我們，幫我們做這做那，都沒有好好休息過。其實這本來不是你的義務，你是因為愛我們，才任勞任怨。而我還總像小孩子一樣對著你發脾氣，實在是不好意思。媽，真是謝謝你！」

她說完這一大堆話，長長地舒了一口氣，彷彿完成了很困難的一件事情，因為這種表達的確是平時不習慣的。她原本以為婆婆聽了之後會丟掉鍋鏟委屈流淚，或者又開始訴說自己這些年的不易。誰知婆婆繼續平靜地炒著菜，回頭輕輕拍了拍她的手說：「傻孩子，你也知道你像個小孩子一樣啊，可是我一直都在等你真正長大啊。」

聽到這一番話，她感覺內心彷彿有一塊堅冰開始融化了。雙方都開始了善意的調整，她經常借著孩子的口吻對婆婆進行肯定和讚賞，而婆婆在獲得了成就感和價值感之後，也願意接受她的一些理念和方法。即便偶爾還是會有分歧，但婆婆不再像以前那樣一定要爭個輸贏了，而是會說：「別以為你們年輕人學了點新東西就了不起，好嘛好嘛，就按你說的來，我看也沒什麼大不了的。」雖然嘴上還是不讓，但實際行動是接受的。

還有一位學員告訴我，她一直以來跟父親的感情都很疏離，印象中父親總是板著臉，不苟言笑，也很少陪伴他們。家裡還有其他弟妹，作為長姐，她幾乎從小就沒有感受過父愛的溫暖。她很怕爸爸，平時也很少會主動和爸爸聯繫。

有一次，她鼓起勇氣打電話給爸爸：「爸爸，有個問題我一直想問你。你還記得吧，我剛畢業那會兒，因為值夜班時睡著了，公司進了小偷，損失很大。我那時候很害怕，只能打電話給你，後來都是你幫我處理所有事情，和公司交涉，還去警察局做筆錄什麼的，從早上忙到下午都沒吃飯。你知道嗎，那時候我簡直嚇傻了，但看到你在那裡，就好像有了依靠一樣。我以為我惹出這麼大的事，一定會被你罵，但你什麼都沒說。我一直不敢問，你那次為什麼不罵我呢？」

她爸爸在電話裡悶聲悶氣地回答：「我幹嘛要罵你，你是我女兒啊，出事了我不護著你誰護著你啊！」就這一句話，讓她瞬間淚流滿面。她從來都沒有想過，那麼嚴厲、那麼疏遠的父親，在那一刻，眼裡只有她這個女兒。

那天晚上，她和弟弟妹妹一起回了家，和父親一起炒了幾個小菜，喝著小酒聊起了小時候的事情。她說，原本以為父親對他們的成長根本不關心，但他們小時候的很多細節，爸爸竟然都記得，原來那份愛一直都在。一句深藏已久的問候，換得從未有過的深情。

關係大於教育，家庭氛圍重於評判。無論是對孩子還是對其他家人，我們帶著愛和關心去修復關係，重新建立情感連結，在平時相處時多使用愛的表達，把我們和家人之間那個儲存愛的箱子填滿。當雙方愛意滿滿的時候，很多問題自然而然就解決了。

為兩個孩子許下愛的承諾

當我知道自己懷上二寶的時候，葉兒還不滿兩歲。面對這個突然到來的新生命，我在喜悅的同時，也有著不少擔心。原本是想著等葉兒上幼稚園之後再考慮生二胎，現在比計畫提前了這麼多，我能讓兩個年齡相差這麼小的孩子彼此接受嗎？

隨著時代的發展，越來越多的父母們選擇生二胎。可是，我自己都是個獨生女，剛當上母親才兩年，我能做好兩個孩子的媽媽嗎？當我在代替另外一條生命做出如此莊嚴神聖、不可逆的決定時，我可有足夠的勇氣和力量？我可有足夠的智慧和真誠？

也許還沒有，但我願意去努力學習。沒有人天生就會做父母，我會盡自己最大的力量給予他們愛和溫暖。雖然不能事事盡如人意，但至少無愧於心。不同的選擇會帶來不同的生活，是否生育第二個新生命，並沒有絕對的好壞對錯，只是當我們在做選擇的時候，要清楚地意識到這份選擇帶來的責任和承擔。

曾經有父母詢問，生二胎必須要徵得老大的同意嗎？不需要。決定要不要生二胎，是父母的責任。家中有兩個孩子，不管相處得再好，也會有發生爭執的時候。如果把二胎的選擇權交給孩子，到時候難道父母要說：「當初是你同意要生弟弟妹妹的，現在怎麼不學會照顧他呢？怎麼又欺負他呢？」

年幼的孩子沒有能力承擔不屬於他的責任，因此父母一定要牢記，生二胎是我們自己的選擇。既然是自己的選擇，就要為自己的選擇負責。不必徵得老大的同意，但不代表不溝通、不管不顧。正因為要二胎是我們的決定，我們才更應該擔負起這份責任，幫助老大做好心理建設，並在之後的生活中建立他們之間的情感連結。

做兩個孩子的媽媽，可不是一加一等於二的工作。因為我們和孩子之間、孩子和孩子之間，不是簡單的一對一的固定程式。雖然我做了很多心理準備，但當葉新真的出生之後，我依然會手忙腳亂、焦頭爛額。親兄弟之間「血濃於水」是肯定的，但可千萬別指望他們倆能「一見鍾情」。他們的感情同樣需要培養，需要我們做很多準備工作。

知道懷孕後，我開始有意無意地告訴葉兒，媽媽肚子裡有個小寶寶，等小寶寶生出來了，葉兒就是哥哥了。我也買了一些這方面的繪本，例如《小貓丹丹》系列中的《有妹妹真好》，《小兔子波力》系列中的《我當哥哥了》，親子共讀時講給葉兒聽，讓他覺得當哥哥是一件很了不起的事。

最開始葉兒對此沒什麼概念，畢竟當時的他也是個剛滿兩歲的寶寶。隨著我的肚子慢慢大起來，他的奇思妙想就顯現了出來。他會說：「等弟弟生出來了，弟弟坐車我來推！」「我倒牛奶給弟弟喝！」「我抱著弟弟一起聽故事！」「弟弟睡這一邊，我睡那一邊！」「我給弟弟換尿布！」等等。

有天葉兒問我：「弟弟一生出來就能和我一起玩嗎？」我才猛然意識到，他對新生兒可能沒有概念，他把即將出生的弟弟想像成幼稚園的玩伴了。於是我每天帶他看兩段他小時候的影片，有剛出生時洗澡的、有兩個月玩搖鈴的、有一百天啃毛巾的、有半歲拍小鼓的……

透過觀看自己的成長影片，葉兒對小嬰兒逐漸長大的過程有了概念，並且知道了小嬰兒會有些什麼表現，都需要父母哪些照顧。這樣，在葉新出生後，他就不會對小傢伙的哭鬧、吃奶、拉屎等行為覺得奇怪或煩躁。同時，重溫自己的成長過程，也讓葉兒心裡再次充滿了愛：原來，我小時候媽媽也是這樣照顧我的；我曾經在媽媽懷裡幸福地吃奶；媽媽曾這樣陪我一起玩……

我也會帶著葉兒一起準備新生兒的衣物，拿著小小的衣服在葉兒身上比畫，小傢伙立刻覺得自己長得好大，是大人了。我和葉兒一起組裝嬰兒床的時候，葉兒就會特別憧憬弟弟出生後的日子，他覺得自己就要當哥哥了，這是一件非常驕傲的事情。

當我的肚子已經很明顯的時候，葉兒就喜歡玩手指毛毛蟲。他經常趴在我身邊，用食指一勾一勾地在我肚子上爬，邊爬邊壞笑著說：「爬爬爬，弟弟說好癢好癢！是誰在撓我癢癢啊？」於是我也配合著他，晃動肚皮說：「好癢好癢！是誰在外面呀？」葉兒就自豪地笑著說：「我是哥哥！」

後來，葉兒問了我一個問題：「為什麼你生出來的剛好是我和弟弟，而不是其他的小朋友呢？」哈哈，這其實是一個哲學問題哦。

我說：「葉兒你知道嗎？每個孩子在出生前，都會在天上選媽媽。當你還是一個小精靈的時候，躲在雲朵裡，看見我在祈求上天賜給我一個孩子。你相信我會是一個好媽媽，於是就坐著彩虹滑梯，來到了我的肚子裡。經過十個月的等待和期盼，你就出生啦！」

葉兒聽了後，撲閃著大眼睛說：「啊！我知道了！所以弟弟也是從彩虹那邊來的，他也知道你是一個好媽媽，而且他也看見了我，他也選了我做他的哥哥！」

是啊，葉兒，謝謝你們的選擇，讓我有機會陪伴你們成長。每一個孩子，在選擇來到我們懷抱的時候，都是那麼義無反顧。

葉新出生的那天，我告訴葉兒，弟弟馬上就要生出來了。葉兒顯得有些興奮，也有些緊張。葉新出生後，葉兒來到嬰兒床前，把頭倚在圍欄上，就這樣一直一直注視著那個小小的寶寶，目不轉睛。這個他也在陪伴、等待的小生命，終於跟他見面了。

葉新出生後，經常會有親朋好友前來探望。如果有朋友來時葉兒也在場，我就會悄悄拿出預先準備好的小禮物給客人，讓客人以他的名義送給葉兒。這樣，葉兒就不會覺得大家只送東西給弟弟了。

葉新出生的那天是週末，週一葉兒去幼稚園時，我托家人送了個大蛋糕過去，並且和老師電話溝通了一下，希望班上能給葉兒舉行一個儀式，所有小朋友們一起吃蛋糕，慶祝他成為哥哥。那天晚上放學回來，小傢伙興奮地說：「媽媽，你知道嗎？我們整個班的小朋友，就只有我一個人有弟弟，他們都沒有。我好厲害！」

從醫院回到家裡的那一天，我拿出了早就準備好的禮物。有葉兒最喜歡的小小救生隊的木星號，有黑貓警長的手槍，有湯瑪斯立體軌道火車，有大型飛機模型，還有幾套繪本，和一箱零食。這些都是葉兒特別喜歡、一直心心念念的玩具。

我對葉兒說：「這些玩具和繪本是弟弟送給你的，他很高興來到我們家，也很感謝你做他的哥哥。」出乎意料的是，葉兒看到那麼大一堆禮物，並沒有馬上撲過去，而是走過來看了看弟弟，問：「他為什麼要送給我呀？」我說：「因為他愛你。」葉兒好像害羞了一樣，把頭埋到我胸口，過了一會兒抬起頭來，小聲說：「我也愛他。」看著他眼裡晶亮晶亮地閃著光，我的心都要被融化了。

感謝上蒼賜予我兩個孩子，這如水晶般澄澈的心靈，讓我無論遇到什麼，都心存感恩。這兩個孩子將來無論有多麼千差萬別，都不會影響我對他們的愛和關懷。因為在我選擇養育兩個孩子的時候，就對他們都許下了愛的承諾。

我的選擇，不需要用孩子證明

很多年以前，我曾向一個幼稚園的家長們介紹和孩子溝通的方式，談到了打罵不能發揮教育孩子的作用。分享結束後，其他家長都陸續退場了，一位媽媽義憤填膺地找到我說：「孩子皮起來根本不聽話，不打怎麼辦？你們這些宣揚不打不罵教育孩子的，你們的孩子都養得很成功嗎？我看你兒子在院子裡玩了半天，也沒看出他有什麼過人之處啊。」我愕然：「是啊，他就是一個普通孩子啊。您為什麼生這麼大的脾氣呢？」

她沒回答我就走了，但她的話卻引起了我的深思。我的孩子，需要成為我作為一個合格母親的證明嗎？甚至要成為檢驗一種育兒理念的範本？讓這樣無辜的稚子來背負主流和世俗的評判，難道就真的能夠說明問題嗎？

不知從什麼時候開始，我們變得崇尚「唯成功論」、「唯結果論」，孩子的成功等同於父母的成功，孩子的榮耀等同於父母的榮耀。孩子考上了名牌大學，父母就可以全國巡講，介紹自己的成功經驗。更有人直言不諱：「要知道一種理念是好是壞，就看在這種理念下成長出來的孩子是不是比其他孩子更優秀，是否個個都有成就。」

在這種論調下，孩子變成了父母的「動章」，父母擁有決定孩子命運的「上帝之手」。更有甚者，孩子成了父母「好壞」的證明。如果你的孩子不比別人家的孩子優秀，那麼你就沒資格談論「愛與自由」、「無條件式教養」、「安全感」等這些亂七八糟的理論。

這個論調的背後是一個簡單粗暴的邏輯：你宣講新教育理念，那麼你的孩子每一個當下的狀態就都是這個教育理念水準的反映。所以，你的孩子應該通情達理、深明大義、懂事自律、成績優異。而這樣的評估標準背後，實際上是主觀的、片面的。我們不可能從一個簡單的片段來推測一個孩子的狀態，更無法從他現階段的某些表現去預測他的未來，從而去評判他的家庭教育模式。

但這樣的想法長期存在於每個人心裡，看上去似乎無懈可擊。難道不是嗎？一種教育模式好不好，就應該看孩子的狀態，看孩子的成就，看孩子結出什麼樣的果。可是，很少有人願意給孩子足夠長的時間，用客觀的標準以及毫無偏頗的眼光去看待他們。我們緊盯著孩子的一舉一動，期待他們至少在某一方面有所成就，以證明我們的選擇是正確的。只有這樣，我們才相信自己是一個合格的母親。如果不是就開始擔心，是不是在孩子的什麼關鍵時期自己沒能給予關鍵幫助，是不是錯過了孩子什麼重要成長階段，才沒能讓孩子表現得更好。

可是，一旦去追求「證明」，便會執著於結果，固著於成敗。

於是父母們戰戰兢兢，不斷地提醒自己責任和目標，認為孩子表現如何取決於自己，也代表了自己。我是媽媽，我就應該做到什麼；他是孩子，他就應該表現如何。或者，我要把孩子培養成一個什麼樣的人，如果沒有達到，那就是我教育失敗。

這樣的自我期待已經是「天經地義」甚至「理所當然」了。但如果總是有這樣的自我期待和定義，父母的壓力和擔心就會很多，害怕自己不是一個好媽媽，害怕自己的某一個行為對孩子造成心理陰影，無法放鬆，對未來充滿恐懼。

同樣，也有人說：「葉月幽你學了這麼多東西，你的孩子一定特別聽話、懂事吧？」或者：「你一定不會遇到育兒難題，也沒有家庭矛盾吧？」

其實不是。我成為一名心理諮商師和家庭教育講師，是因為我通過一系列的專業受訓和考核，能夠從事這份職業，而不代表我做得就一定比別人好，更不代表我的孩子一定比別人優秀。更何況，「優秀」和「成就」的定義又由誰來評判呢？

雖然這些年我受邀在全國各地講授課程，但我從不敢自詡為什麼導師，我更願意做一個分享者。我不是正確的化身，我所說的內容也不是真理。我希望我提供的是一種思路、一些視角，讓大家可以多角度地去看問題，從而找到屬於自己的處理方式。

其實，生活中的我，又何嘗不是在摸索中前進、在曲折中前行呢？

葉兒三歲多時，曾有一段時間我公公腦溢血住院，媽媽腰椎要做手術。葉兒爸在外地工作，我需要一天三次往返兩家醫院送飯、照料，而已經公佈出去的課程和講座也必須按時舉行。我每天早早把葉兒丟到幼稚園，開始兵荒馬亂的一天。晚上把兩個孩子都哄睡後，忍著睏倦爬起來繼續熬夜工作。再加上葉新數次夜奶，嚴重缺乏睡眠的我，幾乎快撐不下去。

我開始對葉兒大呼小叫，被他的執拗氣得七竅生煙，會因為他生病而碎碎念，恨不得把他丟到幼稚園再也不接回來。有的時候也會感慨，三歲以前那個軟糯的小可愛去哪了？他是怎麼忽然變成現在這個賴皮猴的？是不是有人在晚上把他從我床邊偷走換了一個孩子來？

葉兒發脾氣的時候，我把他拉在懷裡，在震耳欲聾的哭叫聲中，一邊傾聽，一邊堅持我的原則。每當這時，強大的無力感就會包裹住我。我無可奈何地想著，所有踐行新教育理念的媽媽們，要有著怎樣一顆備受打擊又堅持到底的心啊！

晚上臨睡前，我摟著葉兒，問：「你知道我喜歡你嗎？」

葉兒說：「知道呀，我也喜歡你呀。」

我說：「我凶你的時候你也喜歡我嗎？」

葉兒低聲說：「你凶我的時候我很難過，但我還是喜歡你。」

我問：「為什麼？」

葉兒把兩手一攤：「因為你是我的媽媽呀！」

這是一個三歲多孩子給我的答案。我什麼都說不出來，只是默默地摟緊了他。他翻身過來，在我的額頭上輕輕吻了一下，然後像一條泥鰍一樣，飛快地鑽到枕頭下面。在那一瞬，我忽然有了一種力量和堅定。我養孩子，不是在搭建樣品屋，讓別人誇讚我是一個多麼厲害的媽媽，以此來尋找存在感。我不需要葉兒的行為規範符合什麼主流評判標準，我不需要他來證明我作為一個母親的正確性。我的孩子，就是他自己，而不是某個教育模式的代言人。他的特立獨行，他的桀驁不馴，都是在向全世界宣告：「我不是你，我就是我自己，我不為任何人的夢想而生，我全然獨立。」

是的，孩子和我們是兩個完全獨立的生命，只不過孩子的生命是經由我們而來。生命，是一個歷程。生命和生命是平等的，是一種相遇。親子，只不過是我們和孩子相遇的形式；而親子生活，是我們和孩子一起相處的時光，是人世間最溫暖、最緊密、最深入的連結。

因為是歷程，我們只需要陪伴就好，不必要求自己達到什麼標準，也不必苛責孩子滿足什麼要求，你只要去愛他就好。兩個獨立的生命之間，因愛相遇，由愛成長。

因為是相遇，故而珍惜。總有一天，孩子會不那麼需要我們；總有一天，我們此刻所有的糾結和焦慮都會成為回憶。到那個時候，那些讓我們感念的，一定不是某一個榮耀是否達成；真正讓我們感念的，是我們和孩子相處時的細節和溫情。

我們都在以自己的方式成長著，即便有失誤，即便有倒退，我們和孩子也一直在彼此陪伴、共同成長。**我們堅持走在這條路上，不是因為這條路一定會通往成功，而是因為這是我們自己選擇的路。**我們選擇用這樣的方式對待孩子，不是為了培養什麼「天才兒童」，而是因為這是我們的生活準則，是我們的價值觀，我們的孩子值得被這樣對待。

第四章

學會自我覺察，不再被育兒焦慮綁架

當一個人真正下定決心要做一件事的時候，

是沒有什麼可以阻擋的。

只是這個決心，沒有人能幫你下。

什麼72變81難，不過是在利用父母的焦慮

曾經有一篇瀏覽量數百萬的文章《致家長：今天不逼孩子學會72變，日後誰能代他承受81難？》（以下簡稱：《致家長》）洗版了我的社交媒體，父母們大量轉發，凡是家有兒女的幾乎都心有戚戚焉。

文中舉了一期綜藝《嚮往的生活》裡的例子：小提琴演奏家呂思清從小被父母逼著學琴，訓練非常嚴苛，他五歲就登臺表演，後來被中央音樂學院錄取，並獲得了各種國際大獎。而王迅、楊穎和其他幾位藝人，小時候也曾嘗試學過樂器，但因為父母沒逼著他們堅持，現在只能坐在一旁看呂思清表演。文章最後得出結論：父母的逼迫可以讓我們成為更好的自己。

這個論調其實並不新鮮，當年郎朗紅遍全球時，也有很多文章寫他是怎麼被父親打罵威逼，甚至要用刀砍了他，才讓他堅持下來的。而當時郎朗用頭撞牆，寧可折斷手指也不想練琴，這樣的痛苦已經隨著他的成名被忽略不計了。

《致家長》裡有這樣一段話：「如果有人逼我一下，我就不會放棄學吉他；如果當初媽

媽逼我學書法，我就不會字那麼醜；如果當初媽媽逼我學英語，我的成績也不會這麼差；如果……」看到這樣的抱怨，我真心想說，能說出這樣的話的人，即便是你媽逼你學這學那，你長大後一樣會說：「都是因為我媽逼我，我小時候一點都不快樂；都是她逼我，讓我連自己的興趣愛好都沒有；都是因為她，我不能做自己想做的事……。」

這樣的話語熟悉嗎？只要不想為自己承擔責任，你就可以無限甩鍋，反正都是「我媽逼的」。父母逼著你學習，你說他們不顧你的意願，沒有平等民主自由；好，那尊重你的想法，你卻又說他們當初沒逼你，害你一事無成。正所謂「成也蕭何，敗也蕭何」。若成功了，是父母逼得對；若失敗了，是父母逼得不對。那你自己呢？你的「自我」在哪裡呢？大家都是成年人了，敢不敢為自己承擔起責任？站在受害者的位置上怨天尤人，張口閉口「都是因為小時候」，只能說你現在也還沒長大。

文章中還舉了一些普通人的例子，他們羨慕同齡人小時候有人逼，所以學會了各種才藝，現在可以在人前展示；而自己沒能堅持，於是喟然歎息。但其實，這些人羨慕的並不是藝術本身，而是羨慕別人的風光、別人的榮耀。他們真的確定，如果當初有人逼，自己就能學出成果來嗎？用這樣的心態學習，本來也很難堅持。真正的熱愛是不用逼的，不愛的東西，逼也沒用。

運動員詹姆斯和柯瑞，羅納度和梅西，這些極度自律的人，沒有一個是父母逼出來的，驅使他們的是內心的熱愛和嚮往，那才是真正的動力所在。而太多從小被父母逼迫的人，在脫離父母之後，覺得終於解放了，於是放任自己無所顧忌。

看到有人說：「孩子，不是我要把你往『死』裡逼，我只是想讓你將來『活』得更像樣。」真是天吶，您敢不敢先給自己辦張健身卡、報個英語班，看看自己能堅持多久？您怎麼不逼逼你自己，讓你先活得更像樣呢？打著這樣的旗號要求孩子好好學習天天向上，無非是假借孩子之名滿足自己的控制欲而已。

孫悟空是學會七十二變了，但唐三藏逼他了嗎？如果孫悟空的能力是被逼出來的，那唐三藏的其他那麼多弟子，怎麼一個都沒逼出來呢？以孫悟空的性子，還好沒人逼他，否則還得再來一次大鬧天宮。

用呂思清、郎朗的成功反襯其他人的失敗，這個邏輯實在是不通。拿結果倒推原因，屬於倖存者偏差、事後諸葛亮。如果這個邏輯成立，那些被逼到憂鬱自殺的孩子們，無一不是活在高壓、苛責之下，他們也可以倒推出同樣的原因來，這又怎麼說呢？

《致家長》之所以能成為熱門文章，是因為迎合了一些家長焦慮的內心。但其實也曾有另一篇爆紅的文章：《你看不到的，是千萬個被毀掉一生的董卿》，說的卻是截然相反的內容。詩詞大會讓董卿成了知識女神，連她的成長故事《虎爸教育下董卿的童年》也成為了教育的成功案例。可是董卿在被採訪時談起這一段過往，卻表現出抑制不住的悲傷，提到父親給自己留下的童年陰影，一直以來優雅淡定的她忍不住潸然淚下。很多幾近殘忍的故事，只因為主人公最後的成名，就蒙上了一層光環。文章中說：「你看到的是一個走出來的董卿被無限放大，你看不到的，是千萬個一生就此被毀掉的董卿。」成功和幸福並不是一回事，不能只看那些被逼成功的個例，卻沒看到絕大多數被逼失敗的下場。

文中還指名批評了「快樂教育」，說放養長大的孩子，雖然有了愛和自由，但長大後可能一事無成。這是不是對愛和自由有什麼誤解？為什麼除了逼迫，就只剩放養了呢？這世界上不是只有這兩個極端。

舉個例子：一個農民，把種子種下去之後，總擔心它長不好，嫌它長太慢，於是一截截拔高。這是控制，是逼迫，是揠苗助長。另一個農民把種子種下去後就不管了，隨便長成什麼樣，美其名為放養。這不叫愛和自由，這叫不負責任，未盡監護義務。

真正的教育是什麼？是農民不把眼光只鎖定在種子身上，而是觀察瞭解幼苗的成長規律，為它鬆土、澆水、施肥、除蟲，給小苗創造一個良好的環境，並提供其生長所需的營養；除此之外，不去糾結它怎麼還不發芽、還不抽穗。因為你並不知道它需要多長的時間扎根。你只需要為它創造出適宜的環境，種子的成長取決於它自己。

我曾學鋼琴十年，在這個過程中見到太多在父母逼迫下的孩子，在考取十級之後咬牙切齒地說：「我終於完成任務了！」然後就再也不碰鋼琴了。而真正能堅持下來的，都是熱愛音樂、喜歡鋼琴的孩子，雖然也會有倦怠退縮，但父母絕不是逼迫，也不是甩手不管，而是帶著尊重和關愛，幫助孩子度過瓶頸期，讓孩子體會到其中的成就感和樂趣。這樣的孩子，才能發現自己內心真正想要的是什麼。

唯有熱愛可抵歲月漫長。無論是興趣愛好，還是學習難題，能支持孩子們堅持下來的，是在這個過程中所得到的新奇體驗和探索樂趣，是沉浸其中為之奮鬥的歸屬感和榮譽感，雖然也會有氣餒挫敗，但最終會獲得攻克難關時的成就感，以及一次又一次實現自我的價值感。父母要做的絕不是逼迫，而是協助孩子完成這個過程。在孩子遇到困難時提供必要幫助，在孩子有情緒時能夠理解支持、給予溫暖，在孩子畏難退縮時和他一起共同承擔面對挑戰，在孩子遭遇挫折時允許他停下來休整，並告訴他沒有關係，內心的感受最重要。真正的教育是點亮孩子內心的火種，而不是揮著鞭子逼迫他們負重前行。

被父母逼迫的人生，只不過是在為父母而活，長大後發現沒能活出自己，於是又開始逼迫自己的孩子。活不好自己，才會去逼孩子，一代又一代。但一個身體只能進駐一個靈魂。如果父母過多地干涉和控制孩子的人生，孩子的靈魂就無處安放了。然而似乎所有人都在關心孩子將來怎樣，卻很少有人在意孩子現在怎樣，他內心的聲音是什麼，他是不是真正的快樂。當內心的聲音長期被壓抑被掩蓋，慢慢地，孩子連自己的能力都看不到了。

我曾看到一些很優秀很出色的明星或藝術家，在面對採訪時說：「我能取得今天的成就，都是因為父母嚴厲的督促，如果沒有他們當初的逼迫，我肯定做不到，那就沒有我的今天了。」其實聽著有一絲絲的辛酸。這麼優秀的人，卻看不到自己的天賦和努力，找不到自己的動力，只是認為如果不逼自己就做不到。反觀比爾蓋茲、祖克柏這樣的人，從來不說他們的成功是父母逼的，他們說的是：「感謝父母成為我的榜樣，他們一直激勵著我成為自己。」

祖克柏的父親養育了四個優秀子女，他直言道：「我有很成功的孩子們，於是人們總是想仿效我的模式，但事實上，我們並沒有採取什麼特別的育兒方式。為人父母，我只能說，你的確可以為子女安排你想要他們過的生活，但這不一定就是他們想要的。」而正是因為父母的「不逼迫」，四個孩子按照自己的意願，活成了自己的樣子，獨一無二的樣子。

拿綜藝節目中的王迅、楊穎和劉憲華、呂思清比較，這樣的對比根本沒有意義。如果他們小時候被逼著繼續學小提琴，能不能成為藝術家不知道，但肯定不會成為現在的他們。幹嘛要拿不同的人生來做比較呢？

那些動不動就說如果現在不逼孩子，孩子將來就會成為沒有競爭力的人，真的知道未來的競爭力是什麼嗎？是鋼琴、舞蹈、奧數、書法……是這些技能嗎？我們為什麼想讓孩子學習各種技能，並不是一定要讓孩子成為鋼琴家、舞蹈家，而是培養孩子在這個過程中形成的能力。我們往往把方法當成了目的，為了學技能而學，卻破壞了孩子學習的興趣，這未免撿了芝麻丟了西瓜。**未來的競爭力絕對不是技能本身，而是在學習過程中所建立起來的獨立思考的能力、學習理解的能力、合作精神、好奇心、主動性和創造力等等。這些能力絕不是靠逼迫得到的，而是早就包含在我們的生活裡，在我們和孩子相處的每一天。**

但是《致家長》真的好受歡迎啊，不知道到底擊中了多少父母內心的焦慮。我甚至看到這樣一條宣傳語：「當別人家的孩子在鋼琴邊、舞蹈室辛苦練習的時候，你家孩子在做什麼？當別人家的孩子，雖然很苦、很累，但識字算術突飛猛進的時候，你家孩子在做什麼？當別人家的孩子，努力學習各種知識，不斷取得更高分數的時候，你家孩子在做什麼？你可能會說：孩子應該要擁有快樂的童年，要無拘無束，要自由自在。可是，你怎麼知道那些拼命努力的孩子就不快樂？」

很有煽動性對吧？看完立刻焦慮了。擔心自己的孩子落後，更擔心是因為自己沒給孩子最好的教育，耽誤了孩子的一生。這時候如果有培訓課程的廣告，那恨不得立刻掏錢報名了。其實，現在很多文章、很多機構，都是在利用父母們的焦慮。如果我們沒有一個長遠的眼光，沒有一個整體的育兒觀，就很容易被各種論調左右。

其實這樣的焦慮體文章誰都會寫，我也會。不信？看我反轉一下：「當別人家的孩子，在草地沙灘撒歡奔跑、探索大自然的時候，你在要求孩子爭取些什麼？當別人家的孩子，在做料理坑烘焙、種花草，收穫幸福感和自我價值感的時候，你在逼迫孩子學些什麼？當別人家的孩子，在父母的陪伴下講故事玩遊戲的時候，你在教育孩子拼命爭取些什麼？你可能會說：孩子將來要生存，要競爭，要努力。可是，你怎麼知道那些擁有金色童年的孩子，就沒有競爭力呢？」

教育不是用世俗的成功與否來定義的，教育是讓孩子們擁有感受美好的能力，釋放生命的力量，創造生命不同的可能性，發自內心由內而外感受幸福。

讓孩子從小就把人生當成「八十一難」，那恐怕真的會一路坎坷。真正讓孩子擁有底氣的，不是被逼迫學會的「七十二變」，而是父母永遠在他們身後的支持和理解。帶著孩子一起去體驗生活的不同方面，和孩子一起去面對每一次挑戰，那將是幸福，是成長，而不是被逼之下的佯裝堅強。

避免陷入「育兒優越感」的陷阱

帶著葉兒、葉新在社區裡散步的時候，我發現社區的媽媽們都有自己固定的討論圈。走到第一個圈子旁邊，聽到大家在議論：「你看隔壁家那誰誰誰，這麼大了還在吃奶，難怪不好好吃飯，又瘦又小。她家大人也不著急。」等走到下一個圈子旁邊，聽到的又是：「誰誰誰家的孩子從生下來就吃奶粉，現在抵抗力差，動不動就生病。那個媽媽也太不負責任了，誰不知道母乳好啊。」

走到操場旁邊，聽到一群媽媽在說：「我家孩子上六個才藝班呢，上個月還拿了個鋼琴大賽一等獎。還是學學好，技多不壓身，別等到上學了什麼也不會，那時候就該自卑了，做父母的後悔可就晚了。」來到池塘邊，又聽到另一些媽媽在議論：「我家孩子從來不上課外班，你看那些學這個學那個的孩子，多可憐啊，這麼小連玩的時間都沒有，以後長大了是要付出代價的。」

聽著大家的議論，想起我剛生葉兒的時候，仗著自己看了幾本新養育概念的書籍，又上了一些課程，於是整天把愛和自由、接納、尊重掛在嘴邊，似乎全世界只有我最懂孩子。家人的各種做法都讓我看不順眼，覺得他們思想落後。走出去看到其他人對待孩子的方式也是那麼粗糙，完全不懂得孩子的心理啊，簡直就是錯誤一大堆，恨不得撲上去給對方上一課。

然而慢慢地我發現，當我抱著這樣的心態去看待家人、看待其他父母的時候，我的內心是滿滿的優越感。我給自己冠上了「新教育理念」媽媽的頭銜，把其他人自動劃歸到了「舊」的一類。似乎意味著我的方式才是最先進的，比你們的都要好。

在這樣的心態下我們可能就會忍不住比較：看看，那個誰誰誰是虎媽式的方法，所以孩子膽小懦弱沒主見。或者，那個誰誰誰家完全放養，一點都不懂教育，從來不管孩子，難怪孩子沒規矩等等。這種比較方式，和我們看誰家孩子多背幾首唐詩、多認幾個字是一樣的邏輯。這實際上還是一種攀比，是一種虛榮心。只不過當初是在比技能，而現在變成比性格。

然而相對於技能而言，孩子的性格更為主觀，更加沒有一個統一的標準。可是只要有比較，就會帶來焦慮，這種焦慮會干擾父母們看清真實的情況，很難做出客觀理性的判斷，於是就很容易在這樣的比較中迷失。甚至同樣的行為，我們會因為先入為主的評判，而做出不同的解讀：如果孩子好商量，倘若他父母是奉行新教育理念的，我們就說他「體貼懂事」；若他父母是堅持高壓教育的，我們就說他「懦弱服從」。如果孩子不好商量，倘若是自己陣營裡的，就叫作「有獨立思想，堅持主見，敢於質疑權威」；若是在另一邊的，就變成了「只考慮自己，不顧及他人，頂嘴沒規矩」。

我們甚至不需要去看到孩子的全部生活，而僅僅是透過一些片段的表現，就已經在內心下了這樣的判斷。這樣的比較之下，我們很容易陷入自我的優越感，同時另一方面也很容易落入對不確定感的恐慌。

比較心之下的我們，會不由自主地對孩子寄予一些期待。很多父母在學習了一些新的理念之後，以為自己對孩子已經放下期待了，但是內心還是會有糾結：我這麼努力地用愛和自由的方式對待孩子，為什麼孩子好像還是安全感不夠？為什麼孩子不像書上寫的那樣通情達理、內心強大呢？其實，這還是一種期待。我們期待用愛和自由的方式對待孩子，孩子就應該快樂健康、人格完整、內心強大、所向無敵。一旦發現孩子不是這樣的，就會開始自我懷疑，是不是我哪裡又做錯了？是不是這一套理念壓根就行不通呢？

於是我們小心翼翼地跟在孩子後面，緊緊盯著他的一舉一動，期待他至少要在某一方面比別人家的孩子強，這樣才能證明我們的方法是先進的，我們的選擇是正確的，我們才有資格宣稱自己是一個好媽媽。

而當孩子真的取得了某些成績的時候，我們又會忍不住用自己孩子的優勢去和其他孩子比較，以此來「增加」孩子的自信心。比如有時候我們可能會對孩子說：「你看你堅持練琴，現在進步多快啊，隔壁家麗麗就不如你彈得好。」或者「我家孩子心態就是好，參加各種比賽從來都不緊張。你看小明，比賽輸了還掉眼淚呢。」

我們以為這樣的比較能夠提高孩子的自信，似乎這樣的方式也能讓我們的孩子有一些優越感。然而在這種「優勢比較」中成長的孩子很難有同理心，也不會有尊重他人的善意。同時他們也不會善待自己，因為一旦某一次他們落到「劣勢」的那一方，他們也會無情地批判自己，認為自己一無是處。

無論是「為什麼別人都能做到就你做不到」，還是「一分之差，天壤之別」，如果我們經常給孩子灌輸這種比較心理，孩子就會把周圍的同伴都當成自己通往成功道路上的阻礙，也就很難形成寬厚謙和、包容合作的品質，因為身邊的人都可能是自己的競爭對手。

比較孩子的優勢，雖然表面上看起來沒有批評打壓孩子，但這種強調也很容易讓孩子執著於在比較中得到些許虛幻的自信和快樂。然而這樣的自信是建立在外部評價上的，很容易就像泡沫一樣幻滅了。**真正的自信是建立在自我評價上的，它不依賴於外界，而是來自於孩子內心深處。**自信是一個人對自己能力的認知，只有當一個孩子確信自己可以透過自己的努力達成一定的目標時，他才會獲得堅實的自信心。

對於其他孩子也心懷善意，不去盲目比較他們。每個孩子都是獨一無二的，有著自己的成長節奏。如果不能放下內心高低比較的評判，又如何能夠如其所是地看到對方呢？既然我們能接受自己孩子的特點，也就能明白其他孩子也有自己的特性。不去要求自己的孩子符合別人眼中的標準，也不必拿自己認定的標準去衡量其他孩子。每個父母都有自己所信奉的教養方式，我們沒有權利要求任何人遵從我們的育兒價值觀。

父母焦慮的根源往往來自於比較之心，但**人生不是一場競賽，幸福也不在於我們贏過多少人，而在於我們運用有限的生命，創造出多少無限的可能性。**堅持自己相信的道路，同時尊重他人的選擇，看到我們彼此之間僅僅是差異。我們過往的生活經歷決定了我們現在會有不同的觀點，而並不代表我們之間就有高低優劣、先進落後。我們堅定地踐行自己想要的生活，同時也包容接納其他不同的方式，不去簡單粗暴地評判，我們的孩子也會在這樣的生活中多一分成長的自信與從容。

覺察自身情緒，不做情緒的奴隸

在諮商中我經常聽到有人說，自己總是因為別人的某句話或者某個舉動就被激起情緒，做出一些不理智的行為，明知道這樣做不對，但在那個當下就是控制不了。等情緒過後又會很懊惱，後悔自己為什麼又沒忍住，可是下次再遇到類似的情形，還是會進入相同的循環模式。這確實讓人很無奈，似乎自己無法聽從理智的指揮，總是在情緒的驅使下做出一些傷人傷己的行為。於是大家經常會問：怎樣才能控制情緒呢？

其實情緒是無法「控制」的，如果抱著一種敵對的狀態，總想壓制體內的情緒，表面上看起來似乎有時會奏效，但被壓抑的情緒日積月累積壓下來，等到忍無可忍時統統爆發出來，我們就反被情緒所控制了。

我們總想保有正面情緒，消滅負面情緒，似乎這樣就是情緒穩定。但其實無論是正面還是負面的情緒，都是自身的一部分。為了避免消極而想要割裂這部分情緒，其實也是對自身的一種排斥。沒有人能完全依靠理性來生活，一味地壓抑情緒，只會讓我們更容易爆發。

其實有豐富的情緒並不是一件壞事，它是我們在生活中真實而靈動的表現，也是我們感知和體驗生活的重要途徑。雖然每個人都喜歡正面情緒，但也要允許並承認負面情緒的存在。**負面情緒不是洪水猛獸，它是我們生命中很重要的一部分。我們可以透過情緒這個窗口，不斷覺察自己的內在，看到自己的固有模式。**

「情緒行為反應」就是我們的固有模式，而這個反應往往與我們之前經歷的事件有關。這就像是我們有某種「情緒按鈕」，當別人的某句話或者某個舉動觸發了我們的情緒按鈕，我們就很容易因為情緒爆發而失控。由此可以看出，情緒指向的是自我，反映了我們內心真實的需求。如果情緒經常爆發的話，說明我們有某些心理需求被過度壓抑或者忽略了。

因此，我們不必批判負面情緒，而是要正視它，透過它瞭解自我，從而轉化情緒。

首先，我們每個人都可以為自己的情緒負責，而不是依靠他人的改變。不管是正面情緒還是負面情緒，它都是我們的一部分。我可以體驗悲傷，我可以感覺憤怒，情緒就是我的一部分，它屬於我。既然是我的一部分，那就由我們自己負責。每個成年人都為自己的內在負責，不僅為自己的行為負責，也為自己的感受、想法、期待、渴望負責。

如果一個人不願意為自己的情緒負責，就很容易指責他人：「都是因為你惹我生氣了，都是你讓我覺得很受傷。」這樣抱怨的言下之意就是：你可以控制我的情緒，可以決定我的狀態，我有沒有情緒都取決於你。這種說法，其實是把自己的情緒遙控器交到了對方手中，放棄了對自己的主導，被對方所控制了。

既然情緒是自己的，需要負責的也只能是自己。這麼說並不是為對方開脫，好像不管發生什麼事情都是我們的責任，不是這個意思。而是說，當事情發生的時候，當對方有行為是我不能接受的，導致我有情緒的時候，我要承擔起自己的責任。我們要麼去和對方溝通，要麼自己把事情解決，要麼處理好自己的情緒，要麼尋找替代的解決辦法，而不是站在受害者的位置上不斷抱怨都是他人引發了我們的情緒，都是對方導致事情變成這樣。

有一年冬天，我的手上裂了一道很深的傷口，於是我小心翼翼地把手藏在羽絨服的袖子裡。有一天我去參加聚會，別人跟我介紹來賓時我們很禮貌地握手，對方一不小心，指甲正摳在我手上的裂口裡，痛得我眼淚直流。當時我就很感慨，很多時候我們覺得被別人冒犯，有可能是因為我們自己有傷口未癒。

看到自己的這部分功課，才能把重心放在自己身上，而不是一味向外指責。**如果我們總是期待對方改變，實際上就失去了自己的主動權。**倘若對方不按照我們的想法來，我們就只能抱著落空的期待而失望了。只有擔負起自己的責任，才有改變的可能性。

其次，情緒是我們的一部分，但情緒不是我們的主導。有的人考試失敗了，他會感到無助，這是很正常的。但如果生命中只剩下無助，就很容易否定自己，甚至走向極端。有的人在求學、工作、愛情等重大事件上遭遇失敗，於是鑽進牛角尖，感到生命裡只有挫敗，看不到以往的成功經驗。由此開始否定自己的價值，認為自己什麼都做不好，不知道人生有什麼意義。有的人在憤怒的情況下，整個自我都被情緒淹沒，只剩下憤怒，於是做出極端的事情來。這些都是因為情緒過於強烈，人被情緒控制了。

這是我們認同了情緒，讓情緒控制了自己。這個時候我們的自我部分就退出了，真正的我們消失了，我們讓情緒成為自己的代理。但是，為什麼要賦予情緒這麼大的權力呢？我們要看到自己的主動權，除了情緒之外，我們還有理智，還有行動。看到自己無論在什麼情況下都是有選擇的，看到我們作為一個人的整體，才能不被情緒牽著鼻子走。

除此之外，我們還要時刻警醒自己，不要去撿別人的情緒垃圾。我們都想保持自己的房屋整潔乾淨，我們不會去馬路上撿別人丟下的垃圾，讓它污染我們的生活環境。但很多時候我們都在撿別人的情緒垃圾。別人的情緒原本與我們無關，但我們似乎總想為別人的情緒負責。看到別人黑著臉，就擔心：「哎呀，是不是我哪件事情沒做好？又哪裡惹他生氣了？」「是不是我剛才哪句話沒說好，他誤會我了？」「他這麼說是不是在責怪我沒把孩子帶好？」

想著想著，我們就開始生氣或者自責。而當別人有情緒時，我們也很容易被感染。看到對方很急躁，我們也變得焦慮起來；聽到對方抱怨，我們也覺得很絕望無助。

總是撿別人的情緒垃圾，會讓我們自己變得鬱悶無力。我們自己每天產生的那麼多情緒都無處安放，幹麼還要去撿別人的呢？無法為自己情緒負責的人，更容易受到他人情緒的影響。**我們要學會劃清界限，區分哪些是別人的，哪些是我們自己的，把不屬於我們的部分交還給對方。**如果有人向我們傾倒情緒垃圾，該拒絕的時候要拒絕；對於我們已經積累的情緒部分，該清理的時候就清理。我們無法控制別人做什麼，無法決定會收到對方什麼樣的情緒；但我們可以決定收下什麼。做好課題分離，人生會輕鬆很多。

情緒是不會因為壓抑而消失的。我們有很多老話，例如「打落牙齒和血吞」、「吃虧是福」等等，似乎都在提倡有情緒時不要表達。很多時候我們為了面子，為了文明禮貌，為了做一個懂道理的老好人，為了不讓別人討厭，我們不敢輕易表露情緒。我們一次次壓抑自己的情緒，認為這樣情緒就會過去，就會消失不見。

然而，情緒如果不清理，就會消耗我們的心力，影響整個人的狀態。就像垃圾不收拾就會產生氣味、滋生細菌。即便你把垃圾掃到床底下，眼不見為淨，但它們並不會就此消失，而是會堆積在那裡，成為隱患，直至引發更大的問題。如果情緒一直被壓抑，負擔就會越來越重，消耗也越來越大。就像氣球一直被充氣，再怎麼假裝不在意，也總有一天會爆掉。

這就是為什麼很多人會問，怎麼我們總是因為一點很小的事情就爆發了？或者經常放大不好的方面，覺得挫敗無助、煩躁生氣。我們總說這是情緒敏感，但很有可能就是因為之前沒有處理的情緒積壓太久而遺留下來的問題。同樣，如果孩子每次有情緒的時候，我們都用大道理或者指責、說教，強迫孩子平靜下來，那麼孩子也很容易在下次遇到類似事情的時候再次爆發。我們不理解這是孩子積壓已久的表現，反而會認為孩子小題大做、無理取鬧。

情緒不會因為壓抑而消失，只能釋放和轉化。而釋放和轉化的前提是，當我們有情緒的時候要承認它的存在，去感受它，覺察自己的內在。

很多時候情緒只是外在的表現方式，引發情緒的其實是我們內心各種複雜的感受。例如老公原本答應一起去旅遊，結果因為其他原因耽誤了，這時候引發我們生氣的其實是失望。如果孩子放學之後沒有按時回家，等他回來之後我們一定會暴跳如雷，把他臭罵一頓。但在那個當下，引發我們情緒的其實是擔心、著急、焦慮、忐忑、惶恐、坐立不安等一系列複雜的感受。覺察這些引發我們情緒的內在感受，才能幫助我們更好地表達情緒。

有時候我們對孩子發脾氣了，孩子的行為引發了我們的情緒，可是事情過了之後，我們會對自己的生氣感到更生氣。我們會對自己說：「我怎麼又發脾氣了呢？不是明明知道對孩子發脾氣不好嗎？」這其實是被「我不能對孩子發脾氣」這個觀點再次激化了自己的情緒。這時候的我們不但在生孩子的氣，還在生自己的氣。生完氣之後又會開始後悔和內疚，進而引發氣餒和挫敗。

每當我們有情緒的時候，可以問問自己：我現在的情緒是什麼？是憤怒、委屈、無助、羞愧？引發這些情緒的事件是什麼？我曾經經歷過類似的感受嗎？當時的我是如何應對的？除了那些應對方式之外，我還有其他的選擇嗎？這樣的追根溯源能夠有助於我們覺察自己固有的情緒行為反應模式，並嘗試做出新的選擇和改變。

當我們有了覺察之後，當我們和自己的內在連結得更緊密之後，我們就會明白當情緒出現時，我們的內在發生了什麼，也可以決定要如何去處理自己的情緒。我們可以選擇合適的方式去釋放、去轉化，也可以做一個新的決定，放下或改變自己的觀點或期待，拓寬自己的視角，讓自己變得更加包容和開闊。這時候情緒就成了我們成長的一個動力，我們透過情緒覺察自己，讓自己成長。

困住你的是現實環境，還是內在的制約？

什麼叫限制性信念和束縛性規條呢？我先來講一個故事。據說有一群科學家用猴子做實驗，他們把五隻猴子關在一個大鐵籠裡，鐵籠上方掛著一串香蕉，如果有猴子觸動香蕉的話，整個籠子就會噴冰水，把所有猴子都淋濕。當這五隻猴子被放進籠子之後，牠們當然不知道這個機關，於是就紛紛爬到籠子頂端去摘香蕉，可是每一次都被冰水淋成落湯雞。次數足夠多之後，這些猴子們找出規律了，知道碰了香蕉會倒楣，於是就達成共識，所有猴子都老老實實在籠子下面待著，誰也不敢去摘香蕉了。科學家們把這個現象定義為「社會規則的產生」。

接下來，科學家從籠子中放出一隻猴子，然後選了另一隻新猴子放了進去。新猴子不知道機關的事，看到香蕉當然就立刻想去摘。可是其餘四隻老猴子知道如果新猴子碰了香蕉，那所有猴子都要倒楣，於是牠們看到新猴子想去摘香蕉，就立刻一擁而上，把新猴子壓在地上打一頓。新猴子莫名其妙挨了一頓打，也不知道是怎麼回事，就老實了一陣子，但很快又想去摘香蕉，於是又挨了一頓打。

時間長了之後，新猴子明白了，不能去摘香蕉，否則就會挨打，於是新猴子也學會老猴子們的規則，所有猴子都不去摘香蕉了，大家相安無事。這時候，科學家們又用一隻新猴子，替換了四隻老猴子中的一隻。這第二隻新猴子重複了第一隻新猴子的行為，牠也想去摘香蕉。老猴子們當然不能允許，於是又把這隻新猴子打了一頓，其中以第一隻新猴子下手打得最狠。這大概就叫「媳婦熬成婆」吧。

很快，第二隻新猴子也學會了遵守規則，不去碰那串香蕉。於是科學家們又繼續用一隻一隻的新猴子替換老猴子，直到五隻老猴子全部被新猴子代替。這時就出現了很有趣的現象，這五隻新猴子誰也不知道觸碰香蕉會有什麼後果，因為牠們都沒有被噴過冰水，可是牠們誰也不敢去碰那串香蕉，香蕉成了所有猴子的禁忌。這時候科學家們當著猴子的面把機關拆除，綁上了一串普通的香蕉，可是猴子們依舊不敢去觸碰，還是老老實實待在籠子下方。科學家們把這個現象稱之為「社會道德束縛的產生」。

聽著很有趣對吧，我為了查詢真偽，特意去翻閱一些文獻資料，發現這個故事並不是一個真實的科學實驗，而是一個寓言，後面還有一些延伸，猴群們不同的行為分別對應著階級的產生、權力的濫用、底層的反抗以及道德的淪喪等等。我當時讀到的時候覺得非常有趣，但這個寓言並非毫無根據，它來源於史蒂芬森在一九六七年針對恒河猴的一項行為學研究。

在這個實驗中，相同性別、相同年齡的猴子被兩兩關在一起。在牠們身邊有一個裝置，若是觸發則會受到懲罰。配對的兩隻猴子當中，其中一隻受過訓練，知道這個裝置的作用，而另外一隻未受過訓練的卻不知道。實驗者觀察到：受過訓練的猴子會在牠的「室友」靠近裝置時，伸手將牠拉開；或是露出威脅的表情，同時身體擺出害怕的姿態。而有過上述經歷之後，那些未受訓練的猴子在單獨與裝置關在一起時，和沒有配對經歷的普通猴子相比，觸發裝置的次數大大減少了。

史蒂芬森的這個實驗原本的目的是研究在靈長類動物中，後天學會的行為是如何在交流中被傳遞的。這是動物行為學領域的一個基礎課題，並不是拿來作為對種群甚至對人性的研究。但這個實驗，還有之前那個寓言故事，都從某個角度具體地說明了我們在社會生活中的束縛性規條和限制性信念是怎樣產生的。未經思考而被注入、內化的觀念，就是規條。很多事情我們誰也不知道真相究竟是如何，卻不假思索地一代一代把這些規條繼承了下來，甚至奉為天條。

回看之前的年代，會覺得當時有很多愚昧的觀念，現在的我們雖然已經接受很多科學普及和先進教育，但依舊被一些觀念束縛著。這些觀念會導致我們產生不同的行為和感受。

這個世界上並不存在著唯一正確的價值觀，每個人的價值觀都不一樣，這很正常。但如果固守某個觀念，認為其絕對正確，不肯變通，甚至家人都應該和自己統一，達成一致，這樣的價值觀就會變成我們的限制性信念。而我們從小就被植入的、深信不疑的價值觀，就成為了我們的規條。這些規條有可能是父母規定的，原生家庭中帶出來的；有可能是老師、學校、朋友帶來的；也有可能是我們自己在社會生活經驗中總結出來的。這些規條每時每刻都在塑造著我們的行為和生活方式，變成了我們的應對策略。

有一些價值觀是在社會和人際交往中形成的公序良俗，它會幫助我們生活，協調人際關係和社會行為規範。但還有一部分信念會「過度保護」我們，限制我們思維活動的範圍，以某種固定模式束縛著我們的認知。我們的頭腦就像被一個固定的框框套住了一樣，並且從來不知道這個框的存在，不知道框還有外面，不知道外面是更廣闊的世界。

這些信念就是限制性信念，藏在我們的潛意識中，指揮我們的思想和行為。這些規條可能已經不再適合現在的生活了，但我們依舊不假思索地繼承下來並堅守著。於是就會限制我們的思維，妨礙我們的生活，給我們造成很多家庭關係方面的問題。這時候我們就要審視自己的價值觀，審視自己的規條，看看自己是否被限制性信念束縛住了。

我們每個人都從原生家庭中帶來了很多規條和信念，在沒有覺察之前，這些信念就在潛意識層面影響著我們的行為模式。有些規條給我們帶來好的影響，而另一些規條可能已經不適合了但我們仍在堅持。因此當規條和生活發生衝突的時候，我們就會覺得掙扎，難以抉擇。這也是為什麼家庭成員之間似乎總是有觀念分歧，衝突不斷。審視自己的限制性規條和信念，換一個角度去看問題，人生會有更多的可能性。

我們拿浪費來舉例子，這是生活中非常常見的一個現象。我們總是教育孩子要節約，不能浪費。那麼什麼叫浪費呢？我相信我們的父母輩和我們這一代之間對於浪費的標準一定不一樣。勤儉節約，不能浪費，這其實是一個價值觀。在我們父母輩成長的年代，他們經歷了戰亂、饑荒和各種艱難事件。在那個年代，資源極度匱乏，物資總量就非常少，這使得很多人即便是有能力，勤勞肯幹，也得不到豐富的金錢和舒適的生活。因此在那個年代裡，勤儉節約幾乎就是必須的。很多老一輩的人，在這一點上做得非常好，可以說是已經深入骨髓。即便是現在的生活已經得到了極大的改善，但他們依舊保有當年的行為和觀念。

但現在我們的生活可以說是物資極為豐富，大部分人都可以憑藉自己的能力，擴大經濟來源，創造更為舒適的生活。光靠節省是發不了財的，富足的生活絕對不是節省出來的，而是不斷進取創造出來的。

老一輩的不浪費是一樣東西用壞了就修修補補，直到完全不能用了才換新的，吃東西要吃到一點都不剩，這樣才叫做不浪費。但如果現在我們依舊穿著打補丁的衣服，頓頓吃剩菜，這明顯不符合我們的實際生活，不但不能形成好的品質，反而會影響我們的精神狀態。我們完全可以在條件允許的情況下，享受舒適豐富的生活。因此，現在我們所謂的不浪費，更多的是指物盡其用。如果我們沒有轉換這個思維角度，就會出現很多分歧、矛盾，家人之間的相處也會不太融洽。

我的兩個孩子小的時候，我媽很喜歡帶他們去商場裡的兒童樂園玩，那裡有兒童手工區，擺著很多太空沙可以做各種造型，還有五顏六色的超輕黏土供孩子們玩。收費是一百多塊一個人，我家兩個孩子，就是兩百多玩一次。當時兩個孩子年齡很小，待不了一會兒就要出來，不想玩了。於是兩百塊就沒了，下次再去又是兩百。

這樣花錢我覺得不划算，同時也擔心商場的超輕黏土總是重複使用，會不乾淨，於是就自己在家裡帶著他們把各種蔬菜打成汁，黃色綠色紅色紫色的都有，再揉一些麵粉，和蔬菜汁揉在一起，變成麵團版黏土，再配上一些模具，做出各種造型，這樣也可以達到讓孩子們玩耍的目的。但這個行為就挑戰到了我媽的一個規條——我們居然浪費糧食。確實，我們把麵粉撒了一桌子，蔬菜打成汁了肯定也不能再要了，還弄得廚房裡花裡胡哨的。於是我媽不能接受，就開始不斷碎念我們浪費。

但如果我們換一個角度思考，麵粉和蔬菜作為原材料，玩一次肯定要不了兩百塊錢吧，在家裡自己製作原材料和孩子一起玩，和每次花兩百元到商場裡玩十幾二十分鐘，這兩種哪個才是真正的浪費呢？這就是規條對於我們思維的限制。如果我們不審視自己的價值觀內含的各種規條，就很有可能既花了錢，又沒能讓孩子明白，還和家人鬧分歧。不但沒起到教育作用，反而是南轅北轍。

對於年齡小的孩子，與其給他買很多所謂的益智玩具，倒不如就給他生活中的物品讓他去感受去體驗。葉兒一歲多的時候，對家裡的牙籤筒產生了很大的興趣，於是我就把牙籤的尖頭去掉，他就自己拿著一根一根地插進牙籤筒的小洞洞裡，一玩就是半個多小時，攔都攔不住。那時候他還喜歡研究家裡的衛生紙，一張一張抽出來，揉成各種形狀，再展開，嘗試疊回去。其實市面上有販售類似的益智玩具賣，把各種形狀的積木通過洞洞扔進盒子裡，美其名為鍛鍊孩子的手眼協調，價格還不便宜。可是家人寧願買這樣的玩具給孩子，也不願意看他擺弄牙籤和衛生紙，因為他們認為這是浪費。

所以你看，限制性信念就是這樣在不知不覺中運作的。其實節約這種事情，還真不是靠講道理就能教會的。它是我們平時在整個生活中所滲透的價值觀帶給孩子的。對於孩子來說，他看到的只是他的工具材料，完全不會把這件事情和是否浪費聯繫在一起。我們苦口婆心地跟他解釋要勤儉節約，他也無法理解。想讓孩子珍惜不浪費，我們可以帶著他們一起收拾整理，並享受勞作的過程和樂趣，而不是禁止他們探索和創造。共同努力創造豐盛，才會讓孩子們感受到生活的美好。

我每週都會花一百塊左右給自己買一束鮮花，回家插好，擺在客廳和臥室。每週花一百塊買一束花放在家裡，算不算浪費？在父母眼裡絕對算。我媽會花幾十塊錢買一束塑膠花，然後很得意地告訴我，這花擺十年都不會壞。可是每週一束不同的鮮花，給我帶來的是生活的色彩，生命的蓬勃，和一整週愉悅的心情。對我來說，這就叫物盡其用、物有所值。

我的一個學員說了一個很有趣的現象。她的父母特別節約，捨不得用水，洗臉洗米剩下的水都要存著沖廁所，更不允許孩子在洗澡的時候泡在浴盆裡玩玩具，因為這都是浪費。但當她帶全家出去旅遊的時候，二老住進飯店裡後，就像水不要錢一樣，洗澡洗衣嘩嘩地流，孩子在淋浴間玩一個小時他們也不管，彷彿要把花出去的房費全都用回來一樣。他們這樣的行為究竟是節約還是浪費呢？而孩子又會怎麼理解這樣的行為呢？

我舉的這些例子，不是要去指責我們的父母。我們可以從歷史的角度去理解父母這樣的觀念形成的原因，他們經歷過物資匱乏的時代，所以對吃飽穿暖、生活用度方面確實會有執念。這部分被帶到我們的成長過程中，或多或少進入了我們的潛意識，成為我們的規條。

觀念靈活起來的時候是一個很好的資源，有助於形成我們優秀的品質，但是一旦絕對化成為了規條，就會對我們的生活造成阻礙。如果我持有「人不能浪費」這個規條，我可能會在已經吃飽的時候強迫自己吃下沒有吃完的東西，結果把自己撐壞了。或者要求全家不能剩飯剩菜，上一頓沒吃完的下一頓接著吃，完全不管剩飯剩菜會產生多少細菌和亞硝酸鹽。這些行為原本都是為了不浪費，結果卻傷害了自己的身體。

限制性信念最大的誤解，就在於我們經常把它當成真理和事實。我們從小學會的經驗告訴我們，世界就是這樣運轉的，事情就應該如此，只有這樣才是正確的，才能活得更好。於是我們接受了這樣的觀念，並堅信不疑。可是隨著時代的發展，社會已經改變了，我們長大後脫離了原來的生活環境，我們舊有的觀點並不一定適合新的社會、新的環境，於是就會出現各種衝突和煩惱。

我們現在的年代和我們的父母輩是完全不同的，我們的孩子將來所面對的社會，和我們現在的年代又是完全不同的。如果我們固守自己的規條，就會自然而然地堅信事情應該按照自己的方式來，所以光自己堅持是不夠的，周圍的人也應該和我們一樣。於是我們就會強迫他人，當他人不按照我們的規條來的時候，我們會很受傷、很生氣，覺得別人有問題。

可是，一個人用什麼角度來看待這個世界，是由這個人過往的全部經歷決定的。如果這個人和我們的年齡不同、性別不同、出生年代不同、成長環境不同、教育背景不同、經歷的事情不同，那他和我們的觀點不同就是很正常的。可是我們難以接受他人和自己的觀點不一致，當他人不同意我們的觀點，或者不按我們的規條生活的時候，我們就無法接受，想要去說服和改變對方，於是就引發了各種衝突矛盾和彼此之間的不理解。

有一個故事大家肯定都聽過，講的是馬戲團的一隻小象，被繩子綁住腳拴在木樁上。小象力氣不夠，怎麼掙扎都掙脫不出來。慢慢地，小象放棄了，不再掙扎。後來，小象長成了大象，身形龐大，力氣驚人，可它依舊被這根細細的繩索拴在木樁上，已經忘記了要去掙脫。此時綁住它的究竟是腳上那一條有形的繩索，還是在牠小時候就已經深入內心的無助痛苦的繩索呢？

我們在成長過程中形成了很多限制性信念，但我們已經不像小時候那樣無助了，我們現在的能力也比之前的自己強大很多。**當我們在外界環境與現實中碰到限制與束縛的時候，可以往自己的內在去看看，困住我們的究竟是外界的現實環境，還是我們自己內在的制約？**

如果我們讓信念靈活起來，不再是限制性的，而是創造性的，結果就會完全不同。

我們要不斷審視和覺察自己的信念和規條，從而選擇不被這樣的規條所束縛。淘汰掉一些已經不適合的觀念，才能保持發展，否則就會被困住，引發各種衝突。這個世界上的每一個人都不同，也不存在觀念完全相同的兩個人。他人與我們不同，並不是讓我們來否定自己或否定對方。每個人都有權按照自己的方式去生活，你不欠別人一個道理，別人也不欠你一個心悅誠服。**信念是可以為我們服務的，而不是來束縛我們的。經常審視自己的頭腦，覺察限制性信念，才能讓我們擺脫思維偏狹，人生更加廣闊。**

這世上沒有完全一樣的兩片樹葉，但並不影響許多葉子長在同一棵樹上。

打破自我設限，人生無限可能

很多人在自己小時候被父母粗暴對待的時候，就會在心裡暗暗下定決心，等自己將來有孩子了，一定不會這樣對他。可是等自己真的有了孩子之後，卻發現自己身上有著父母的影子。明明不希望自己變成他們那樣，卻在不知不覺中用同樣的方式對待自己的孩子。其中一個原因是，在我們小時候，在我們有獨立思考能力和意識之前，就已經被植入了很多條條框框，這些規條和道理，慢慢成為了我們大腦後臺會自動運行的程式。如果我們意識不到，就會在它們的控制下自動化地思考和生活。

曾經有一位學員跟我分享，她以前從沒有意識到自己總是不知不覺地破壞家裡的氣氛。例如孩子考了九十八分，本來挺高興的，她就會說：「有什麼驕傲的？你怎麼不看看別人考一百分呢？再說了，你這才二年級，不努力的話很多人到了三年級之後就不行了。」全家一起出去玩的時候，孩子看到大海、藍天特別興奮，正在歡呼雀躍，這時候她又說：「好好玩啊，回去寫作文就有內容了。」聽她這麼一講，孩子瞬間洩氣，哪還能好好玩啊。

有一次，她孩子花了好幾天的時間拼好一個特別複雜的樂高模型，成就感爆表，高興得在客廳裡手舞足蹈。媽媽看到後其實也很開心，覺得挺欣慰的，但她說出來的卻是：「你呀，要是把這個力氣用在學習上就好了。」這孩子一聽立刻就不跳了，轉過身對他媽媽說：「媽媽，你是不是見不得我高興？」

這句話問得有點狠啊，當時這位媽媽也愣了一下，於是開始覺察自己的內在信念。她發現自己有一個很隱蔽的信念，就是人不能太高興，得收著一點，否則就會得意忘形，就會樂極生悲。這個信念導致她總是在無意識之間破壞家裡的氣氛，影響了家人的心情自己卻不知道。接著她又開始探索尋找這個信念是怎麼形成的。

她想起在她小的時候，如果有什麼開心的事，她媽媽一定會給她當頭潑一盆冷水。從小到大，逢年過節或者家人生日，她媽媽總會弄點事出來和爸爸吵架，或者打罵孩子，然後就哭訴：「我為了這個家付出了這麼多，辛辛苦苦連過年都不能休息，你們這些不知感恩的混蛋還這麼對我，我真是命苦啊！」這導致她一度很討厭過年過節，因為每次都是別人家熱熱鬧鬧開開心心，她家冷清蕭條、哭叫打鬧，原本應該高興的日子變得非常壓抑。而平時的她也不能開心，因為她媽媽只要一看到她開心就會開始訴苦、抱怨，弄得她十分鬱悶。慢慢地她也不敢開心了。這些重複的經歷在潛意識裡不斷加深這個印象，就是別太高興，高興就要倒楣。於是慢慢地，這個從原生家庭就開始植入的腳本，在她長大成人、有了自己的孩子之後，仍舊在運轉，成了她的桎梏。

這也讓我想起了我小時候的一個經歷。我上小學時有一次做夢，夢到一隻狗衝著我叫。我們家裡有那種老黃曆，我閒著沒事就去查，上面說夢到狗叫預示著會遇到倒楣的事。我不信，就跟我媽說了這件事。誰知沒過幾分鐘，我就因為沒收拾好衣服被我媽打了一頓。我頓時覺得這個夢好靈啊，於是後來我每次夢到狗都會很擔心，醒來就說，哎呀我今天又夢到狗了，估計又要遇到不好的事情了。結果就真的很靈，每次夢到狗之後，不是被我媽打就是我媽和我爸吵架，反正總是很倒楣。

前幾年有一次我回家，和家人聊天時無意中說起了這件事。我本來想說這個夢真準，結果我媽一臉得意地說：「還不是我為了你好，怕你在外面遇到不好的事情，所以在家裡先打你一頓，你在家倒楣完了出去就沒事了。」看著她一副「多虧是我犧牲付出了這麼多才保佑你沒事，你怎麼還不領情」的樣子，我忽然覺得哭笑不得，這簡直就是「自我實現」的預言，總共這麼多次我都白挨打了。面對這樣的神邏輯我都不知道該怎麼解釋，而這也直接導致了我這麼多年以來只要夢到貓貓狗狗就會很擔心，一整天都戰戰兢兢。

這就是我們相信的東西，而我們會用自己的實際行動去證明，自己相信的就是正確的。我們根據自己內心所相信的劇本，創造了自己的命運。這也就印證了之前我們所講的，觀點和信念是如何影響並左右我們的行為的。如果沒有這些限制性信念，沒有這些劇情，前面所說的那位媽媽就可以和孩子一起享受當下的開心，而我媽也不必因此損傷那麼多家人原本和睦的關係了。

怎樣可以確保一個人不越獄呢？就是讓他根本不知道自己在監獄裡。我們頭腦中的很多限制性信念就是思想的牢籠，而我們完全意識不到，這才是值得警惕的地方。我們從小被植入的限制性信念不一定都是原生家庭帶來的，還有很多是學校、社會都在講的，甚至是約定俗成的規條。大家一定聽過這樣的觀念：「男生理科好，女生文科好，女生到高中就不行了，男生後勁足。」「不能輕易滿足孩子，不然他就不知道珍惜了。」「人要靠自己，不要給別人添麻煩」等等。

這些限制性信念還有可能發展為自我的設限，例如認為別人都比自己強，自己做什麼都做不好；想應徵一個職缺，就會想其他也來應徵的人肯定都有後臺，哪能輪得到我等等。這些信念都在某些方面限制了我們的思維和行動。哪怕是「人要靠自己，不要給別人添麻煩」這種看起來獨立自強的觀點，也可能演變為不敢對外求助，萬事咬牙自己扛。獨立當然沒有問題，但如果我們在保有自己能力的同時，也能隨著情境的不同而變通，學會借助他人或團隊的力量，也許又會有一種新的廣闊前景。

很多時候我們把自己困在限制性信念裡，是因為這些信念被打破之後會有一個恐懼。例如第一位媽媽，她恐懼的是她小時候的經歷所形成的印象，就是開心之後就會有倒楣的事情發生。而我媽媽恐懼的是我在外面遇到不好的事情。同樣，我們不願滿足孩子，是因為擔心孩子會被慣壞；我們逼迫孩子學習，是因為害怕他考不上好學校，就無法擁有一個好人生。這些觀念其實並不可怕，可怕的是我們對它深信不疑。

我們意識不到所有的規條都只是一個想法，它不一定是事實，可是我們還是堅信不疑。哪怕我們為此不斷內耗、經受各種煎熬，哪怕我們知道很多現實經驗都能推翻這種觀念，但我們還是堅信不疑，不惜為此而焦慮、抑鬱、憤怒、沮喪。**痛苦有多強，正說明我們的信念有多堅定，而堅信不疑的背後往往是深深的恐懼。**

當我們覺察到自己的焦慮時，反觀一下自己的內心，看看我們究竟在擔心什麼，在恐懼什麼？同時問問自己，我的想法是絕對正確的嗎？孩子必須按照我的價值觀來生活嗎？我所擔心的事是一定會發生的嗎？多思考這三個問題，你會發現，很多時候都是我們自己內心的恐懼在作祟，而和孩子沒有關係。

孩子將來要面對的是二三十年之後的社會，我們並不知道那時候的社會會是什麼樣子。整個社會的發展速度會越來越快，如果用我們過去的經驗捆綁孩子，還期待他在未來的社會裡出類拔萃，這顯然是不現實的。**如果想讓孩子在將來的社會裡過得更好，那現在就要讓他有自己的思考，過自己的生活，而不是延續走我們的老路。**要知道，三十年之後我們都六十歲了，讓孩子按照六十年前的生活方式去面對他們的世界，就好比拿著一張古代的地圖在現代都市裡找路。不是地圖有錯，它只是不適合已經變化的時代了。所以，很多時候我們要想一想，自己真的知道什麼是對孩子好嗎？自己真的能夠看到整體嗎？

我們無法用自己頭腦中的模型來設計、打造孩子的人生，但這也正是陪伴一個生命成長的魅力所在。我們無法控制孩子將來會成為什麼樣的人，過上什麼樣的生活，因為他們的未來有無限可能。當我們打破自我設限的束縛，跳出頭腦中的框架時，我們才能和孩子一起擁抱雖然未知但卻令人憧憬的未來，創造充滿生命力和無限可能的人生。

保持覺知，避免隱性的溝通偏離

在我們小時候，我們學會了父母的溝通模式，學會了各種防禦機制，我們透過這樣的方式保護自己。然而當我們長大後，需要和他人進行溝通交流的時候，這些不良的溝通模式就有可能破壞我們彼此之間的關係。我們的溝通模式很容易引發對方的防禦，而對方的回應方式又有可能在我們這邊產生負面影響，於是就導致了溝通不順暢。

溝通是促進雙方進行實質上的接觸，但在溝通的每一個環節都有可能導致雙方接觸中斷，很多溝通不暢也因此而產生。如果雙方沒有實質接觸上，儘管兩邊可能都在說話，而且還說得不亦樂乎，但並沒有形成真正的溝通。溝通不暢也許不是因為溝通的語言出現了問題，而是在我們開口說話之前，就已經被內心各個環節的偏離帶走了。

心理學博士葉斌曾經講過一個夫妻吵架的例子。妻子做好晚飯後，丈夫拿起筷子一嚐，說：「嗯？這菜怎麼這麼鹹？」

妻子一聽不開心了，回了一句：「有得吃就不錯了。」

丈夫一聽也有情緒了，說：「你什麼意思？我辛辛苦苦工作了一天，回到家連口飯都吃不上了？」

妻子聽了後就炸了：「就你辛辛苦苦工作一天？我不辛苦？你知道我一天到晚要做多少事嗎？接孩子、送孩子、買菜、做飯、掃地、拖地、洗衣服、收拾家裡、陪孩子、給你父母打電話……有本事你就在家帶一天孩子試試啊？居然還敢嫌我做菜不好吃，我做得不好吃那你來啊！」

丈夫也惱火起來：「你有完沒完，一天到晚就知道囉囉唆唆，雞毛蒜皮的小事不知道要唸多少遍。」

妻子更委屈了：「你居然吼我，你居然用這種態度對待我？」

丈夫莫名其妙：「我怎麼就吼你了？說你兩句叫吼你？」

妻子大哭起來：「你還說你沒吼？從結婚開始你就這樣，你每次都這樣，我為這個家付出了多少啊，你現在居然這樣對我，你這個王八蛋！」

丈夫憤怒地把筷子一摔：「你真是不可理喻！」

這個場景不知道大家是否熟悉，這個對話會如何繼續下去，相信大家都能夠腦補。我曾經做過數十對夫妻和父母子女吵架的觀察，這種溝通模式特別常見，非常典型。也許這種模式也在我們每天的日常生活中不斷上演。這就是非常典型的溝通偏離。

首先，丈夫說：「嗯？這菜怎麼這麼鹹？」這是丈夫發表了一個自己的感覺，他感到菜鹹了。這時妻子因為這句話產生了投射，她認為丈夫是在指責自己。為什麼會產生投射？有可能是妻子小時候她父母就是這樣爭吵的，這一句話就能勾起兒時的感覺。也可能是因為妻子內心有自己付出太多的委屈，覺得不做事的人沒資格挑三揀四。還有可能是對自己有個隱隱的要求，認為合格的妻子應該賢慧，要照顧好全家，做個賢內助，讓家人滿意。

而丈夫的話語讓她覺得自己被否定了。在這樣的信念之下，妻子認為這句話是在指責自己。因為菜沒做好，等於我沒做好；我這件事沒做好，等於我這個人不好。於是妻子反擊說：「有得吃就不錯了。」這句話已經中斷了接觸，開始出現偏離。而丈夫沒有覺察到這個偏離，反而感到妻子在抱怨，於是就沿著這個偏離的方向繼續下去，說：「你什麼意思？我辛辛苦苦工作了一天，回到家連口飯都吃不上了？」

聽了這句話，妻子認為丈夫只強調自己辛苦，忽視了她的付出，覺得很不公平，於是開始羅列自己的辛勞。這是再一次的偏離。而導致再次偏離的原因可能是長期以來被壓抑的感受，覺得委屈、不被理解、沮喪、挫敗等等。

接下來丈夫被帶得又偏離了一步，開始直接指責妻子的抱怨。繼而妻子嫌丈夫嗓門大，說丈夫吼她。這是非常典型的偏離，你跟我說事情，我跟你談態度；事情不管誰對誰錯，反正你態度不好。

大家可以看到整個對話，夫妻兩個人每一句都偏離一點，於是就離溝通目標越來越遠了。這件事本來的溝通目標是什麼？不就是想解決一下這個菜為什麼這麼鹹嘛。

有的時候我們去觀察夫妻或者父母子女吵架，要不了三分鐘，你就根本不知道他們是因為什麼原因而吵，大家都已經離題萬里，但每個人都想證明對方是錯的。可事情一旦進入到爭對錯的階段，事件本身就不重要了，重要的是誰會贏。

那麼我們來看一下，如果不偏離，這個對話會怎樣進行。首先，丈夫說：「嗯？這菜怎麼這麼鹹？」他發表了一個自己的感覺，就是菜鹹了。如果妻子不偏離，沒有任何投射，只聚焦在同一件事情上，那她可能會回答：「啊？是嗎？我嚐嚐。」一嚐，可能真的鹹了。

這時候妻子沒有投射，不認為菜沒做好等於自己不好，也就不會指責自己，不會防禦。她可能會說：「奇怪，我是按平時正常的量放的鹽啊。」這時候忽然想起來：「啊，對了，我新買了另一種鹽，和之前一直用的不是同個牌子，可能這種鹽的鹹度要大一些。那我下次少放點。」這時的丈夫，也沒有自己的偏離，不會說什麼類似「菜都做不好，你怎麼當老婆的」這樣的話。這樣的溝通才是雙方在事件上直接接觸的。

這個對話是妻子在覺知狀態，摒棄了投射、限制性信念等因素可能造成的影響，讓對話保持接觸而不是偏離。那麼如果妻子已經出現偏離，而丈夫保持覺知狀態，同樣也是可以將對話拉回來的。

例如丈夫說：「嗯？這菜怎麼這麼鹹？」妻子說：「有得吃就不錯了。」這時候妻子因為投射已經發生了偏離。丈夫意識到之後，可以這樣表達：「你可能誤會我是在指責你，我沒有這個意思，只是覺得菜好像真的有點鹹，不知道是不是因為炒法不同。要不你先嚐嚐，看是不是我的味覺出現了問題。」這時候妻子就能從投射中走出來，回到偏離前的對話上：「啊，是嗎？那我嚐嚐。」妻子一嚐，好像確實有點鹹，於是想起換了鹽這回事。這樣就又重新回到之前的溝通上了。因此，無論是妻子還是丈夫，只要有一方保持覺知，就能減少偏離，讓溝通回到原有軌道上來。我們是要解決問題，而不是追究責任。

曾經有一位學員分享：「我想說，請別離開我。結果我說，你總是這樣不可靠，你說一套做一套。你根本沒有責任心，你只想著你自己。你答應的事從來都做不到，你臭襪子亂丟，你不做家務，你只知道盯著手機打遊戲。你每天都這麼晚回來，你從來不管孩子。你不考慮我的感受，你就是這麼自私。我說了一百個字，可我明明只想說五個字，請別離開我。」

真的是很有意思的回饋。生活中有多少次我們只是想表達我愛你，我需要你，我希望你多陪陪我，我想和你在一起……但我們說出來的卻是指責、抱怨、批評，結果反而將對方越推越遠。**如果能覺察自己的偏離，就可以回到初心，表達自己真正想要表達的。**

由此可以看出，在溝通中保持覺知很重要。否則一旦一方開始偏離，另一方很容易就跟著偏了過去，於是越偏越遠。在整個對話中，更有覺知的一方會主導對話進行的方向。事情發生的時候，我們往往滿腦子都是情緒、評判，而當我們開始覺察，就能連接自己的內在，辨識出自己的內在發生了什麼。這是有意識的觀察和思考的過程，也是心智化的重要部分。

改變的第一要務是覺察，是看見。在我們沒有覺察的時候，往往會自動化地開始舊有的行為模式。而覺察之後，我們就可以看到更多不同的可能性，不會再像過去那樣被自動化的反應所控制。當我們覺察到自己又陷入舊有模式的時候，我們就可以做出選擇，是要繼續舊模式，還是嘗試做出新的應對和改變。

覺察帶來選擇的可能性，選擇帶來改變的可能性。而一個有選擇的人，就是一個自由的人。為了這份自由，為了不被舊有模式所控制，我相信，為此做出改變雖然很艱難，但這是值得的。當覺察的速度快過自動化反應時，我們就可以掌控自己的行為了。換句話說，有覺察的人可以成為自己的主人。

抱怨生活很痛苦，可你真的想改變嗎？

A：老師，我覺得生活好痛苦，我想改變，我想成長！

我：好的，你可以尋求專業心理諮商師的幫助。

A：心理諮商好貴啊，而且每週一次，我堅持不下來。

我：嗯，那你可以參加自我成長的課程，透過學習改變自己。

A：上課要去外縣市，還一連好幾天，我沒那麼多時間呀。

我：那我推薦一些心理學書籍給你吧，你先看書，自己學習，能省很多錢和時間。

A：唉，老師您是不知道，我一看書就打瞌睡，看完什麼也記不住。我都這個年紀了，學習已經不行了。

我：看起來你有很多困擾啊，那我們梳理一下思路，重新開始吧。你第一句話是什麼來著？

A：老師，我覺得生活好痛苦，我想改變，我想成長！

我：不，你不想。再見。

這是我仿寫的一則對話，內容是虛構的，但很多人看了都忍俊不禁，覺得這場景很熟悉，因為生活中確實處處都有這種心態。

曾經有一位很久沒聯繫的朋友，忽然約我吃飯，說想聊一聊她的煩心事。整個吃飯的過程中，她一直在抱怨對生活的不滿，老公不給力，婆婆難相處，老大處在叛逆期不聽話，老二年齡太小事情多……

在傾聽了她大概兩個小時的抱怨，幫她緩解了部分情緒之後，我分享了一些調整改善方法供她參考。她聽完後，歎了口氣說：「但凡老公給力一點，我都不會這麼慘。但凡孩子聽話一點，我都不用這麼氣。我跟他們訴苦，可是他們也就是敷衍一下，根本不願意聽。你說的這些方法，在我家肯定行不通。」

我問：「你試過嗎？」她回答：「不用試，肯定沒用。」

我又問：「聽起來你對現在的生活有很多不滿，那你有做些什麼努力來改變現狀呢？」她回答：「我每天帶孩子都已經累得半死了，我還不夠努力嗎？我哪有那麼多時間！他們才是一群忘恩負義的傢伙！」

我沉默了，看起來她確實很努力，但並不是在努力改變生活，而是在努力重複一成不變的生活。她可能更需要的是宣洩情緒，而不是找到解決方法，因為她不打算嘗試任何改變。

情緒需要出口，這個沒有問題，但在尋求出口的同時，我們也要意識到我們需要對自我負責的部分。自我負責，是意識到自己對自己的生活有全然的選擇權，並為此承擔相應的結果。這是成年人的標誌。

做什麼不需要時間？抱怨也是要花時間的。你是開開心心地陪孩子，還是滿腹怨氣地陪孩子，都一樣是陪，一樣花時間。

有一次我在書店閒逛，隨手翻開一本日曆，上面一頁赫然寫著：「你現在的生活也許不是你想要的，但一定是你自找的。」我看了不由得啞然失笑，要不要這麼真實？

我們總是在抱怨自己不想要的生活，可以訴苦好幾個小時，簡直罄竹難書。可是卻很少靜下來想一想，我想要的生活是什麼樣的？設想一下，詳細描述出來，然後再問問自己，如果想過上這種生活，我能為此做些什麼努力和改變？

要注意這裡是我們自己能做些什麼，而不是讓老公、孩子為我做些什麼。讓別人改變是把決定權交到別人手上，如果他不改變，我就過不上自己想要的生活。而想清自己的計畫並行動，是對自己負責，不用依靠任何人，這才是真正改變的開始。

如果你不花時間創造自己想要的生活，你就不得不花更多的時間去應付自己不想要的生活。但這並不是最可怕的，**更可怕的是，如果你不按你想要的方式去生活，那麼遲早有一天，你會按你現在的生活方式去想。**

漸漸地，你可能真的會認為自己就是無能為力的。收入不高、工作不好、老公不給力、婆媳關係緊張……生活慢慢變得無望，這時候再回頭看到熊孩子，更是滿腔怒火。「都是因為你，我才落到今天這般田地！」

不是說不能抱怨，抱怨也有著積極的作用。抱怨有兩種。一種是情緒需要一個出口，這時候我們找朋友、找閨蜜，或者找心理諮商師，吐槽、傾訴。這樣的情緒清理，會讓我們釋放一些積壓已久的東西，緩解情緒，獲得心理支持，從而更清晰地看到自己面臨的問題，並思考如何去應對。這樣的抱怨和吐槽伴隨著思考和承擔，是健康的，每個人都需要。即便是來諮商的人中途放棄了，諮商師也絕不會指責他沒有擔當，因為他尋求心理諮商的這個行為，就已經是在盡力面對困境並尋求改變了。

還有一種抱怨，只是為了昭告天下我有多無辜多可憐，是別人不好，別人欠我的。你們能過上好日子是因為你們有條件，我沒辦法，我什麼也做不了。這樣的抱怨只是在一味地傾倒垃圾，沒有任何思考和改變。最終得出結論，我果然是最可憐的，生活就是這樣，沒法改變。然後回去繼續重複一成不變的生活，再去尋找別人繼續倒垃圾。

這是受害者心態，祥林嫂般的訴苦。很多時候我們誤以為傾訴就是「我有故事，你有酒嗎？」但實際上更多時候都是「我有垃圾，你有桶嗎？」我們自己不要做這樣抱怨的人，同時也要儘量遠離這樣的人。這種人就像黑洞一樣，他們把垃圾倒給了你，他們暫時輕鬆了，但會消耗你的能量，讓你感到低落和無助。

如果你發現身邊有一些人，到處尋求解決辦法，但無論你怎麼跟他說，他都會用「但是」、「可是」、「沒辦法」一類的字眼時，你就要知道，他並不是真的想改變，他只是想抱怨想吐槽，想證明自己已經仁至義盡，都是別人的責任。待在困境中，實際上滿足了他的某些心理需求，因此他並不想改變。如果你願意，就傾聽一下，幫他緩解情緒。如果不願意，那就躲遠一點，畢竟誰的時間都是寶貴的，沒人有義務一直充當垃圾桶。

生活沒有對錯，只有選擇。在艱難的時候，學會做選擇，並為此承擔結果，這是一種能力。做選擇是需要勇氣的，每一個選擇都有其代價。選擇無關是非對錯，只問這個當下，你想要的是什麼，並願意為此付出什麼樣的代價。帶著這份覺察去做選擇，並承擔結果，才是一個成年人成熟的態度，才能最終達到自己想要的目標。

人生沒有那麼多「不得不」，每一個「不得不」都是「我選擇」。

曾經有一個讀者寫信給作家連岳，抱怨了老公一堆的毛病，但又表示沒有任何辦法改變，也不打算離婚，問連岳該如何看待這段婚姻關係。連岳回覆了一段話：「如果一個女人（男人同理），常年不斷抱怨自己的老公，卻又不肯做任何改變，那就說明你只配得上這樣的男人。求仁得仁，有什麼好抱怨的。」

這話雖然不好聽，卻直接點出了成年人自我負責的意義。如果對婚姻有諸多不滿，我們可以做的選擇其實有很多。有的媽媽選擇去和老公溝通，坦承自己的感受和需求，表達自己的期待和渴望，和老公一起磨合，經營家庭。也有一些媽媽們，選擇先做好自己，透過自己的改變，影響和帶動家人，從而營造出良好的家庭氛圍。

還有一些媽媽們，頂住壓力和罵名，把老人送回家，不再允許他們攪和自己的生活，和老公兩人承擔起養育的責任，而原本什麼都不管的老公，反而在這樣的生活中學會了擔當。另外，也有的媽媽在做了各種改變和努力之後，發現這段婚姻關係真的已經不適合自己了，就帶著勇氣和力量，負責任地結束這一段親密關係，勇敢地去面對新生活、新挑戰。

再或者，看到自己暫時沒能力離開，也許經濟不獨立，也許精神不獨立，那就降低期待，接受目前暫時的狀態，同時提升自己的能力，積蓄力量，為今後能有更多選擇做準備。

這些都是我們可以做的，而不是一直躺在受害者的位置上，一邊抱怨自己遇人不淑，另一半有多渣，父母有多不給力，一邊卻又不做任何改變。

不如就乾脆坦承，我現在沒有經濟能力養活自己，所以暫時不能離開。或者我就是不能接受別人的眼光、他人的評判，所以我忍著不離。即便就是最高尚的理由：「為了孩子能有完整的家，我才不離的」，也請看到，這背後並不是真的為了孩子，畢竟不幸的家庭對孩子的影響可能更大。

「為了孩子不離婚」的潛臺詞是：「我擔心離婚會對孩子有不好的影響，因為我沒能給他一個完整的家，這讓我覺得自己不是一個好媽媽。我不能接受自己不是一個好媽媽，所以才堅決不離。如果不離婚，即便這樣的生活對孩子也有不好的影響，但至少不是我造成的。」

這世上從來沒有「我這樣都是為了你」，所有的「為了你好」，實際上都是為了自己。只有承認這一切，勇敢地承擔起自己的責任，才有勇氣去面對和改變。

阿米爾・汗的電影《隱藏的大明星》剛一上映就引起極大迴響，很多人的關注點都在小女孩茵希雅和慧眼識珠的音樂人身上，但劇中茵希雅的母親也格外令人讚歎。茵希雅的母親是一個連字都不認識的文盲，因為印度的女性地位極低，甚至連最基本的人權都沒有。她自小被包辦婚姻來到這個家庭，面對丈夫的毆打和辱罵，面對被趕出去就會餓死的處境，依舊盡自己最大的能力給了女兒愛和希望，在淒苦的生活中不斷找到樂趣，用樂觀和微笑給孩子們的內心刷上陽光的底色。

錢鍾書的夫人楊絳，曾被剃去半邊頭髮，她就用女兒剪下的舊髮編了一頂假髮戴。被罰掃廁所，她就把廁所打掃得如同自家客廳一樣乾淨，並利用空閒在裡面讀書。每週被安排繁重的工作，她一定會在週六之前完成，因為週日她要休息，去旁邊的林地摘花回家插好。

她們有充分的理由抱怨生活不易，工作辛苦，命運不濟，但她們卻沒有放任自己隨波逐流，而是完全擔負起對自己生活狀態的選擇和承擔。這才是一個成年人的態度。我們現在已經比她們有了更多選擇的條件，能更好地創造自己想要的生活，不要辜負自己的人生。

我在剛生完兩個孩子之後，也曾經跌落到谷底，嘗盡了孤立無援的滋味。那曾經狼狽的日子，看到很多媽媽們的留言，太多太多的不容易，太多太多的感同身受。同時我也看到了絕大多數媽媽們即便有再多的不易，也依舊在努力調整自己的生活，讓我打心裡由衷地敬佩。所以我向來不願用犀利的言辭對待媽媽們，甚至稍重的語氣都不願意，因為她們需要的是自我關愛和疼惜，需要的是支援和撫慰。

為了降低媽媽們的焦慮，我寫了很多文章安撫她們的心。但同時，我也希望每個人在相互取暖、尋求撫慰之後，都能帶著決心和毅力，去面對生活，去思考、去追求、去創造。

我在十幾歲時曾經生過一場很嚴重的病，多次的手術和長達八年的荷爾蒙治療讓我的身體受到嚴重的創傷，至今我也不知道什麼時候會再次復發。我也曾無助地抱怨命運不公，但當這些年我開始接觸兒童臨終關懷時，我看到那麼多有足夠理由抱怨的孩子們，都那麼努力地活著，我所能感受到的，全都是滿滿的生命力。**也許正因為人生的不可預測，才更加要追尋自己想要的生活，不要辜負此生。**

還是那句話：當一個人真正下定決心要做一件事的時候，是沒有什麼可以阻擋的，只是這個決心，沒有人能幫你下。這確實很不容易，但也正是因為如此艱難，成長才變得更有意義，跨越之後帶來的會是熱淚盈眶的欣喜。

生活很痛苦，我真的想改變

上一篇文章提了一個扎心的問題：抱怨生活很痛苦，可你真的想改變嗎？這一篇我們就來具體說一說，當我們面對生活困境的時候，下定決心想要改變，可以從何做起。

心理學裡有一種現象叫「強迫性重複」，說的是我們很容易在不知不覺中，重複某一類型的經歷。強迫性重複可以理解為一個人小時候形成的關係模式的不斷複製，比如重複糟糕的關係，重複不幸的經歷等等。可是為什麼我們明明知道這樣的生活很痛苦，卻又難以做出改變呢？

那是因為，這樣的生活雖然很痛苦，但這種痛苦是我們所熟悉的，是一種確定的痛苦。可一旦我們改變現在的生活，比如結束一段關係，或者堅決拒絕某件事情，這些改變會帶來強烈的不確定性，誰也不知道改變之後帶來的結果究竟是好是壞，難度有多大。而這種不確定性帶來的恐慌，比糟糕的生活更讓人難受。

做出改變是需要勇氣的，它需要我們去面對強烈的不確定性。在改變之前，要有作為一個成年人的心態，意識到我們對自己的生活有全然的選擇權，並為自己的選擇負責。當我們不再以受害者心態看待問題之後，我們就可以開始在現有的困境中尋找資源，找到事情還沒有那麼糟糕的一面，作為我們今後改變的一個支點。

有一位媽媽抱怨婆婆帶孩子的方式不科學，無論怎麼說都不聽，還總是指責自己，幾乎每天都要發生爭吵。這確實是一個很艱難的處境，婆媳共處於一個屋簷下，躲都躲不掉，如果每天鬧彆扭，確實很令人心煩意亂。

這樣的困境中的資源是什麼呢？對於那位媽媽來說，是「雖然婆婆帶孩子的方式不符合我的要求，但正是因為有她幫我帶孩子，讓我不用辭職在家，可以有自己的工作和收入」。這就是事情還沒有那麼糟糕的一面，也是將來改變可能發生的點。

另一位學員曾經抱怨她老公在家時什麼事情都不管，一到寒暑假就把自己的親戚連同她們的孩子一起都接到家裡來住，讓本來就不大的房子變得更為擁擠。家裡大人孩子一大堆，雞飛狗跳，而這位學員還必須做所有人的飯菜和收拾家務，只要有怨言，就會被指責，因此她已經想了無數次離婚了。這一聽就令人頭大的困境，還能有什麼資源？

這位學員當時找到的資源是：「當初公婆叫我們搬回去和大家庭一起住，幸好當時沒同意，否則情況會更糟。現在房子雖小，至少是我和老公自己的，我有主權。」雖然她的主權暫時還沒顯現出來，但看到這些資源，就為後續的改變打下了基礎。

想要改變困境的第一步，就是尋找資源。這一步能讓我們發現什麼對自己來說更重要。例如那位抱怨婆婆帶孩子方式不科學的媽媽，也許會發現獨立工作、有自己的收入很重要，因為這會帶來話語權；也有可能發現孩子的成長更重要，寧願自己帶孩子也不接受婆婆的方式。這兩種都沒有對錯之分，找到對於自己更重要的那一項，我們就知道自己要往何處去。

那位想要離婚的學員也會發現，不敢拒絕就一定會被煩擾，而保護自己的生活就一定會受到指責，甘蔗沒有兩頭甜。相比自己受到不賢慧、不體貼的指責來說，享有獨立的空間和生活不被打擾更為重要。

在困境中尋找資源，並不是阿Q式的精神自我安慰，而是讓我們的心能夠暫時安定下來，不致陷入絕望和無助當中。看到事情並沒有發展到最糟糕的地步，我們還有立足點，是將來改變的根基。

找到了資源，想清了什麼對自己更重要，我們就可以進入第二步，問問自己：「我想要的生活是什麼？我希望這件事如何發展，才能讓處境變得更好？」

人生總是要向前看的，如果你不滿意現在的生活狀況，那麼什麼樣的生活是你所希望的？什麼樣的關係是你想擁有的？現在很多人看起來很拼命很努力，但都是在努力逃離自己害怕的生活，而不是在努力創造自己想要的生活。

想清楚自己想要什麼樣的生活，可以幫助我們確立目標，並朝著這個目標去努力，這樣即便是生活暫時不如意，我們也能在其中積蓄力量。但是光空想是沒用的，必須要付諸行動，才有可能帶來改變。問問自己：「我可以做些什麼，讓情況變得更好？我能怎樣做，來實現我想要的生活？」

之前那位抱怨婆婆帶孩子方式不科學的媽媽，她可以根據自己想要的生活目標，做出完全不同的選擇。例如暫時在家親自照顧孩子，等孩子三歲上幼稚園之後，白天媽媽恢復工作，晚上自己和老公一起陪伴孩子，婆婆只負責接送，對孩子影響不大。

也可以先讓婆婆幫忙帶孩子，自己得以繼續工作，並積極學習技能，不斷提升業務能力和收入水準，收入提高後專門請人照顧孩子，不再讓婆婆插手。

再或者，積極修復和婆婆之間的關係，不是只看到她不符合自己期待的一面，而是看到她為這個家的辛苦付出和努力，多給予肯定和欣賞，而不是挑剔和指責。當婆婆的價值感和歸屬感得到滿足後，也就不會在每一件事情上都想去爭個輸贏了。

以上這些都是可以做的選擇，看到這些，就不會陷在「我沒辦法，我什麼都做不了，我好可憐，生活好倒楣。」這樣的無助和抱怨之中。

那位抱怨老公什麼都不做，卻還邀請一屋子親戚的學員，她做得更絕。原本都已經無數次想要離婚的她，按照剛才我們講述的方法，明確了解自己想要的是不被打擾，且不負擔額外的家務。於是她開始努力提升自己的家庭地位，雖然沒有外出工作，但是她利用孩子上幼稚園的時間，在家製作家鄉滷味，並直播製作過程。因為用料真、口味好、分量足，慢慢地訂單越來越多，收入也逐漸可觀。老公再也不敢說她「又不工作，就只帶個孩子，讓你招待一下親戚怎麼了？」

暑假時老公又把一大家子人帶到自己家住，這個媽媽立刻訂了機票和飯店，帶著孩子出去旅遊，並留言說：「不是不讓她們來，來當然可以，但你自己家的親戚你自己招待，我和孩子不想被打擾。」這位媽媽沒抱怨一句，也沒想改造老公，而是直接為自己想要的生活負責。她老公只好和親戚一起收拾家務，那些親戚發現不再有人伺候他們，後來也不來了。

生活很痛苦，如果真的想改變，就拿出自己的行動來。抱怨是解決不了任何問題的。這些年裡，無論我是講授課程，還是接個案諮商，我發現很多人總是想得特別多、說得特別多。有不少人在敘述自己的婚姻問題或者育兒問題時，會從自己小時候開始說，說自己的原生家庭，說小時候父母是怎麼對待自己的。他們會列舉很多具體事件，以說明自己小時候沒有得到很好的愛，由一件事說到另一件事，一說就說一兩個小時，你不攔著他能繼續說一下午，已經完全忘記了自己最開始想要解決什麼問題了。

一個人需要傾訴，這沒有問題，但傾訴之後要回到個人成長上面的話，是不需要每次都講述這麼長的故事的。現在很流行原生家庭的概念，很多人會把現在自己的不如意，歸咎到自己的原生家庭上。有些人在知道了原生家庭的理論之後，就會開始追根溯源：「我現在的心理陰影是如何形成的，父母現在還這麼對我，他們完全不改，我根本沒有辦法。」

其實並不是所有的心理療癒都要挖原生家庭的舊傷，過去的事情已經發生了，我們改變不了，但我們可以改變這些事情對現在的影響。原生家庭沒有我們想像的那麼重要，重要的是你現在想怎樣，並如何達到。

就好比你開車發現自己迷路了，你會去想為什麼別人都不迷路，偏偏是你迷路了嗎？你會坐在那裡哭嗎？「哦，因為我爸爸以前迷路，當時我媽媽也沒幫他……」「因為剛剛沒有人告訴我應該左轉……」「為什麼我總會吸引來負面的東西……」你會這樣嗎？你不會。你會直接拿出手機，用GPS趕緊導航回到正道。為什麼我迷路？答案很簡單，我只是走錯了，就這麼簡單。**我們不需要把自己的幾代原因都翻出來，而是從現在開始，你就可以去找到那條通往目的地的路。**

痛苦很簡單，只需要給生活下一個負面的定義，使用這些理由不斷訴苦、抱怨，就可以一直待在那裡，例如：「我媽媽不愛我，所以我沒學會愛我自己……」「從小父母就沒有給過我任何肯定，所以我也學不會肯定孩子……」可是，你是真的在經歷痛，還是在演繹苦？

過於強調原生家庭的危害，總會讓我們忽略，成年後的我們有權利和責任選擇自己的道路和人生。你的幸福沒有必要取決於父母是否改變，你可以在不改變原生家庭的情況下，自己創造想要的生活。即便他人一如既往沒有任何改變，你也可以克服過去的困擾，擺脫它們對你成年生活的影響。在原生家庭以外，我們可以找到自己情感和生活的根基。擺脫原生家庭影響的最好方式就是成為想要的自己。你無法看著後視鏡開車，因為你的目標在前方。

如果你的生活讓你覺得很痛苦，你可以問一下自己，你甘願一直這樣下去嗎？你甘願一直過這樣的生活嗎？如果不願意，你可以做些什麼來改變呢？**在困境和痛苦之中，我們看到的不是痛苦本身，而是這件事我可以如何選擇。**這樣的思維，就幫助你把焦點從「我面對的事情真是太糟糕了，我太倒楣了」，轉移到「我可以做些什麼，採取哪些行動來走出困境」。

當你開始思考自己能做些什麼，而不是自怨自艾的時候，你就不會一直沉浸在痛苦和自憐中，而是開始創造和改變。這就是一種成長型思維。

我們總會說，自己前半輩子就這樣過去了，後半輩子希望能更好。那前半生和後半生的分界線在哪裡呢？就在此刻，就在當下。**這一秒之前的人生都已經是我們無法改變的了，但這之後的人生，是我們可以努力去創造的。**我們都希望自己有創造未來、改變未來的能力，其實這種能力我們一直都有，因為現在你的每一個選擇，都是在創造未來的自己。知道自己想要什麼樣的生活，腳踏實地去創造，時間會犒賞深入逆旅的勇者。

第五章

為孩子的「社會化」做好心理準備

我親愛的孩子，

願你面對真實的生活，保有善良與童真；

願你堅守內心的光亮；

義無反顧，勇往直前。

孩子在公共場合與別人發生衝突，怎麼辦？

外出時，父母們都會擔心自家孩子和其他人發生衝突。尤其是孩子聚集的地方，比如遊樂場或公園，由於每個小孩個性特質都不一樣，而且社會性還沒發展起來，便很容易引發衝突。倘若父母們摻雜其中，都想著為自家孩子出氣，爭吵升級成打鬥，事態就更為嚴重了。在一些新聞報導裡，因為孩子之間的爭搶引發雙方父母大打出手的事件層出不窮。

我們都知道，平時良好的家庭教育，以及帶父母的監管，都有助於避免這樣的事件發生。但孩子確實變數大，尤其是年幼的孩子，還不能控制好自己的身體，一些衝撞在所難免。萬一事情發生了，如何處理才能不讓情況惡化，也是我們需要學習的。

我的一位學員優優媽向我描述了這樣一件事：有一天她在下班回家的路上接到公婆的電話，說孩子在社區裡的兒童活動場地玩，把別的孩子推倒了，對方撞到了頭，雙方家長正在吵架，讓她趕緊回去看看。

優優媽嚇了一大跳，著急地趕到現場時，看到對方媽媽是個孕婦，正急切地問自家孩子：「告訴媽媽，為什麼搶玩具？玩具是誰先拿到的？後來怎麼回事？誰先動手打人的？」對方奶奶和優優奶奶把各自的孩子攔在背後，互相對著喊：「說啊，把事情說清楚啊」，而對方爸爸也高聲要求：「去找社區提供監視器錄影！我倒要看看究竟是怎麼發生的！到底是誰先動的手！」

這時對方奶奶伸手想打優優：「我打死你這個找麻煩的！看你把我孫子摔成什麼樣了！」優優奶奶一邊護著孩子，一邊還嘴硬：「你打啊！你打啊！我已經給你道歉了，你還想怎麼樣！那你來打啊！」剛剛趕來的優優爺爺，一聽說要打孩子，立馬抓狂，大老遠地聲援：「你敢動手你試試看！」孕婦媽媽一見優優爺爺衝著孩子過來了，連忙想要阻攔。對方爸爸一邊拉著妻子，一邊掏手機準備報警。

這場面簡直混亂到極點，優優媽根本沒時間思考，趕緊衝上去調解雙方，疏導情緒。她先趕過去看對方孩子，那孩子已經不哭了，額頭上有一道紅腫的印子，被眼前的混戰嚇得一聲不吭。優優媽蹲下來對他說：「寶貝嚇到了吧！哎呀，都腫了，看著真讓人心疼！這眼睛紅紅的，剛才一定是哭了很久，好難過哦！」

然後起身對孩子爸爸說：「真是不好意思，您家孩子受傷了，您一定心疼死了。我馬上陪你們去醫院檢查，我們先確保孩子沒事啊。」聽完這幾句話，對方一家人稍微安靜下來，不再追打和爭吵了。

優優媽回過頭來安撫了一下優優，讓公婆先把孩子帶回家，然後準備陪對方一家去醫院。公婆剛一走，對方媽媽和奶奶就跟她告狀，說她公婆說話如何不中聽。優優媽邊聽邊說：「是啊，這樣說話真是挺讓人生氣的。您這懷著孕，還被氣成這樣，真是不好意思。我家奶奶那張嘴啊，平時我也沒少跟她吵架，我是知道的，也難怪你那麼生氣呢。」接下來在對方的抱怨中，全程保持傾聽。

對方爸爸聽了之後，說：「我剛才也是著急了，才喊著要報警的。其實我家奶奶說的話也不對，哪能說要動手打孩子呢。」

優優媽連連點頭：「嗯，我明白，奶奶肯定是被氣壞了。正常的，誰家孩子受傷了奶奶都會心疼得要命的。奶奶也不是真要打孩子，就是被氣的，氣話不能當真，我都明白的。」

兩家人叫車去醫院，一路上優優媽和她們聊孩子的事，等到了醫院，對方已經沒有情緒了。見到醫生後，優優媽比孩子爸媽還關心，非常詳細地詢問醫生：「這個腫問題大不大？什麼時候能消？要不要用藥？會不會留疤？要做什麼檢查？有什麼注意事項？」

醫生查看之後解釋說不需要用藥，已經看不出腫了，沒必要做檢查，既麻煩又讓孩子來回折騰。過兩天就全消了，不會留疤。雙方放心地帶著孩子離開了醫院，優優媽叫車要一路送他們回家。對方反倒客氣起來，說不一定順路，他們自己叫就行。優優媽笑著說：「順路這還不簡單，想順路就可以順路的。」孩子爸媽一聽這話都笑了。

在回去的路上，優優媽說：「如果孩子還有任何情況，都請及時聯繫我，就算上班時間我也可以請假過來的。當然，我更希望孩子沒事。」孩子媽媽說：「是的，我們也希望孩子沒事，誰也不想要麻煩的。」優優媽也再次表達歉意：「是是是，都是希望孩子沒事。今天實在是不好意思，讓你們受累了，尤其是孩子媽媽，懷著孕還來回跑，真的是很抱歉。」在聊天的過程當中，雙方互相留下聯繫方式。等到了目的地，一家人下車的時候，孩子還對優優媽說：「阿姨拜拜！」

關上車門，優優媽長長地舒了一口氣，慶幸自己到得比警察早，不然要搞到雙方去警察局做筆錄，那可就真麻煩了。回到家後，優優媽再去傾聽公婆和孩子的說法，為他們做好心理建設，平息了這次紛爭。

回想這次事件，還真是平靜中蘊含著驚心動魄。小孩子之間難免衝突，有時事情並不嚴重，但雙方溝通的方式和態度很重要。倘若雙方的態度是：「就這麼點痕跡，有什麼嚴重的？這不都跟你道歉了嗎？」「你這孩子也太沒教養了吧！怎麼隨便打人啊？」「就你家孩子嬌貴！那我們家孩子不也挨打了嘛！」「看你家長這樣就知道，教不出什麼好東西來！」「小孩子哪有不打架的？還有完沒完？你一個大人就這麼點見識？」如果是這樣，估計雙方矛盾就會升級，然後又一個遊樂場熊孩子家長的影片要上新聞了。

帶孩子在外，儘量不發生爭執，若發生了，倘若不嚴重，就不必太計較，主動道個歉，可以幫助我們避免衝突。但當事情已經演變至此，如何解決，更是一種考驗。不做任何評判，而是去看到所有人的感受，這一點難能可貴。看到孩子的害怕、奶奶的心疼、父母的憤怒，以及全家人對孩子的關心。而不是糾纏於誰對誰錯，誰先動手，誰不講道理。道理是冷冰冰的，感受卻能連接彼此。

通常衝突發生時，當事雙方都站在各自的角度，各執一詞，很難評判是非對錯。而聽到和明白對方的感受，才能讓他們覺得自己真正被尊重、被理解，而不是被否定、被指責。只有被尊重，才會去尊重對方；只有被理解，才願意去理解他人。而建立在尊重和理解之上的溝通，才能更好地解決事情。

我們常說，事情發生的時候，要先處理情緒，再解決問題。當情緒佔滿大腦的時候，我們沒有理智思考的空間。這也是為什麼很多人在情緒激烈的時候容易做出衝動的行為。帶著尊重的態度去傾聽和同理對方，幫助對方釋放情緒，讓大腦恢復平衡狀態，讓理智回來。這時候，他們也能夠更全面地看待整個事件了。

這時候可能有讀者想問，這不就是怕了嗎？如果自家孩子是被欺負的那一方，面對強硬的另一方，是不是也只能讓步了事呢？

其實這還真不是怕了。怕，是自我能力不足時的反應，因為自己沒有辦法，只能壓抑下來，而內心卻是不滿、怨恨，但又很無奈。而優優媽的主動道歉，是清楚地知道家人的行為給對方造成了什麼樣的影響，並且能夠同理到對方的感受。這樣的道歉才是真誠的，也更容易被對方接受。

那麼，如果自家孩子是被欺負的一方，作為父母要如何去做呢？一位媽媽留言：「我家女兒性格很溫和，每次在遊樂場玩的時候，別人搶了她的玩具，她也不敢要，就只站在原地哭。我看著又急又氣，但很多書上都說，要讓孩子學會自己解決，可是我讓她搶回來，她又不敢，我真是不知道該怎麼做了。」

我們說父母不要過多地介入孩子之間的紛爭，但這並不是說把年幼的孩子直接扔進社會的「叢林」，什麼事情都讓他們自己解決，以此來鍛鍊他們的能力。讓還沒有社會經驗和能力的孩子獨自面對所有事情，這是不現實的，也是父母的失職。父母對孩子有監護責任和保護義務，在必要的時候應該為孩子提供協助。

米媽帶著三歲的小米在室內的兒童遊樂園玩的時候，另一個大孩子搶走了小米正在騎的車子，並把小米推倒在地上。小米哭了起來，米媽遠遠地看到了，走過來扶起孩子，對她說：「哥哥搶走了你的車子，你覺得很傷心。」小米哭著點點頭。媽媽繼續說：「他把你推到地上，一定摔疼了吧。」小米說：「媽媽你去打他！」媽媽拉著小米的手，說：「我們一起去和小哥哥說。」

米媽帶著小米找到剛才的孩子，蹲下來對他說：「妹妹正在玩車子，你沒經過她同意就把車拿走了，這讓她很難過。請你還給她。」小男孩愣了一下，還是不想歸還。米媽說：「我看到你也很想玩，但車子是妹妹的，如果你想玩，可以先問她同不同意。」小男孩聽了後，把車子還給了小米。

米媽說，孩子如果在幼稚園爭搶玩具，老師也會幫助調解。孩子們會目睹整個處理過程，漸漸地學會自己用語言表達需求：「我能和你一起玩嗎？」「我能用我的玩具和你交換玩嗎？」同時學會維護自己的物權：「這是我的東西，我不同意你拿走。」「你不可以打我。」

當孩子的玩具被搶時，我們不用直接替他搶回來，因為這樣並不能增加孩子內心的力量，反而容易讓孩子產生依賴，今後類似的事情都找父母解決。但我們也不應不聞不問，任由孩子自己處理，這會讓孩子感受不到父母的支持，而是推諉和冷漠。父母在必要的時候，可以帶著孩子一起去和對方溝通，孩子會看到你的處理方式，並從中學習。

事情發生後，先安撫孩子的情緒，再帶著孩子一起去解決。在這個過程中，我們可以教給孩子的是每個人都對自己的玩具擁有物權，不能透過暴力手段搶走，這也是孩子學到的人際關係中最初的界限。孩子們會慢慢明白，他們可以憑藉自己的力量，保護自己的權益。

如果打鬧爭搶需要和對方家長去溝通，我們也可以使用非指責的方式，告知對方我們的感受：「剛才你家寶寶把我女兒推倒了，差一點撞到頭，我真的很心疼。小孩子之間打鬧在所難免，只是我家孩子年齡比較小，確實會讓我很擔心。希望我們互相多留意一些，避免孩子受到傷害。」

需要注意的是，我們使用的語言是表達孩子的感受，而不是指責和批評。不是對孩子說：「你怎麼搶妹妹玩具呢？一點也不懂規矩。」更不要向對方家長說：「這是誰家小孩？也不管一管？把我家孩子推倒了還打人！怎麼教育的？」

如果氣勢洶洶、得理不饒人地去找對方算帳，就很容易引發雙方的爭執。但倘若我們不帶任何指責和評判，只是表達感受、描述造成了什麼影響，大多數父母都會比較願意配合，照管好自己的孩子。

如果遇上極端情況，對方家長很強硬，說話不中聽，那就把孩子帶離，不必因此而消耗自己。對方能溝通就溝通，不能溝通就先安撫自己的孩子。保護孩子永遠是第一位的。這也會讓孩子懂得，公共場所應該遵守規則和講禮貌，自己權益受到損失時可以去爭取，但遇上蠻不講理的人也要懂得避免衝突升級給自己帶來更大損失。

為什麼別人不遵守規則，我卻要遵守呢？

葉兒八歲時，有一次週末，我帶他去看電影。

「媽媽，我們快走，等下電影要開演了！」

「還要再等一下，現在是紅燈啊。」

「可是你看，其他人都過去了。」

「你擔心趕不上電影？但還是要遵守交通規則呀。」

葉兒想了想，沒再吭聲。我們到了電影院，電影剛開始不久，我們很快沉浸其中。

晚上臨睡前，我給葉兒蓋好被子，輕輕撫摸他的頭，對他道晚安。葉兒忽然問我：「媽媽，為什麼別人可以不遵守規則，而我們就要遵守呢？」

我愣了一下，想起白天的事情，於是問：「啊？你是在說今天過馬路的事情嗎？」

葉兒說：「對啊，他們看到沒車子就過了，而我們還傻傻地在原地等。」他不滿地翹起腿：「而且不只是這一件事哦，我經常看到大人們隨地扔垃圾、吐痰；高鐵上給小孩放卡通不戴耳機，吵死人了。」

我說：「哦？看起來你觀察了不少這樣的現象呢。」

葉兒撇了撇嘴說：「大人總是教育我們要遵守規則，可是並不是所有人都會遵守啊。」

我點點頭：「是啊，確實有很多不守規則的現象呢。」

葉兒說：「他們不遵守規則，反而得了方便，卻給別人造成麻煩，這樣真不公平。」

我說：「你覺得不守規則的人占了便宜嗎？」

葉兒很不屑地說：「對啊，所以我才生氣呢。」

「這樣啊。」我停了一下，問他：「你還記不記得有一次我們約好一起去玩滑翔傘，結果最後卻被爽約了？」

葉兒想了想，點了點頭。

我經常帶孩子們去跳傘、騎馬、射箭、攀岩，也因此結識了一批愛好者。有一次，我們幾個家庭相約一起去飛滑翔傘。提前半個月就預約好時間並且交了訂金，可是當我們大老遠趕過去之後，卻被告知節假日人太多，兩天之內都排不上，如果想提前飛就得加錢。

看到葉兒想起了這件事，我繼續說道：「你還記得吧，那次我們提前很久就定好了時間，可是他們並沒有做好安排，導致我們白跑了一趟，原有的假期計畫也被打亂了。」

葉兒說：「對呀，我還推掉了一節游泳課呢。所以說呀，我們遵守規則，但並沒有好的結果。他們不遵守規則，卻也沒有任何懲罰。」

我：「哦？你真的認為他們沒有任何懲罰嗎？」

葉兒疑惑地問：「有什麼懲罰？」

我問：「我們那次原本有多少人一起去玩？」

葉兒回憶了一下，說：「大概八九個吧。」

我又問：「那你覺得我們被爽約之後，還會繼續在他那裡玩嗎？」

葉兒說：「才不會呢，有滑翔傘的又不只有他一家，很多地方都有啊。」

我說：「對，所以那次我們也是改選了另外一家。他們因為不守信用，直接損失了十個客戶呢。」我稍微停了一下，接著說：「我們在另一家飛完之後，發了照片到社交媒體展示，有好多朋友都在問這裡是哪裡，也想去玩。這時候，你覺得我會推薦哪一家呢，是爽約的那一家嗎？」

葉兒說：「肯定不會，你會推薦其他家。嗯……我想，和我們一起去玩的那些人，他們也一定不會推薦那家的。」

我說：「是啊，所以他們還損失了更大的一批潛在客戶呢。」

葉兒想了想，又說：「被我們推薦去玩的那些人，他們也會發社交媒體，也會有他們的朋友問他們，他們推薦的也一定不是之前那一家。」

我說：「對的，這就叫口碑效應。別小看只是一次不遵守規則，卻白白損失了大量客戶。生意好的時候他們可能不在意，但等其他同類型的商家都開始進入市場了，如果他們還是繼續不改進經營，慢慢地，來他們這裡的客戶就會越來越少了。」

葉兒搶著說：「那他們就賺不到錢了，然後就會倒閉了。」

我點點頭：「很有這個可能。所以，你還認為他們沒有得到懲罰嗎？」

葉兒思考了一會兒，說：「那是因為別家遵守規則，他不遵守害的就是自己。可是，如果大家都不遵守呢？是不是就沒有影響了？」

我想了想，說：「如果一條街道很乾淨整潔，那麼原本想扔垃圾的人也會覺得不好意思，不忍破壞。可是如果道路很髒很亂，行人們就會覺得，反正已經這麼髒了，扔一點垃圾也沒多大關係，最後就會導致這條街道越來越髒。所以，並不是沒有影響的，如果大家都不遵守規則，只會讓我們的生活環境越來越糟糕。」

我揉著他的腿，一邊按摩一邊說：「同樣，你剛才說的在高鐵上很大聲音看影片的現象。如果一節車廂裡很多人都在播放影片、大聲說話，那其他人也會覺得無所謂，而且還會把聲音開得更大，否則根本聽不見。但如果車廂裡很安靜，這時候有人的手機鈴聲忽然響起來，那個人就會非常不好意思地趕緊關掉，因為這樣的噪音在那樣的環境裡會顯得很突兀。」

葉兒說：「所以，如果我們都不遵守規則，搶著過馬路，那車就都得等我們，路上就會堵得更厲害了。」

我點點頭：「是的，而且並不是所有車都會讓著行人。有的司機可能沒有看見，或者速度太快停不下來，就有可能造成交通事故。闖紅燈從表面上來看好像節省了時間，但每一次都是在為自己增加風險。」

葉兒歎了口氣，說：「這樣想，好像確實如此。可是，每一件事都是這樣嗎？」

「不一定每件事都能很快看到影響，但是我相信，這個影響是存在的。我想要一個更美好的世界，所以，不管別人怎樣，我都會篤定地按照內心的準則去做。」我繼續揉著他的腿。葉兒沒有再說話，側過頭去看窗外的夜空。黑暗中我看到他的眼眸映著星光，一閃一閃。

我親愛的孩子，很多時候並不是因為一件事情對自己有好處，我們才去做；我們願意去恪守，只是因為這件事情是我們堅信的。為什麼別人可以不遵守規則，而我就要遵守？因為我想要一個更美好的世界，這就是我的回答。

這個世界是由我們構成的，將來會是你們的，是你們的孩子們的。那麼，我們這一代代傳承的使命是什麼？大概就是給我們的孩子們留下一個更美好的世界。在很多很多年以後，我們可以問問自己，這一生我們曾經做過些什麼，讓這個世界變得更美好。

現在社會上確實有很多令人不忿的現象，也許我們這一代人還無法改變整個大環境，但我們的孩子一定可以，孩子的孩子們一定可以。因為這是我們共同撐起的一代，是一輩輩人共同的努力。

葉兒已經睡熟了，在沉睡中，他長長的睫毛微微顫動，仿佛雛鳥稚嫩的羽翼，在日復一日、年復一年地緩緩生長。希望這樣的生活，能帶來光明和力量，如巨石般定錨在我們的內心。我親愛的孩子，願你面對真實的生活，保有善良與童真；願你堅守內心的光亮；義無反顧，勇往直前。

遇到「熊孩子」，你會教育他們嗎？

要不要教育遇到的「熊孩子」[5]，這曾經是一道辯論題，場上雙方唇槍舌劍，都在定義何為熊孩子，何為教育。但現實生活不是冷冰冰的辯題，沒有絕對的正反方。當我們真的遇到這種情況的時候，是否能用有溫度的視角，去看待我們的生活呢？

我們總是強調人與人之間的界限，不喜歡別人干擾自己的生活，在社會交往中也會提醒自己不要越界。這些年我一直從事家庭教育工作，看到越來越多生活中不同的面相，也越來越意識到，雖然很多時候我們為現實所迫，不得不身披盔甲、剛強如鐵，但我們內心都渴望著情感的連結。在盔甲下隱藏的柔軟之處，那是我們生而為人所共同呵護的嚮往。

有一年八月，我坐高鐵去北京。每次單獨乘坐高鐵，我都會選F座，這是個靠窗的座位，旁邊只有一個人，是最不受干擾的位置。可是我忽略了當時是暑假。一上車，就發現我旁邊的座位上坐著一個八九歲的男孩，抱著一個四歲的女孩。而走道的另一邊，是兩個媽媽帶著另外兩個孩子。頓時覺得頭大，這一路七八個小時，估計很難安靜了。

前面三個小時我在看書，孩子們在用平板看卡通，倒也相安無事。後來，平板沒電了，他們便開始有些坐立不安，不停晃動座椅，爬上爬下，糾纏打鬧。兩位媽媽很明顯安撫不了四個孩子，越是想讓他們安靜下來就越著急。哄勸和喝斥，夾雜著四個孩子的吵鬧，讓我更加不得安寧。

真的遇到「熊孩子」了，怎麼辦？

這些年我東南西北地跑，在不同地方帶領各種課程，也接過很多兒童和青少年的諮商。我經常要和孩子們一起玩，所以我的包裡會隨時帶著三五根彩繩。我放下書，從包裡拿出彩繩，隨手玩了幾個小花樣，孩子們開始偷偷瞥我。於是我對他們說：「我教你們變魔術吧。」小女孩立刻興奮起來，男孩看起來還有些靦腆。

我對他說：「路上時間這麼長，你一直抱著妹妹，幫媽媽照顧她。剛才吃便當的時候，我看到你為了不蹭到我的小桌板，還特別注意地把盒蓋壓在了下面，我很感謝你呢。現在我也很願意和你們一起玩。」小男孩聽了後，眼睛裡彷彿有星星亮了。

我教了他們好幾個彩繩的遊戲和魔術，哥哥學會後，就帶著妹妹開始玩。妹妹看著哥哥時的專注神情，真的很可愛。這兩個孩子學會之後，就換到另一邊座位，教另外兩個孩子玩。這期間不再有喧嘩的吵鬧，取而代之的是陣陣歡笑。這樣的笑容實在是太有感染力了。

就這樣一路到站後，我送了孩子們每人一根彩繩，讓他們帶回家繼續玩。他們很開心地向我道謝，我也微笑著和他們揮手告別。

其實我知道，這是很偶然的一面之緣，今後我們可能根本不會再見，我為什麼要花這個時間和精力去做原本不是我義務的事情呢？

曾經有一年暑假，一位戒網癮學校的校長聯繫我，說看到我一直在做教育工作，希望我能到他們學校去，帶著他們的教官和學生玩兩天。他們的學生是暑假寄宿，每天要跑三千公尺，不聽話的就罰起立蹲下，感覺學生們都被關傻了。

當時正好是楊永信事件[6]的一位受害人在網上發聲控訴，事情剛被翻出來，一時激起眾多民憤。我一聽戒網癮學校就一肚子的氣，直接冷冰冰地回了他一句：「像你們這樣的學校根本就不應該存在！」

那位校長聽了後並沒有生氣，而是對我說：「葉老師，我知道你不喜歡我們這樣的機構，但是你知道嗎？我們學校的學生幾乎都是留守兒童[7]，他們的父母要麼不在身邊，要麼工作太忙無心管教。現在是暑假，如果我們學校不接收他們，他們就要到社會上去遊蕩。你這樣說我們，對改變這件事情有任何的幫助嗎？」

我聽了以後一愣，隨即覺得無比慚愧。站在道德的制高點上指責是最容易的事情，但是，我為改變這樣的現狀做出了什麼努力呢？

於是我就去了，在兩天的時間裡，帶著那些孩子們奔跑玩耍。最開始的時候，那些叛逆的青少年們根本理都不理我。後來，當我們在各種遊戲和互動中熟悉了之後，那些孩子們會笑了，也開始變得活潑。他們紛紛擁過來，圍住我說：「老師，下一個活動需要什麼道具？我幫你拿！」「老師，你的包重不重？我給你背！」當我要離開的時候，他們用自己的零花錢買了零食、飲料送我，用他們最直白的方式表達對我的喜愛和不捨。這些原本讓父母老師頭疼不已的青少年們，他們身上所洋溢的生命力，臉上久違的笑容，都是那麼讓人感動。我也教一些遊戲的方法給學校的老師和教官，等我離開之後，他們還可以繼續帶著孩子們玩。

為什麼要這樣做？因為這些孩子要和我們的孩子共用同一個未來！中國有數千萬隨遷兒童[8]和留守兒童，倘若他們被忽視、被傷害、被暴力對待，將是未來社會一道巨大的傷痕。而我們的孩子，會和他們一起長大。

為什麼對於一些不公平的現象我們要去奔走呼籲、推動改變？因為在這個社會裡，沒有人是一座孤島。我們的孩子將和這些孩子共用同一個未來。也許我們現在隨手的一點點關愛，就可能成為他們心中的一道光，讓他們感受到一些善意、一些溫暖，在艱難的生活中感受到些許的美好。至少他們會記得，曾經有一個陌生人對他們展現出善意，說不定這隨手種下的一點善念，會在將來的某一天連接成片。

每當我看到一些新聞報導青少年悲劇的時候，我都會特別心疼。我不能保證自己會不會有絕望想要放棄的時候，在那個時候，我希望我面對的是怎樣的回應呢？如果這些孩子們心裡曾經種下過美好和溫暖，未來會不會有那麼一點點改變的可能呢？

盡自己的微薄之力，哪怕只影響一個家庭，溫暖一個孩子。將來，這些孩子們終將成為我們大環境的一部分。也許，正因為我們今天所做的這一切，在不久的將來，在某一天，我們會看到自己多年的努力變成更加美好的現實。

因為在很多很多年前，我也曾經感受過這樣的善意。

我在十幾歲的時候曾經生過一場很嚴重的病，當年從手術室出來時，我身上插著六根管子，手腳都被綁在床邊，因為怕我在無意識的情況下把管子拔掉。後來鬆綁時我的手腳全都是一道道的淤青。從全麻中慢慢甦醒的我，開始因為麻藥反應不斷嘔吐，而每一次嘔吐都會牽動身上的管子，拉扯我的內臟和手術刀口，這讓我無比痛苦。

麻藥的作用讓我無法睜眼，但身上每一處的痛苦又是那麼真切。疼痛摧毀了我的最後一絲理智，我開始哭喊、嚎叫。然而當時在ＩＣＵ裡，是沒有家人陪伴的。我號哭了很久，有醫生過來檢查生理監測器的資料，但在確認無誤後就離開了，留我一人在無比的黑暗中絕望。

直到晚上，我在又一次嘔吐之後痛苦地哀嚎，忽然耳邊響起一個聲音：「你怎麼了？我剛接班，我先看一下你的記錄啊。」聽起來像是位護士。我沒理她，自顧自地繼續嚎啕大哭。她說：「我給你擦個臉吧。」隨後，我聽到她端著水盆走過來，再然後，溫熱的毛巾觸碰到我臉上。她輕柔地幫我擦拭額頭、臉頰和嘴角，對我說：「這一定很難受。」

我瞬間安靜了下來，彷佛黑暗中有一束光，將我籠罩住。我看不見她的樣子，但我猜想她一定很溫柔。擦拭完後，她對我說：「要忍耐一下哦，你大聲哭會吸入空氣到胃裡，會讓你更容易嘔吐的。」我聽話地點點頭。她見我平靜了下來，又對我說：「我給把你手腳上的繩子解開吧，都勒紫了。但是你不可以拔自己的管子哦。」我從嗓子眼兒裡擠了聲「嗯」出來，怕她不明白，趕緊又點點頭。接下來她又忙著去照顧別的病人了，但每隔一段時間，她都會記得過來用棉花棒沾濕我的嘴唇。

我一直無法睜眼，只能憑外界的燈光和聲音來判斷白天黑夜。然而就是靠著等待她交接上班的力量，我撐過了最艱難的幾天。如今，二十多年過去了，我至今不知道她是誰，叫什麼名字，長什麼樣子。但我始終記得，當我還是一個孩子的時候，當我就快放棄自己的時候，她為我帶來的溫暖和光明。「這一定很難受。」只是這一句話，我的整個世界都亮了。

幸運的是，我活了下來，雖然在病痛中掙扎了八年，但我現在已經有力量去做一些事情。這些年，我做父母講座，做兒童陪伴，做臨終關懷志願者。前些年我曾以特邀專家的身分，回到當年那所醫院為三百名醫護人員授課。我在臺上講述了這段經歷。也許那名護士早已不在這所醫院了，但我只想讓他們知道，當年那個曾經掙扎在死亡線上的小姑娘，如今以另一個身分回到這裡，用我的專業知識回饋世界。愛出者愛返[9]，當年那個陌生人的小小舉動，我一直記著。在我年幼時，是如此渴望有人能為我點亮一盞燈。現在，我希望自己能成為燈，哪怕這個光，只有一點點。

我曾經感受過那一份善意，知道那有多美好，所以我願意把這份善意傳遞出去。沒有愛的不叫教育，那是懲戒。遇到「熊孩子」，你會教育他們嗎？會，因為所有的教育，都應該帶來愛。他們不是「熊孩子」，他們就是孩子，是我們共有的未來。

5「熊孩子」用來形容調皮搗蛋、很難管教的小孩，使用時多帶有戲謔或無奈的語氣，有時候也隱含批評。

6「楊永信事件」是指中國大陸精神科醫生楊永信在公立醫院設立的「網絡成癮戒治中心」中，對被送來的「病患」使用電擊、高強度體罰、限制飲食等高壓手段，使被治療的人產生恐懼和服從性，進而控制他們的言語行為，讓他們成為父母眼中「聽話的孩子」。這些病患中，以「叛逆」的青少年為最主要的群體。後面由於手段過度，逐漸有「出院」多年的人在網路上匿名爆料，引發諸多爭議與討論。

7「留守兒童」由於父母一方或雙方外出到其他城市工作，而無法長期陪伴、或沒有心力管教，因此產生子女需要由其他人代為照顧的狀況。

8「隨遷兒童」是中國大陸常見的社會學用語，指的是隨著父母從農村或外地遷徙到城市生活的兒童。因為戶籍制度影響，他們在教育、醫療等方面可能面臨政策限制與挑戰。

9「愛出者愛返，福往者福來。」出自於漢代賈誼《新書》。意指當一個人真誠地付出愛與善意，最終也會得到相應的回報。蘊含因果輪迴、善有善報的理念。

給孩子的生命教育

我曾經收到一些父母們的提問，因為孩子過馬路時不願意牽著父母的手，父母擔心孩子會亂跑，為了讓孩子知道後果的嚴重性，就給孩子看一些車禍的影片，結果孩子晚上噩夢連連，總是纏著父母，擔心自己會死掉，平時也不敢出門了。原本是想讓孩子提高警惕，注意安全，現在，雖然效果達到了，但似乎又出現了其他後遺症。那麼關於兒童的安全教育，倒底應該要如何去做呢？

其實我完全理解這些父母們，他們太擔心孩子的安危，因此給孩子看了一些車禍影片。但為什麼反而會起到負面影響呢？因為這樣對孩子的教育，是出於恐懼。而恐懼是會傳遞的。我們因為恐懼，所以給孩子看車禍影片，孩子感受到的是恐懼，而不是關心和愛。如果影片內容太過慘烈，對於孩子來說是一種巨大的衝擊甚至創傷，孩子無法自己消化，就會出現做噩夢、黏人、擔心自己死掉等狀況。

關於孩子的安全，父母們一定是最重視的，這不僅僅包括孩子過馬路時應該遵守規則，還包括孩子的生活環境是否能夠給其帶來安全和保護。對於年齡小的孩子來說，創造安全的生活環境是父母的職責。因此，過馬路牽好孩子的手，不允許孩子在危險的地方玩耍跑跳，在家裡營造安全的活動空間，避免孩子接觸危險物品等等，這些是父母應該去做的事情，而不應把這個責任轉嫁給孩子。這裡介紹一個小訣竅給大家，帶孩子過馬路的時候，不要牽孩子的手，而是牽著他的手腕，這樣能夠最大程度地避免孩子突然掙脫。

有些父母可能會問：「我讓孩子知道死亡的後果，不也是在進行安全教育嗎？」**安全教育的目的不是讓孩子害怕死亡的後果，而是要讓孩子感受到生命的美好、體會到生命的價值。**只有這樣，孩子才會珍惜生命，不隨意做出危險的舉動。

一個在愛和尊重中成長的孩子，能夠真切地感知到自己的身體和生命。他會認為父母的提醒是一種關心和愛，不會故意和父母唱反調。只有處處受限制、受約束、被包辦的孩子，才會總是在一些事情上挑戰規則，為的是感受自己的力量。**因此當我們教育孩子的時候，首先要思考的是，我們的教育方式，讓孩子感受到的究竟是愛還是恐懼。以及，如何以一個宏觀的視角，給予孩子在適當年齡段所需要的說明。**

孩子大概在四歲左右對生命的意識開始萌芽，會開始談論關於死亡的話題，追問也越來越多，父母一時不知該如何回答。有些父母擔心孩子總是不注意人身安全，在馬路邊亂跑，從高處往下跳，不知該怎麼教育。還有的父母說孩子太過謹慎，生怕自己死掉，什麼都害怕，不知要如何引導。這一系列的提問都指向了一個經常被我們忽略的話題——生命教育。

如何與孩子談論死亡，大概是父母們最頭疼的問題之一。在我們傳統的思維中，向來都忌諱談論死亡，更別說是與孩子談論死亡了。我們小時候如果問父母這樣的問題，父母通常都是簡單地一筆帶過，或者安慰我們不要擔心。我們沒有接受過關於生死的教育，在面對孩子提出類似問題的時候，往往就會不知所措。

青少年教育專家陳默教授說，現在的孩子是「高孤獨感、高話語權、高情感負擔」的一代。這一代的孩子已經脫離了物資匱乏的年代，大多數又是獨生子女，有擺脫不了的孤獨感。他們既不用思考吃，也不用思考穿，又孤獨一人，於是就過早地開始思考一個終極的哲學問題：「人為什麼要活著」。我們小時候也會問類似的問題，大人可能會用什麼長生不老藥啊、神仙妖怪啊等解釋糊弄過去，但這一套在現在的孩子身上卻完全不管用。

如何與孩子談死亡，屬於死亡教育。現在有很多書籍、講座等，都在幫助我們學習如何對孩子進行死亡教育。但如果我們把目光放得更宏觀一些，就會發現死亡教育只是生命教育的一部分，生命教育是一個整體，不僅僅是與孩子談論死亡，而是要讓孩子們明白生命存在的意義。

「生命教育」這個概念最初是在一九六〇年代美國學者華特士出版的《生命教育》專著中提出來的。生命教育其實是關於愛和生命的教育，是讓孩子認識到生命存在的意義和價值，從而珍愛自己的生命，尊重他人的生命，珍惜小動物的生命，愛護大自然，對宇宙自然環境心懷敬畏，並與所有形式的生命和諧相處。對生命的愛和尊重，是一切成長和學習的基礎。而這恰恰是現在被很多「功利」教育包圍之下的孩子們最缺失的部分。

生命教育是一個整體，它包括了「生存教育」、「發展教育」和「死亡教育」三個部分。其中生存教育是生命教育最基本的內容，是保證我們的生命體持續運轉的基礎。這其中就包含了我們平時所說的安全教育，比如告訴孩子如何識別危險，如何學會保護自己免受傷害，以及在遇到危險和緊急情況的時候可以怎樣做、如何求助等等。除此之外還有一些生活常識和生存技能的教育，這些都能讓我們的孩子學會運用自己的智慧、憑藉自己的能力生活。

發展教育是讓孩子感受生命發展的過程，感知生命的美好，從而體會生命的價值和意義。比如帶孩子親近大自然；接觸、照顧植物和小動物；以及認識宇宙的誕生、進化等等。我們可以和孩子一起去遊歷各種自然風光，體驗春夏秋冬的四季流轉，欣賞關於宇宙、自然和生命的紀錄片。在這個過程中所感受到的大自然的美麗、壯觀與神奇，都會深深地滋養孩子的心靈，讓孩子感受到生命的勃勃生機，並對大自然乃至整個宇宙心懷敬畏。

在生活中，我們也會接觸到不同形態的生命，比如一些有缺陷的、殘障的生命。我曾經給葉兒講過霍金、海倫．凱勒、尼克．胡哲等人的故事；講受傷的流浪貓狗是如何喚醒人們的心中之愛；還和他一起看了一個早產寶寶是如何從保溫箱中的瀕死狀態，一點點成長到兩歲時在院子裡自由奔跑歡笑的經歷。其間的艱辛和淚水，不言而喻。而生命的力量，也無數次讓我們感動得熱淚盈眶。這也幫助孩子意識到生命的堅韌，也理解了各種不同的生命形態都有其存在的價值和意義，我們無權評判、剝奪他們的生命。這也是滿懷敬畏的慈悲之心。

死亡教育是生命教育中不可或缺的一部分，是用符合孩子心理發展的方式，說明孩子理解衰老、死亡都是生命必然的部分，是一種正常的自然現象。在這個基礎之上，孩子會明白生命的寶貴，從而珍惜自己的生命，也尊重其他生命。

這三個部分是生命教育的整體，缺一不可。在面對孩子的時候，要在各方面給予孩子相應的幫助和支持。**對孩子進行生命教育，不是為了讓孩子不怕死，而是告訴孩子要好好活。**

生命的誕生是美好的

「媽媽，我是怎麼來的？」這個問題大概每個孩子都會問。我們這一代人小時候得到的最多的答案，恐怕都是：從垃圾堆裡撿的、小狗叼來的、樹上摘下來的、別人放門口的……

聽起來生命就像垃圾一樣，都是別人不要的、被丟棄的。這樣的回答很容易破壞孩子的安全感，讓孩子覺得自己不屬於這個家，擔心被丟回垃圾箱，也無法感受到生命的美好和莊嚴。

葉兒在兩歲多時，正好我生二胎。於是葉兒就見證了我的肚子是怎樣一天天變大，弟弟怎樣出生，生下來是什麼模樣，又是如何一點點長大的過程。這個經歷讓他繞開了「我是怎麼來的」這個問題，因為他直觀地看到了寶寶是從媽媽肚子裡生出來的。然而他的關注點變成：「我們是怎麼到你肚子裡去的？」當時他的年齡還無法理解精子、卵子、受精卵這樣的名詞，因此我並沒有講解太多關於我們的身體是如何形成的知識，而是透過故事的方式去描繪一個溫暖的畫面。

我給他講了個故事，告訴他：「每個孩子在出生前，都會在天上選媽媽。當你還是一個小精靈的時候，躲在雲朵裡，看見我在祈求老天賜給我一個孩子，你相信我會是一個好媽媽，於是就坐著彩虹滑梯，來到了我的肚子裡。經過十個月的等待和期盼，寶寶就出生了。」葉兒聽了後，撲閃著大眼睛說：「啊！我知道了！所以弟弟也是從彩虹那邊來的，他也知道你是一個好媽媽，而且他也看見了我，他也選了我做他的哥哥！」

孩子的表達讓我非常感動，正是因為他們的選擇，才讓我有機會陪伴他們成長。隨著孩子年齡的增長，我們也可以告訴他，爸爸和媽媽結婚後，一起種下一顆愛的種子，這顆種子就變成了小寶寶，也就是你。在媽媽的肚子裡住了十個月後，你就出生了。這一些意象和畫面，會給孩子一種愛的溫暖，讓他感覺到自己是在父母的愛和盼望中出生的。等到孩子上學之後，認知進一步發展，我們就可以透過繪本或書籍，解釋受精卵和胚胎發育的過程。

因此，對孩子解釋生命的誕生，要符合孩子的年齡發展。既不提前，也不隱瞞。對於年齡很小的孩子，美好而溫暖的故事會讓他感受到生命的神聖，當他知道自己是在父母的期盼中出生時，也會對自己的生命多一份珍惜和熱愛。

生命的成長是神奇的

我們可以帶著孩子一起去瞭解生命的成長過程，或者陪伴另一個生命的成長。例如給孩子講他小時候的故事，和孩子一起翻閱他小時候的照片、影片，讓他知道自己是如何在父母的愛中成長的。如果家裡有兩個孩子，可以讓大的一起參與弟弟妹妹的生活和陪伴等等。

還可以和孩子一起照料動植物。讓孩子種一粒種子，一起觀察種子生根發芽、展葉開花、最後落葉凋零的過程。帶孩子多接觸大自然，感受春耕、夏耘、秋收、冬藏的四時運轉。還可以和孩子一起飼養一些小動物，透過觀察小動物的成長，讓孩子感知生命的歷程。

每年春天，很多學校都會建議孩子們養蠶。蠶的生命週期很短，只要讓孩子明白蠶在各個生命階段的變化，在變成蠶蛾產卵之後，牠們的生命任務就完成了，這時候孩子也不會過於傷感。如果是其他寵物，比如貓、狗、金魚、兔子、倉鼠等，孩子在照顧牠們的過程中會產生感情，自然會學到對生命的尊重。如果這樣的寵物不幸去世，我們可以帶著孩子用紀念儀式送走牠們，並幫助孩子疏導情緒。

在這樣的氛圍下成長的孩子，能夠親身體會到生命成長所帶來的溫暖和感動，會有較強的同理心，也不容易出現欺淩弱小、破壞環境、傷害小動物的行為。

坦然面對生命的消亡

生命有誕生，就必然有消亡，這是一個無法迴避的問題。每個人，無論是孩子還是成人，都必須要面對。然而我們生活在一個迴避死亡的文化中，成年人自己都不願意談及死亡，更別提和孩子討論這樣的話題了。另外，我們對死亡還有著五花八門的隱晦表達方式，例如「離開了」「走了」「沒了」等等，這也讓我們下意識覺得死亡是一件難以啟齒的事情。

父母經常擔心和孩子坦率地談論死亡會加劇他們的恐懼，於是就遮遮掩掩、含糊其詞，或者在孩子問起時一筆帶過。但恰恰是這樣的態度更容易造成孩子的恐懼。他們會越發害怕，不知道什麼時候死亡就會落到親人甚至是自己身上。而開放、真誠的討論，不僅有助於幫助孩子加深對死亡真實的理解，而且能幫助他們在喪失親人後從悲傷中走出來。

孩子最早面對的真實死亡，一般是親人的離世，比如祖父母等。這時候，作為父母的我們也同樣也失去了家中的親人，所以可以坦誠地表達自己的悲傷，也允許孩子自然地表達出他們的情緒與想法。不必為了迴避孩子就刻意壓抑隱瞞，故作堅強。**你處理情緒的方式會成為孩子的榜樣。和孩子一起去面對真實的生活，才是最好的生命教育。**

同時，配合孩子的年齡、認知與情緒發展階段，以他們能接受的方式，真誠而坦然地回答孩子的問題，並鼓勵他們說出自己的感受和想法。每年清明節掃墓是很好的機會，我們可以透過一些儀式寄託哀思，追憶祖輩，並帶著對逝者的尊敬和愛，認真生活，擁抱生命。

不同年齡的孩子關注點不同，理解能力也不同，所以在談論死亡時，孩子是主導，父母不要越界。葉兒三歲時清明去掃墓，他並不真正明白什麼是生死，他更關心每座墓裡住的都是誰，於是我就介紹了家族親人的關係和生平。四歲時他開始問這些老爺爺是怎麼住進去的，還能不能出來。到了五歲之後，才開始逐漸問到生老病死的問題。

當我們面對孩子的提問時，一定要誠實以對，不要搪塞。不要以欺騙的方式來安慰孩子，假意的編造推托只會讓他們無法分辨事實。不要說親人只是睡著了，因為睡著了是會醒來的，這種安慰可能會讓孩子一直期待他「醒」過來而不斷追問；如果他發現最後無論如何都醒不過來的時候，他就會開始害怕，害怕自己或父母睡著了也會「死」去，而無法安心。也不要說親人是去旅行或者工作，因為再怎麼出遠門也還是要回家的，孩子無法接受親人為了其他事情就離開自己，不告而別，這會給孩子帶來一種拋棄感。

回答孩子問題時一定要注意孩子的年齡。死亡會帶來拋棄感，如果年齡很小的孩子問：「媽媽你會死嗎？我會死嗎？」這時候孩子的重點不在於你會不會死，而是你會不會離開他，他是否有安全感。在這種情況下，我們要陪伴孩子，傾聽孩子的感受，讓他確信爸爸媽媽會一直陪著他，看著他長大成人，還要看著他的孩子長大成人，所以你們還會在一起過很久很久的幸福生活。這是低齡兒童內心所需要的安全感。隨著孩子年齡的增加，他會慢慢明白死亡是不可避免的，但在死亡之前，我們都可以精彩地活。

在這個過程中要特別注意，我們的傾聽和陪伴可以鼓勵孩子表達內心深處的恐懼和悲傷。和孩子一起表達對過世親人的哀悼和追思，讓他們從中學習到真愛，感受到溫暖和勇氣，這也是他們將來能夠面對失落和挫折的力量。不要用說教的方式逼他們面對，孩子需要的是表達、理解和支持。只有讓他們自己去感受、瞭解，他們才能在這個過程中學習成長。

除此之外，我們還可以透過遊戲、繪畫、手工、繪本等各種方式，帶孩子理解生命和死亡。關於生命教育的繪本有：《一片葉子落下來》《獾的禮物》《小魯的池塘》《大象再見》《蘇菲的傑作》《跟爺爺說再見》《爺爺有沒有穿西裝》《爺爺的天使》《外公》《湯姆的外公去世了》《再見了，艾瑪奶奶》《長大做個好爺爺》《樓上外婆和樓下外婆》《爸爸的圍巾》《祝你生日快樂》《聽見鳥兒在唱歌》《活了100萬次的貓》《魔奇魔奇樹》《蘋果樹上的死神》等等。

倘若想坦然地和孩子談論這個話題，我們也要先問問自己，你對死亡的態度是什麼樣的呢？你是否能夠坦然地面對孩子的提問？還是也會有焦慮、恐懼，於是看到孩子出現同樣情緒的時候，就更加緊張和不知所措？孩子不是聽大道理，而是直接感受父母的態度。如果父母能夠從容面對，孩子也會變得內心安定。

生命教育是貫穿整個生活的，最終還是要回到我們自己身上。我們是如何看待生命的，我們是如何活過每一天的，以及我們是如何面對別離和死亡的。這些人生態度，都會傳遞給我們的孩子。願你我不曾辜負每一天。

給不願等待的孩子的療癒性故事

你或許擁有無限的財富，
一箱箱的珠寶與一櫃櫃的黃金，
但你永遠不會比我富有，
我有一位講故事給我聽的媽媽。
——斯特里克蘭德・吉莉蘭（Strickland Gillilan）

故事是孩子成長的精神食糧。長大成人後的我們，回想起小時候最溫情的畫面，莫過於躺在媽媽懷裡，聽媽媽講各種生動有趣的故事了。媽媽講的故事像一粒粒種子，在孩子純潔的心田裡播撒下美好和希望；媽媽講的故事，像是無窮無盡的智慧源泉，慢慢滲入孩子的心靈，滋養著他們的靈魂。聽媽媽講故事，那簡直是太享受的一件事了！

「有一類故事，是特別為某些特定的需求而編纂的，尤其是為了幫助孩子改善某些行為，或者度過某些困境。這類故事被稱為『療癒性故事』。顧名思義，療癒性故事就是對孩子內心的苦悶、生活中的變化和波折，以及偶爾的失衡行為能夠起到安撫、化解、治療效果，或者輔助治療效果的故事。針對問題行為和狀況，用故事來實施治療，讓失去平衡的行為和狀況重歸平衡。很多時候，說教、鼓勵什麼的都顯得蒼白無力，而故事則能達到幾乎『神奇』的效用。」（摘自《小巫故事課堂》叢書）

葉兒在三歲半左右的時候，開始有了一些對時間詞彙的模糊概念。自從能夠區別昨天、今天、明天、現在、下次等詞彙之後，就出現了不願等待的現象，常說的話是：「我就是要現在，我不要等一下！」無論是吃優酪乳還是去公園，都希望馬上得到滿足，否則就會哭鬧。在嘗試了傾聽、共情等方法後，我決定進一步編一個治療性故事，作為多種方法之一。

我構思了一個小猴子種桃子的故事，打算透過春耕、夏耘、秋收、冬藏的過程來讓孩子體會等待。經小巫老師指導，我修改之後有了下面這個版本。雖然說這是一篇關於等待的故事，但全篇連一個「等」字都沒有。也許這就是治療性故事的魅力所在吧。（本故事被收錄於《小巫故事課堂》叢書）

仙桃

在遼闊的大森林裡，住著一隻小猴子，他非常羨慕猴群中那些威武強壯的勇士。他也想要像那些勇士一樣，穿上金光閃閃的盔甲，保衛森林。一隻老猴子告訴他，盔甲都在遙遠的神山上，只要爬到山頂，穿上金色的盔甲，就能獲得無窮的力量。（小男孩都對盔甲感興趣，喜歡聽鎧甲、兵器的故事，同時又羨慕比自己年齡大的孩子的力量。）

小猴子收拾好行囊，踏上了去往神山的路。路途非常遙遠，小猴子穿過幽暗深邃的叢林，蹚過渾黃湍急的河流，走過黃沙漫捲的沙漠，翻過白雪皚皚的高原。有時被烈日曬得汗流浹背，有時被冰雹砸得無處藏身，有時被狂風迷得睜不開眼，有時被雷電嚇得直打哆嗦。（年齡小的孩子通常關注點很多，思維發散，這裡用不同的地形和氣候形成排比句式，講述時繪聲繪色，配上動作、語氣，可以增加對孩子的吸引力。同時幼小的孩子具有很強的感同身受的能力，這裡描寫小猴子一路上跋涉的千辛萬苦，可以喚起他的同理心，讓他覺得仿佛是自己在經歷故事中的歷程。）

終於，在經歷了種種艱難險阻之後，小猴子來到了神山腳下。他顧不上休息，就急匆匆地往山上爬。可是山太陡了，每當他爬到一半的時候就會滑下來，總是到不了山頂。小猴子又急又累，坐在一棵大樹下哭了起來。

這時，大樹的葉子搖晃了起來，樹幹上出現了一張慈祥的面孔，一個渾厚的聲音說：「我是樹神，孩子，你為什麼哭了呢？」（原本想寫一個樹精靈或者花仙子，但因為葉兒爸常年在外地，不能每天在家陪伴他，於是為他塑造了一個男性形象。）

小猴子說：「我要爬到神山頂上，拿到金色的盔甲。可是我的力氣不夠，總是爬不上去。」

樹神說：「神山土裡長出的仙桃，可以賜給你力量，幫助你爬到山頂。你只要……」樹神還沒說完，小猴子就立刻爬到山腳的桃樹上，左一口、右一口，一連吃了好幾個大桃子，然後就興沖沖地往山上爬。可是，他還是爬不上去。（猴急猴急，完全不能等待。）

小猴子垂頭喪氣地回到大樹下，樹神笑眯眯地說：「你呀，要吃下自己親手種出來的仙桃，才能獲得力量，爬到山頂。別人種的桃子，不管用的。」說著，樹神拿出一粒種子交給小猴：「這是仙桃的種子，你拿去吧。」

小猴接過種子，立刻刨了個坑把它埋了起來。然後眨了眨眼睛，問道：「怎麼還沒長出來呀？」

樹神微笑著說：「你挖的坑太淺了，種子的根沒辦法扎穩呀。」

於是小猴子挖了一個又大又深的坑，把種子種了下去，又一捧一捧把土填滿。

小猴子坐著看了一會兒，又抓抓耳朵問：「怎麼還沒長出來呀？」

樹神又微笑著說：「它渴了，要喝水呢。」

小猴子歪著頭想了想，跑到河邊打了水來給種子澆水。然後又蹲在旁邊，盯著種子種下去的地方。過了一陣子，還是沒有動靜，小猴子又沉不住氣了：「它怎麼還沒長出來呀？」（每次等待的時間已經越來越長了。）

樹神又微笑著說：「它還需要養分，才能長得高大。」

小猴子去拾來了肥料，小心翼翼地撒在種子周圍。這時，小土包被頂開了一點兒，一株小苗從土裡探出了頭。小猴子非常高興，但馬上又噘起了嘴巴，說：「它怎麼這麼小啊。」

樹神微笑著說：「總有一天，它會長成像我一樣的參天大樹。」

從此以後，小猴子每天都來給小樹苗澆水施肥，小樹苗一點一點長大了。（從種下種子開始到這一部分，情節相似，屬於疊加故事，符合低齡兒童的心理特徵。）

一天晚上，狂風大作，暴雨傾盆。小猴子從睡夢中驚醒，他想起了小樹苗，不知道會不會被風雨吹倒，於是立刻奔了過去，給小樹苗立起一支杆。白天，小猴發現小樹苗的葉片上有很多蟲子，於是就仔細地替小樹苗捉蟲。（樹神已經不再出現了，小猴子對小樹苗的照料已經成為了自發行為。）

就這樣日復一日，年復一年，小樹苗越長越高，越長越壯，枝葉繁茂。春天，小猴子在桃花中嬉戲；夏天，他就在樹蔭下乘涼；秋天，小猴子撿起落葉，拼成各種美麗的圖案；冬天，他就在桃樹下堆了一個大大的雪人。（小猴子開始享受等待的過程，在漫長的等待中找到了不同的樂趣。）

終於有一天，當小猴子來到桃樹下的時候，他發現桃樹上結滿了又大又紅的仙桃！小猴子高興極了，他飛快地爬上桃樹，左邊親親，右邊看看。吃了又香又甜的仙桃，小猴子感到身上充滿了無窮的力量。（吃了自己親手種的仙桃，身上充滿了力量，象徵著孩子透過自身的努力，內心的力量也得到了增長。）

小猴子飛快地爬上了神山，山頂上有一副專門為他準備的、金光閃閃的盔甲。小猴子穿上了金色的盔甲，才忽然發現自己已經長成了一隻強壯有力的猴子，再也不是以前的小不點了。（在童話故事中，主角通常需要歷盡千辛萬苦才能達成目標，而這個過程就是靈魂成長、強大的過程。透過經歷這些艱難困苦，主角最終會找尋到自己內心的力量。）

療癒性故事的魅力就在於，它會像種子一樣根植於孩子心中，潛移默化地滋養孩子的內心，讓孩子心生美善，並充滿力量。而父母們要注意的是，千萬不要去「拷問」孩子故事的意義。不要詢問孩子：「這個故事說明了一個什麼道理啊？」或者「你從故事裡學到了什麼啊？小猴子身上有哪些地方值得你學習呀？」不要去解讀故事的含義，彷彿非得確認孩子從中學到了什麼才能甘休。這樣的方式會把療癒性故事變成說教式故事，而故事的美感和滋養也不復存在了。

不少媽媽在給孩子講了這個故事後，告訴我說孩子特別喜歡這個故事，而且會和爸爸媽媽一起，用玩偶、積木等道具將故事裡面的場景表演出來。這正是孩子吸收、內化的過程，是對內心真正的滋養。就讓我們帶著滿滿的愛，帶著耐心，陪伴孩子走過這一段旅程吧。

不需要人為去製造磨難

延遲滿足這個概念，父母們一定不陌生。很多育兒理念都在宣講，一定要從小訓練孩子延遲滿足，因為延遲滿足能夠鍛鍊孩子的自控能力，這樣孩子將來才能取得更大的成就。如果不教會孩子延遲滿足，就會慣壞孩子，讓他們變得以自我為中心，想要什麼就必須得到。

然而究竟什麼是延遲滿足？這個概念是如何形成的？怎麼做才能讓孩子擁有延遲滿足的能力？我們並沒有仔細去思考這些問題，而是誤以為只要不立刻滿足孩子，讓孩子忍耐，似乎就是延遲滿足了。可是孩子似乎越延遲越無法滿足，道理不聽，軟硬不吃。父母們開始疑惑，究竟是哪裡出了問題呢？

延遲滿足這個概念，最早是由美國心理學家米歇爾提出來的。二十世紀六七十年代，史丹佛大學心理學家沃爾特・米歇爾博士做了一系列關於自制力的實驗，其中最著名的就是「棉花糖實驗」。而米歇爾博士自己也沒有想到，他主導的這個實驗，會在多年後被列入二十世紀最偉大的心理學實驗之一，成為多項研究的理論依據，並被育兒界奉為圭臬。

在這項實驗中，研究人員把一顆棉花糖放在孩子面前，告訴他可以選擇馬上吃掉，也可以選擇等一會兒再吃。如果他能堅持15分鐘不吃，就能再得到一塊棉花糖。隨後研究人員就會離開房間，讓孩子單獨面對這顆棉花糖，同時觀察記錄孩子的反應。

結果可想而知，大部分孩子沒能抵擋住誘惑，中途就把棉花糖吃掉了。有一些孩子堅持了15分鐘，得到了第二塊棉花糖。然而這並不是實驗的終結。真正讓這個實驗聞名於世的，是多年之後研究人員對這些孩子進行了追蹤回訪，發現當年在實驗中能夠抵抗誘惑的孩子，在多年後也表現出較強的自控力與意志力，考試的成績相較同齡人普遍偏高，職業和生活各方面也比較成功。

這個實驗結果似乎證明了孩子從小形成的自制力能影響他將來的成敗，於是「要讓孩子學會延遲滿足」這種教育理念應運而生，立刻風靡全球。不少教育機構宣稱要儘早訓練孩子延遲滿足的能力，而一些父母會刻意營造不及時滿足孩子的情景，讓孩子學會等待。然而很少有人去探究，最初的「棉花糖實驗」究竟是在研究什麼？實驗結果衡量了什麼？有沒有被忽略的其他變數會影響這個結論？

被忽略的隱形變數

從科學研究的角度來說，對照實驗中只能有一個變數，如果有多個變數則需要逐個依次驗證，否則就無法保證得出的結論和條件有直接因果關係。而「棉花糖實驗」中，吃掉糖的孩子和沒吃糖的孩子，這兩個組別在對比時，並沒有考慮到組間差異。

為什麼會如此？因為米歇爾博士最開始做這個實驗並不是為了驗證現在這個結論的。事實上米歇爾本人對媒體的過分解讀也很不滿，他認為不能如此簡單地推論試驗結果，有很多其他因素會影響孩子的等待時間。

讓我們一起來還原這一系列跨越了幾十年的實驗，以及這中間被忽略的變數。

變數一：孩子的年齡

「棉花糖實驗」最初的目的並不是為了驗證有延遲滿足能力的孩子將來的發展會更好，而是想要研究孩子從多大開始逐漸具備一定的自控力。因此他們當時選的孩子的年齡跨度是比較大的，在這些孩子中，最小的3歲6個月，最大的5歲8個月。我們可以想想看，三歲半的孩子和快六歲的孩子，這表現會一樣嗎？小孩子別說相差兩歲多，有的哪怕只相差幾個月，表現的差距就會很大。

而後續的研究證明，5歲以下的孩子很難具備延遲滿足的能力，而5歲以上的孩子則明顯表現出更可控的行為，直到8～13歲之間，大部分孩子都會逐漸發展出一定的延遲滿足能力。這個結論和我們之前介紹的兒童大腦發育順序的研究結果是一致的。

因此，如果不考慮年齡程度，只是覺得孩子無法延遲滿足就已經輸在起跑線上了，那只會徒增焦慮，甚至更加嚴苛地繼續「訓練」孩子，最後只會適得其反。

變數二：家庭背景和成長環境

有一種思維陷阱，叫作「倒果為因」。很多時候看似正確的道理，其實並不一定有循證依據。如果我們沒有深入思考，就很容易落入這種思維陷阱。

例如有研究表明，常年持續健身的人無論是經濟收入還是社會地位，都比從不健身的人要更勝一籌。於是得出結論，持續健身的人因為自律，也更容易在其他方面取得成就。雖然說自律確實是獲得成功的一個條件，但用健身這個例子是無法得出這個結論的。更有可能的情況是，只有經濟收入和社會地位都不錯的人，才有這個條件持續健身。而經濟壓力大、生活煩心事多的人，根本沒心情經常去健身房。

同樣，在「棉花糖實驗」裡也有這種情況。我們可以想想看，是家庭條件好、經常能吃到糖的孩子更容易忍住不吃棉花糖，還是那種可能一年都吃不到一兩塊糖的孩子更容易忍住？答案很明顯，那塊糖對於經常吃得到糖的孩子來說，沒有那麼大的吸引力。而這個實驗是在二十世紀六七十年代進行的，在那個年代，家裡可以經常吃到糖、對糖果的渴望已獲得滿足的孩子，家庭條件一定不差。那麼一個家庭條件不是很差的孩子，在二三十年後，他的學習和工作取得了比那些沒能延遲滿足的孩子更好的成就，這不是很正常的嗎？

二〇一八年紐約大學泰勒・沃茨的實驗印證了這一點。他重現了米歇爾的「棉花糖實驗」，並且把實驗人數擴大到九百多名，這些孩子來自社會各個階層和不同家庭背景。最後實驗發現，小時候有沒有吃那塊棉花糖，和將來發展得好不好，這之間並沒有關聯性。在實驗中，家庭收入水準較低的孩子較不願意等待第二塊棉花糖。

因此，與其刻意「訓練」孩子，不如營造良好的家庭氛圍和支持性環境，尊重、理解孩子的願望，讓孩子從中得到滋養。

變數三：過往的經歷

二〇一三年，美國羅切斯特大學研究小組也曾做了一次「棉花糖實驗」，只不過這一次的道具是蠟筆。如果孩子們等待了一定的時間，就可以獲得更好的蠟筆。研究人員把孩子們分成兩組，其中一組兌現了承諾，所有等待的孩子都獲得了蠟筆。而另一組則食言了，無論等待與否，都不給蠟筆。實驗結果顯示，信守約定的那個組的孩子，在第二輪實驗中等待的時間大大增加了，而被欺騙的那個組的孩子，在後續實驗中的自控力大幅度降低。

這個結果並不讓人意外，但確實從另一個角度說明，孩子能否延遲滿足，也取決於他之前的經歷是否讓他能夠信任他人。如果父母經常出爾反爾，不考慮自己的言行對孩子的影響，而只是單純地要求孩子做到延遲滿足，這其實是不講道理的。如果孩子延遲滿足沒有得到他預期的結果，那他就不會再相信你的承諾。

延遲滿足的能力是建立在孩子平時被滿足的經驗之上的。如果一個孩子被滿足的次數多，那麼遇到因為特殊情況沒法滿足的時候，我們去跟他溝通，他雖然不高興，但還是會接受。可如果一個孩子經常不被滿足，他逮到一個機會好不容易有了這顆糖，怎麼可能願意延遲滿足？

例如老公經常陪你看電影，有一次突然加班去不了，你是能接受的。但如果老公總是不陪你，那他哪一次又拒絕你的時候，你肯定會氣到要抓著他大吵一架。所以延遲滿足的悖論就在於，他要有很多被滿足的經驗。也就是說，這個孩子要有信心，堅信你是會說話算話的，自己是能夠吃到這塊糖的，他才會心甘情願地去延遲滿足。這種內心的篤定，才會讓孩子能夠等待。

由此可見，延遲滿足的能力是無法被「訓練」出來的，刻意訓練只會破壞孩子對他人的信任。那些被訓練出來的孩子，可能是因為已經徹底失望了，放棄期待了，於是看起來似乎延遲滿足了。

變數四：誰是主導

延遲滿足的前提應該是孩子自己選擇的，而不是被他人控制的，也就是說孩子是決定要不要延遲滿足的主導。他可以決定是現在吃糖，還是等一會兒再吃。如果主導權在別人手裡，那麼延遲滿足的意願會大大下降。

延遲滿足是指為了將來一個更想要的目標，暫時放棄眼前短期的好處。然而將來那個更大的好處，究竟是由誰來界定的呢？如果老闆要求我們延遲滿足，我們一定會罵他畫大餅；可我們要求孩子延遲滿足的時候，卻覺得天經地義。

當我們拒絕孩子，想以此讓他形成延遲滿足的能力時，這種帶著壓力的強迫，其實無法讓孩子形成主動等待的意願。孩子只是被迫「延遲」了，然而由此帶來的情緒卻會嚴重影響其真正自控力的形成。如果主導的人不在了，自控力也就沒有了。這也就是為什麼一些孩子在父母在場的時候能做到延遲滿足，一旦父母不在，就會毫不顧忌。

由此引發的思考

在這個實驗裡，那些能做到不吃棉花糖的孩子，他們都想了一些辦法去抵抗棉花糖的誘惑。他們有的站起來轉圈圈，有的自己跟自己玩兒，有的開始觀察研究桌面上其他的東西，有的假裝睡覺不去盯著棉花糖……他們會找一些替代的方式，讓自己不那麼強烈地被棉花糖吸引，也讓自己沒那麼煎熬。其他那些沒能忍住的孩子就不太會使用這樣的策略。

很多時候我們所謂的意志力，都是在發展「我不能」的力量來對抗「我想要」的力量。例如我們想減肥，於是拼命告訴自己不能吃不能吃；我們想讓孩子學習，就一個勁地要求他不能玩不能玩。當兩種力量在對抗的時候，是非常消耗我們的意志力的。因此無論是我們還是孩子，往往很難做到。

拿孩子沉迷電子產品舉例，如果孩子不玩電子產品，不沉迷手機，他還有什麼事情可以做？如果剩下的都是無聊的事情，甚至只能特別苦地去學習，那這個孩子怎麼可能抵抗得住手機的誘惑？因此如果不想讓孩子沉迷電子產品，我們一定要讓他有其他有趣的、多角度的生活體驗。如果他能在生活中體驗到樂趣，體驗到成就感、歸屬感、掌控感和價值感，那麼他就不會那麼癡迷於電子產品。

延遲滿足真的有我們想像的那麼重要嗎？

自控力很重要，但體現在延遲滿足方面，恐怕我們給它賦予了過多的意義。

要說延遲滿足，我們的老一輩真的是做得太好了。別說延遲滿足了，他們幾乎可以永不滿足。他們一直說的是：等結了婚就好了，結婚之後等生了孩子就好了，生了孩子之後等孩子大了就好了，然後等孩子上大學就好了，等孩子工作就好了，等孩子結婚就好了，等孩子生完孩子就好了……永遠在等，永遠不滿足。

他們可以把延遲滿足做到極致，但是他們真的取得了很大的成就，或者人生有多麼幸福嗎？很明顯是相反的。這並不是真正的延遲滿足，而是因為成長環境所導致的內心匱乏之感。

我記得我小時候，冬天媽媽買了一箱蘋果，打開之後發現有兩個蘋果是爛的。她不會把這兩個蘋果扔掉，而是會把爛的地方挖掉，然後讓我們趕緊吃。實際上那個蘋果的味道已經不好了，但媽媽說要把好蘋果留到後面吃。可是等到第二天會發現又爛了兩個，於是又趕緊挖掉，讓我們繼續吃爛蘋果。結果整整一個冬天，我們全家吃了一個冬天的爛蘋果，一個好的都沒吃上。但如果換一個角度想，我們最開始就不要吃那個爛蘋果，就從好的開始吃，是不是那一箱就不會接二連三地爛下去呢？

延遲滿足是一種能力，它不是一種訓練方式。不是為了讓孩子得到延遲滿足的能力，我們就故意不滿足他的要求。而是如果我能滿足，我就痛痛快快地滿足，不講條件；如果不能滿足，我也不帶任何指責、內疚，或是憤怒的情緒，而是坦誠相告，然後再想其他替代的解決辦法。

生活自然的樣子是怎樣就是怎樣，不需要人為去製造這些磨難。意志力是極為有限的資源，如果在這方面延遲滿足了，那麼在其他方面就一定想要補回來。如果意志力都用來對抗人為製造的痛苦，都消耗在「渴望而不可得」上，就沒有精力去發展自身了。

遊戲與運動，都是對生活的體驗與感受

我曾經接過這樣一個諮商，一個一年級的孩子，上課總是坐不住，在椅子上扭來扭去，要麼就和旁邊的同學講話，要麼就戳前面的同學，或者用椅子頂後面的桌子。在家裡也總是搞破壞，什麼玩具到他手裡，玩不了多久就壞掉了。在學校也經常損壞班裡的物品或是同學的文具，搞得大家都不願意借東西給他。這個孩子似乎還有暴力傾向，大掃除時拿著掃把揮舞，不小心打到一個同學，害得對方的手骨折了。在社區裡騎滑板車的時候，會忽然從滑板上跳下來，於是滑板車就直直衝了出去，經常因此撞到行人。

孩子的媽媽說，她經常因為孩子破壞秩序和紀律的問題被老師找去談話，被同學們告狀，被社區鄰居投訴。她認為孩子的規則意識偏弱，於是制定了詳細的規則；又怕孩子是因為陪伴不夠，於是調整了工作時間，努力給予孩子陪伴；她也試圖和孩子溝通，想找到孩子內心的真實想法，可是孩子每次都答應得好好的，但每次都做不到。有時孩子甚至說：「媽媽，我也不想總是這樣被你說，可我就是控制不了。」

現在大家可以設想一下，如果你面對這樣一個孩子，你覺得他是哪方面出現了問題呢？我們應該怎樣教育和幫助這樣的孩子呢？

也許大家會說，我們可以嘗試透過各種溝通的方法去解決，比如給孩子講道理、定規矩，去找父母陪伴不到位的根源，讓孩子承擔行為後果，有些家長和老師可能會使用或溫和或嚴厲的懲罰手段等等。但其實這些方法，這位媽媽都已經嘗試過了，然而收效甚微。她甚至帶孩子去醫院檢查，看是不是有過動症什麼的，但檢查結果又一切正常。

這是我在諮商過程中接觸到的一個案例，實際上在這些年的諮商和講課過程中，我見過很多類似的孩子。在做兒童諮商之前，我會詳細地瞭解孩子從出生以來的成長過程、養育方式、家庭互動、行為表現等各方面的資訊，然後才與孩子面談，透過遊戲以及交談的方式建立評估，以及後續協作方案。

上面這個案例裡提到的孩子，在進行了幾次接觸之後，我發現他的動作不太協調，遊戲和運動的時候不能很好地控制自己的身體，也不太能理解遊戲的各種指令。詢問了媽媽才知道，這個孩子除了上學，還要參加各種才藝班和補習班，平時很少運動，更沒有什麼機會和父母、同伴玩耍。而這個孩子各種讓人頭疼的行為問題，恰恰是因為他的各項感官發育不平衡所導致的。

有一個概念叫**本體覺**，指的是一個人對於自己身體的感知。比如感知動作的輕重，對自身空間的感知，對自己身體的掌控，對自己和周圍環境以及他人之間邊界的把握等等。倘若一個人的本體覺沒有很好的發展，那麼他就容易出現一系列的行為問題。

例如在和玩伴互動時拿捏不好自己的行為，明明是想和對方打招呼，卻衝上去重重地拍了一下，把對方弄疼。玩玩具也因為控制不好自己的力道，以為自己只是很輕的動作，結果卻把玩具給掰壞了。也有可能因為對自身空間的感知不足，而總是侵擾坐在身邊的人，同時因為不知道自己和他人的邊界在哪裡，於是總是惹得他人厭煩。

現在很多父母過於關注孩子的學習，而忽略了玩耍、遊戲和運動在孩子的成長中不可替代的作用。遊戲對於孩子的成長來說是不可或缺的，也許每位父母都能理解遊戲對於孩子身心發展的重要性，但如何與孩子進行適齡的遊戲，可能就不是特別瞭解了。作為一名心理諮商師以及兒童遊戲治療師，我想從這個角度來談一談遊戲對於孩子的成長意味著什麼。

兒童遊戲通常具備以下幾個特徵：第一是自發性。遊戲是孩子的一種自發行為，而不是被他人要求才開始，或者是為了得到某種獎勵才去做的。遊戲本身對於孩子來說就是一種愉悅的過程。

第二，遊戲的過程比遊戲的結果更吸引人。參與遊戲的孩子往往更關心遊戲中的體驗，例如快樂、有趣、享受、刺激等等，這些過程和體驗的重要性要遠遠大於遊戲的結果。

第三，孩子在遊戲的過程中是積極參與的，並能夠主動控制遊戲發展，而不是被動旁觀，或是被指揮著去完成規定的指令。在遊戲的過程中，孩子可以發揮自己的靈活性和主觀能動性，去創造發展不同的遊戲方式。

第四，遊戲是一種「假裝」的活動，孩子能夠區分這種假裝和真實的生活，但又能在遊戲中呈現真實生活中的內容。

兩歲之前的孩子，主要進行的是探索遊戲，或者叫感覺動作遊戲。在這個年齡段，孩子會透過視覺、聽覺、嗅覺、味覺和觸覺進行各種探索活動。比如爬上爬下、翻箱倒櫃、玩水玩沙、玩瓶瓶罐罐，看到什麼新鮮東西都要拿過來搗鼓一番，摸一摸，摳一摳，有的還會往嘴裡塞等等。這一些都屬於探索類遊戲，孩子透過各種感官去瞭解這個世界。

兩歲以上到四歲左右的孩子，開始逐漸玩一些功能型遊戲，或者叫關聯式遊戲。這時候的孩子開始學會使用一些有關聯性的玩具或道具。比如拼插類的玩具，汽車、火箭等功能型玩具，或者把娃娃放到搖籃裡，用水壺給花澆水等等。孩子們透過這一類型的遊戲，把生活中的事物關聯起來，建立聯繫，並學會透過恰當的方式集中和使用這些東西。

在四歲左右，假想遊戲開始出現，這時候的遊戲中會出現很多象徵性的元素。四歲多的孩子可能會說：「我們來玩公主的遊戲吧，我是公主，你是王子。」或者說：「我們來玩打仗的遊戲吧，我當超人，你當怪獸。」這個年齡段的孩子透過扮演來進行假想，例如扮家家酒的遊戲、醫生病人的遊戲、警察的遊戲、消防員的遊戲等等，他們透過這樣的方式來模仿和理解社會關係。在這個階段，象徵性的符號或道具會被經常使用，例如孩子會拿一個香蕉當成電話假裝通話，或者拿一根樹枝當成寶劍去戰勝怪獸等等。

在這些多種多樣的遊戲中，孩子逐漸開始發展出自己的社交能力。年幼的孩子往往在社交方面表現得不那麼成熟，於是很多父母擔心自己的孩子在和其他孩子的相處中會遇到問題，總想指導孩子。其實這些同伴之間相處的方式是無法透過語言告知的，而是在遊戲互動以及實踐中逐漸發展起來的。

從社交角度來看，兩歲以下的孩子所處的遊戲階段叫單獨遊戲階段，他們大多數時間都是一個人玩。在玩的時候希望有父母或其他家人陪在身邊，但他們通常不會主動注意到其他不熟悉的大人和孩子。

兩到三歲的孩子開始進入平行遊戲階段，他們會在其他孩子旁邊玩，孩子之間會進行簡單的交流，比如互相拿玩具、簡單的模仿之類，但主要還是自己一個人玩，各自進行自己的主題，比較少進行協作。

三歲以上的孩子就開始進行社會性遊戲了，他們會一起玩耍，學習彼此協作配合，共同參與到活動當中。這時候角色分工開始出現，簡單的規則也逐漸形成。隨著年齡的增長，他們的遊戲形式也越來越成熟。

透過觀察孩子的遊戲類型和遊戲階段，也能大致看出孩子的心智發展程度。而在這個過程當中，孩子透過觀察、模仿、嘗試、實踐，和同伴之間互相配合、協商，不斷提升自己的社交能力、表達能力以及思考能力。

因此，有一句話叫「**遊戲是兒童的語言**」。孩子們可以透過遊戲進行交流和學習，也可以透過遊戲去表達他們的需求。有的資訊孩子可能無法用語言表達，卻能夠在遊戲中用他們自己的方式呈現出來，而這也是很好的傾訴和宣洩的途徑。我曾經觀察過很多孩子，他們會透過遊戲和道具來展現他們的生活主題。

例如一個身體不太好的孩子，經常要往返醫院，他會透過和玩伴玩打針、看病的遊戲，來緩解自己的焦慮，釋放自己的情緒。而另一個經歷了車禍驚嚇的五歲孩子，因為年齡太小，不能用語言來表達，也無法接受父母語言上的安慰。但他在遊戲治療室裡會特意選擇各種車子的玩具，讓它們相撞，然後翻車。在經過了這樣一段時間的過渡之後，他開始出現讓車子相撞再平安滑走的元素，後來我們又加入了超人飛過來拯救車子等情節。

同樣，在我所看到的一些論文資料裡也有記錄，在美國911恐怖襲擊之後，很多孩子在進行積木搭建遊戲時，都出現了用飛機或其他模型撞擊搭建好的積木這樣類似的現象。還有經歷了地震、火災的孩子們，也會在遊戲中反映出相關的因素。孩子們的情感表達和成年人有很大差別，對於孩子來說，語言不足以表達他們內心磅礡的感受和情緒，也無法描述他們腦海中豐富的圖景和想像。而遊戲則是一種很好的表達管道。

我曾經到我孩子所在的班級，帶著全班同學一起玩遊戲，也向很多父母們介紹過遊戲和運動的重要性。可是現在一說起玩遊戲，我們的第一反應就是手機、電腦、網路遊戲。我們很容易依賴這些方式帶給我們的生活便利，甚至會透過這樣的方式來安撫孩子，讓孩子安靜下來。可是在面對孩子沉迷遊戲的狀況時，又頭疼糾結，唯恐避之不及。本文所說的遊戲絕不是電子遊戲，而是很多經典流傳下來的兒童遊戲，或者是基於兒童發展心理學、專門為孩子設計的身體遊戲。

但是現在很多父母們會給遊戲賦予一些類似於任務的意義，為了讓孩子們的遊戲變得更有價值，父母們變得很功利，總是不放心孩子做自己喜歡的事情，甚至連孩子的玩法也要指定。我們總想讓孩子按照我們的方式遊戲，或者讓孩子玩的都是一些所謂的「益智」遊戲，希望能夠為了將來的成功打好基礎，加快和促進孩子成長，否則就覺得孩子的玩耍是在浪費時間。這其實是一種暗示，似乎只有當遊戲符合成年人的想法和目標的時候，遊戲才是重要的、有價值的。

雖然父母們都是從孩子長大的，但我們卻忘記了孩子在這個應當充滿歡樂和自由的年齡裡真正想做的事情。很多時候父母們不自覺地把自己的需求當成孩子的需求，把自己的願望強加在孩子身上。因此，與其說我們要學習如何與孩子一起遊戲，不如說我們是在學習如何與孩子一起生活。在孩子的生活中，缺少不了遊戲，遊戲就是孩子的語言。

作為心理諮商師，我經常接到焦慮的父母們前來諮詢孩子沉迷電子產品，同時還有一系列由此現象引發的注意力不集中、學習障礙、孤僻、社交障礙等問題。但其實很多時候，我們誤以為孩子有這樣那樣的「行為問題」和「學習困難」，恰恰是因為孩子缺乏適齡的遊戲和運動，他本該習得的能力沒有發展起來。別說孩子了，我們成年人身上也有著各種運動缺失的後遺症。我們太過依賴於自己的頭腦，已經和身體、情感失去了連結。

對於孩子來說，純粹靠語言的溝通往往不那麼盡如人意，因為孩子有很多事情不能很明確地表達。但透過特定的遊戲，孩子能夠釋放情感，宣洩情緒，表達無法用語言講述的內容，學習人際交往，獲得安全感，體驗掌控感，建立規則意識。

可是父母和老師總是喜歡給孩子講很多道理，總認為透過語言就可以教會孩子，而只有當孩子坐在書桌前讀書、寫作業的時候，才是在好好學習。但其實絕大多數孩子都很難在長時間裡乖乖坐好保持不動。對於孩子來說，他們必須有意識地努力才能保持坐好，並且長時間用腦集中注意力。而這些刻意的限制會消耗他們的能量。很多時候我們覺得孩子在摸魚、磨蹭、走神，但這些都只是他們的身體本能需要而已。孩子是在運動中學習的，他無法像成年人那樣靜靜地坐在那裡，只用頭腦就能夠記住並且掌握所有知識。孩子需要透過身體來學習，這樣的學習效率反而會更高。

對於年齡小的孩子而言，遊戲就是能夠幫助他們釋放和調整的最好方式。前文所說的那個令媽媽頭疼的孩子，我針對這種情況，設計了一些相應的感知類遊戲。例如人體山洞探險，我們用自己的身體當山洞，讓孩子在地上爬著通過山洞，但不可以碰觸到山洞的邊緣。這是在幫助他感知自己的動作，以及學會控制身體。

還有協調類的遊戲，例如拍手遊戲。我們小時候玩過很多拍手遊戲，兩個人做同樣的動作，同時擊掌。除此之外，拍手遊戲還可以設計成兩個人做不同的動作，但是在相同的節奏中照樣同時擊掌。這是讓孩子學習，如何穩住自己的節奏，同時還要看到搭檔的節奏。這樣的遊戲需要每個人專注在自身的節奏當中，保有自己內心的定力，不受周圍其他人干擾；同時和周圍人合拍，相互配合，相互呼應，遊戲才能持續進行下去。而穩住自己、顧及對方、彼此配合，這正是人際交往的根本。透過這類遊戲，不但能提升孩子的節奏感、反應力、手眼協調能力，還能提升孩子的社交能力。

我們還可以和孩子一起玩一些指令遊戲，這對於已經上學的孩子來說尤為重要。雖然我們平時一直說要給孩子愛與自由，但服從命令聽指揮也是生活、學習和工作中必不可少的元素。讓孩子學會聽懂、聽清工作指令，並按要求去做，這是非常重要的能力。想達到這一點，並不需要嚴厲的說教和管制，利用好玩的遊戲就能輕鬆達到目的。

我們可以和孩子約定一些關鍵字，比如「香蕉」是朝前跳一步，「草莓」是朝後跳一步，在遊戲中我們可以天馬行空地隨意叫出一些水果的名稱，聽到關鍵字就做出相對應的動作。隨著孩子年齡的增長，我們可以不斷增加關鍵字，例如朝左跳或朝右跳，原地跳或下蹲起立等等。還可以讓孩子來發號施令，看誰能又快又準地做出正確的反應。等孩子比較熟練了之後，我們還可以加入一些干擾詞或者易混淆詞，比如「西瓜」和「冬瓜」、「烏龜」和「烏賊」

等等。不斷增加的難度，也使得孩子的專注力和辨識力不斷提升。

類似的指令遊戲有很多，大家可以發揮聰明才智去創造各種形式的有趣遊戲。指令遊戲可以協助孩子訓練控制力，同時也訓練反應能力，從不斷變化的指令當中排除干擾項，辨識出真正有效的指令，並照著去做，才能取得遊戲的勝利。這種方式非常有助於他們在學校裡的學習和社會交往。

我還帶孩子們玩了一系列設計巧妙的小遊戲，把語文詩詞、文言文背誦，數學奇偶數、九九乘法表、因式分解、公約數公倍數等知識的理解融入其中，幫助孩子把學到的知識內化到身體裡。只有身體掌握了，記憶才會經久不衰。孩子們都特別喜歡遊戲，透過遊戲的方式來協助他們調整行為，不容易引起他們的牴觸，也很容易見效。

每一個孩子在玩遊戲的時候都是興致勃勃、聚精會神、注意力高度集中的，這也是在鍛鍊孩子的專注力和思維能力。同時，在遊戲中因為要跟隨指令來行動，孩子必須隨時留意指令的變化，理解規則，這也是在培養孩子聽到並理解他人話語的能力。而每一種遊戲都有相應的不同規則，只有遵守規則，遊戲才能持續進行下去，這其實也是在幫助孩子建立規則意識，在生活和學習中都大有助益。

小小的遊戲裡竟然蘊含著這麼多的智慧，而這些其實只是很小的一部分。在遊戲中，我們追逐、跑跳，和他人配合，從中學習專注、認真、團結、策略、勝負、規則等等。這些年在諮商和講課的過程中，我越發體會到遊戲和運動對於兒童身心發展的重要性。真正的勇氣、堅韌、決心、善良、合作、社交、思考等特質，並不是靠告知就能習得的，而是在遊戲與運動中發展起來的。

當孩子們在遊戲中透過自己的智慧取得勝利，透過互相配合找到寶藏，面對不確定的挑戰積極動腦筋、想辦法，最終戰勝困難的時候，他們的成就感簡直爆表。而這一切都是自信心的來源。

遊戲是每個孩子成長過程中必不可少的組成部分。然而現在的實際情況卻是，孩子們嚴重缺乏遊戲和運動。在忙碌的現代社會中，遊戲變得非常奢侈。許多孩子沒有充足的遊戲時間，也沒有辦法透過遊戲互動去解決一些常見的問題。

我看到了一則幾年前公佈的城市兒童戶外活動狀況調查報告，報告中呈現的結果令人擔憂，統計顯示孩子戶外活動嚴重不足，週一到週五每天的戶外玩耍時間僅一小時，平均每四個孩子中就有一個孩子戶外活動不到一小時；看電視、玩電子遊戲佔據戶外活動和睡眠時間的情況非常普遍。有12.45％的兒童每天看電視、玩電子遊戲的時間超過兩小時，而多達48％

的兒童在週末看電視玩電子遊戲的時間超過兩小時，這一數字到寒暑假上升到61.4%。

而除了電子產品之外，現在的孩子還被各種課外輔導班所包圍，學習英語、數學、鋼琴等各項技能。不少來我這裡諮商的孩子告訴我，他們週一到週五晚上都要學習不同的才藝，週末也在幾個課外班之間輾轉，行程非常緊密。不得不說這真的是很可怕的一種現象，也催生了現在父母和孩子的各種焦慮。與此同時我們也會發現，在學習、社交和行為這三方面有困難的孩子越來越多。

如果想讓孩子各方面平衡發展，就要注意腦、身、心三方面協調發展。現在很多孩子都在不停學習，上各種輔導班，學各種特長。父母們以為這樣就叫全面發展了，但其實這些學習還是只集中在腦的部分。如果想讓孩子更全面，別忘了還有身和心這兩部分。和孩子一起玩遊戲、講故事、畫畫、做手工、哼唱歌謠，讓孩子感受到生命之中的溫暖、愛和美好。孩子自然地更喜歡和人之間的互動，而不是和機器待在一起。只有當孩子在和父母的互動中無法獲得新鮮有趣、愉悅輕鬆的體驗時，才會轉而埋進電子產品中。而一旦孩子已經沉迷電子產品，再想拉他出來就更困難了。

因此，與其擔心孩子沉迷手機，不如帶著孩子一起做一些有趣的遊戲和運動。我的兩個孩子經常說：「媽媽，你帶我們玩的那些遊戲，可比手機平板有意思多了。」多和孩子一起玩，親子關係更好了，你說的話他也會更願意聽，這樣也就同時解決了很多我們溝通方面的問題。養育孩子是一個整體，我們的生活也是這樣一個綜合的整體。

遊戲互動需要體驗式學習，文字難以企及一二，希望今後有機會能和大家一起探索遊玩。在此之前大家也可以回憶一下我們小時候都玩過什麼樣的遊戲，嘗試帶著孩子一起去體驗和感受。願我們都能和孩子一起玩出樂趣、玩出智慧！

第十八章

當孩子踏入校園，成為他的後盾和橋樑

與其擔心社會傷害孩子，

恨不得給他加個保護罩，

倒不如做好自己，帶動周圍，

讓自己成為優良環境的一部分。

如何幫助孩子做好入園過渡

每到開學季，都會有一批孩子進入幼稚園。從某種意義上來說，這是孩子第一次需要暫時離開父母、離開家人，進入到一個小社會裡，開始自己的學習生活。那麼，我們可以做些什麼來幫助孩子邁出這成長的一大步呢？

在葉兒快到入園年齡的時候，我開始為他做入園準備。關於入園，我將當時的經驗整理了一下。其中包含我做準備時參考的書籍《上幼兒園不用愁》《幼兒園那些事兒》。

一、如何選擇心儀的幼稚園

選擇幼稚園，應以孩子為重。選園時大概要考慮的因素有：距離、價格、安全、環境（軟硬體、人文環境）、理念。

有些父母為了把孩子送到一個「理念好、名氣大」的幼稚園，不惜繞大半個城市，每天接送。或者乾脆在幼稚園旁邊租房居住，專門陪讀。當然，如果做出這樣的選擇是全家支持且不影響日常生活的，那自然很好。但如果是舉全家之力，做出各種犧牲，那這樣的選擇，並不一定是以孩子為重，而很有可能是為了滿足父母自己內心的需求：「我一定不要讓孩子接受我小時候的那種教育。」這種焦慮和擔憂是父母的心理情結，父母應當把這個功課留在自己這裡處理，而不是透過孩子的生活來彌補。

一旦孩子入園，面臨的就將是連續幾年的接送。如果距離太遠，幾年裡會犧牲掉孩子上千個小時的睡眠、休息、玩耍時間，對於孩子的成長來說，這些時間同樣重要。而去幼稚園附近租房，雖然孩子上學距離近了，但父母的工作和生活都會受到影響。有些父親為了工作留居原處，只有母親一人帶著孩子住在幼稚園附近。對於幼小的孩子來說，失去了家庭的完整性，感受不到家的氛圍，即便是再好的幼稚園，也無法替代家庭對孩子心靈的滋養。

價格也應該是首要考慮的因素，所選幼稚園的價格應該在整個家庭的承受範圍之內。沒有必要為了上「名園」而節衣縮食、省吃儉用。如果背負著巨大的經濟壓力，勢必會影響家庭成員的情緒，這些情緒都會在日常生活中表現出來，孩子也會敏銳地覺察到。

為了孩子入園而影響到全家的生活，家庭成員就很容易對孩子有所期待，即便是不說出來，也會無形之中傳遞給孩子這樣一種資訊：「我們為了你能受到良好的教育，能感受到愛與自由，付出了這麼大的代價，你進了這所幼稚園，一定會快樂、健康、全面發展，一定會有強大的內心、獨立的思考能力和良好的行為。」而這一資訊被孩子捕捉到，反而會因為壓力而焦慮，根本沒有「愛與自由」的樣子了。

省吃儉用供孩子上學，或者父母分離陪讀，都會破壞家庭中原本的關係，而這種關係在孩子的成長過程中起到的作用非常大。因此量力而行是比較明智的做法。和父母的言傳身教、潤物細無聲比起來，幼稚園對孩子的影響要小很多。世上並沒有完美的幼稚園，無論如何選擇，都會遇到各式各樣的問題，但這些都是我們可以和孩子一起去面對的，也是我們和孩子有能力化解的。

二、如何給孩子做好入園準備

首先是父母及家庭成員的心態調整。孩子到了入園的年齡，就有了社會化的需求。他們渴望和同齡人玩耍、交流，希望能有更多的機會去探索更大的世界。但他們仍會對父母有所依賴，在渴望擴大探索的同時也會有猶豫。這時父母應該是孩子堅強的後盾，給予孩子內心的力量。然而在實際生活中，太多時候是父母離不開孩子，而不是孩子離不開父母。由於父母的焦慮傳遞給孩子，讓孩子懼怕幼稚園的情況比比皆是。如果父母總是擔心孩子適應不了幼稚園，勢必在言語和行動上有所體現，孩子也會感受到父母的焦慮，覺得上幼稚園是一件很可怕的事情。因此，整個家庭成員的心態調整非常重要。

其次，要合理期待幼稚園的生活。有些父母為了孩子能願意去幼稚園，會說幼稚園裡都是玩具、有零食吃、可以看卡通等來哄騙孩子。也許孩子當時願意去了，但一旦發現幼稚園的生活並不是父母說的那樣，就會因為失望而變得更加牴觸。

除此之外，我們還可以帶著孩子一起熟悉幼稚園的環境與流程。現在幼稚園通常都允許參觀和試讀，在入園之前父母多帶孩子去園裡玩耍、熟悉環境、模擬一日生活，會讓孩子更快適應幼稚園的生活。在葉兒快到入園年齡時，我經常帶著他去幼稚園外面，看哥哥姐姐在裡面排隊做操，小傢伙很是嚮往。在徵得幼稚園的同意後，我帶葉兒參觀了幼稚園。我們一起在教室裡玩，看看午睡時小小的木床，小小的桌椅板凳，小小的廁所水池……讓葉兒熟悉在幼稚園的生活流程。

與此同時，讓孩子的作息時間和幼稚園的作息時間靠攏，並培養孩子自己吃飯、主動喝水、會示意如廁、會自己洗手等生活自理能力。

當然，我們還要給孩子心理準備期。無論我們的準備工作做得多麼充分，剛入園時也一定會有哭鬧，這是孩子的正常反應。不必因為孩子暫時的哭鬧，就焦慮、擔心、懷疑。這是孩子在成長途中所必須經歷的。正如同一位作家說的那樣：「有些事，只能孩子一個人做；有些路，只能孩子一個人走；有些關，只能孩子一個人過。」

同時還要避免給孩子負面暗示，不說一些容易形成負面暗示的語言，例如：「再不聽話，就把你送到幼稚園去！」「等到了幼稚園，看老師怎麼收拾你！」「如果小朋友打你，你就去告訴老師。」「今天有沒有小朋友欺負你啊？」「不聽話就把你丟在幼稚園，不去接你了。」等等。這些話語容易讓孩子對幼稚園形成不好的印象，變得更加恐慌。

除此之外，還可以和孩子一起準備入園物品。帶著孩子一起購買入園的文具、書包，和孩子一起在衣服和被子上繡上姓名貼……這些準備工作都會讓孩子對即將展開的幼稚園生活充滿期待。

那時候我會和葉兒一起暢想：如果媽媽不在，我都可以做些什麼呢？可以玩球、剪紙、玩積木，可以跳舞、玩沙、揉超輕黏土，等到了下午，媽媽就來接我啦！我還可以畫畫，把媽媽的樣子畫下來，畫我們一家人一起玩，畫我想和媽媽一起玩的遊戲。我還可以在院子裡找媽媽的影子，你看，那裡有一棵大樹和一棵小樹，那是媽媽樹和寶寶樹；還有媽媽草和寶寶草、媽媽石頭和寶寶石頭……

入園時，請簡單介紹孩子的情況，不要太長，以便老師瞭解。葉兒入園時，是當時全園年齡最小的孩子。我在幼稚園的檔案手冊裡填寫了一份葉兒的情況介紹，包括性格、愛好、行為、自理能力、午睡習慣、哭鬧時的應對，以及喜歡玩的小把戲等等，讓老師對他多一些瞭解，也能更輕鬆地應對。

三、如何應對孩子的分離焦慮

孩子入園時可能會表現出分離焦慮，面對媽媽的離開會哭鬧不止。媽媽要如何做，才能陪伴孩子度過分離焦慮期呢？

不要偷偷離開。有些父母因為害怕聽到孩子哭，就總是趁孩子不注意的時候偷偷溜走。這樣做不但不會幫助孩子適應你不在的場合，反而會讓他更害怕你總是突然消失，不會回來了。雖然他可能會大哭，但請一定要跟他說再見，並在他的視線中離開。例如可以告訴他：「媽媽要去上班了，等下班後就馬上來接你，媽媽愛你。」然後就可以離開了。不要因為孩子哭就總是拖延、又回來安慰，這樣寶寶會發現哭泣是挽留你的好方法而頻繁使用。

父母的內心平靜放鬆。父母的焦慮會傳遞給孩子，讓他更加抗拒幼稚園，難以分離。

信任老師和學校。既然選好了幼稚園，就要對園方和老師表示信任。相信老師有能力安撫孩子，處理好孩子的情緒。

生活有規律，對孩子更是要言而有信。有規律的生活會極大地增強他的安全感。如果孩子發現你每次都會準時來接他，那麼他會很快調整好自己，適應你不在的場景。

避免傳遞負面資訊。不要當著孩子的面議論其他小朋友多不願意去幼稚園，以及其他與幼稚園相關的負面事件。不要在孩子面前表現出對幼稚園的擔心、對老師的不滿。如果孩子發現連父母都無法對幼稚園放心，那麼他一定會覺得幼稚園簡直太可怕了。

透過繪本、遊戲等方式緩解分離焦慮。現在有很多童書和繪本，透過孩子的視角，描繪孩子的心聲。和孩子一起閱讀分享，有助於應對分離焦慮，以及適應幼稚園生活。我當時給葉兒買了一些適合幼稚園過渡的繪本，經常講給他聽，讓他漸漸明白，即使媽媽離開，也絕不會影響我們之間的愛。

有助於應對分離焦慮，以及適應幼稚園生活的繪本有：《湯姆上幼稚園》《大衛上學去》《魔法親親》《我不要去幼稚園》《幼稚園一點都不可怕》《一口袋的吻》《我好擔心》《我不跟你走》《別想欺負我》《老師，我為什麼要上學》《斑斑親親寶盒》《小貓頭鷹》《我愛幼稚園》

《我喜歡上學》《小魔乖要上學》《阿文的小毯子》《我太小，我不要上學》《第一天上學》《小阿力的大學校》《托托上學去》《忘了說我愛你》《1、2、3，上學去！》《三隻小豬上幼稚園》《點點愛去幼稚園》等……

和孩子一起講故事時，不要把愉快的親子共讀過程變成說教，不要為了讓孩子儘快適應幼稚園就把繪本中的故事當成大道理講給孩子聽，這樣只會適得其反，引起孩子的牴觸。

最後，是家庭中的高品質陪伴。孩子放學後，多陪伴他，和他玩遊戲，一起互動，一起親子共讀。讓孩子感受到你無條件的愛，讓他確信你是永遠愛他的，不會離開他的。這樣，隨著孩子心智的不斷發展，他會很快接受新的生活規律。當你離開的時候，雖然他還是會感到難過，但他能在老師的安撫下和同儕的陪伴中很快平靜下來。因為他的經驗和逐漸發育的記憶力都告訴他，你離開一段時間後一定會回來，並和他一起度過愉快時光。多向他表達你的愛和關注，讓他更加信任你。

四、如何判斷孩子適應了幼稚園

- 每天都能開心地去幼稚園。
- 雖然早上不太願意去，但去了幼稚園也沒有太多不順心的感覺。

・能在幼稚園安心入睡。
・有需要的時候，能自如地在幼稚園大便。
・能參與感興趣的課程及活動。
・在幼稚園有好朋友。
・回家後沒有莫名的情緒反常，晚上沒有頻繁做噩夢的現象。
・談起幼稚園，能夠回憶起一些愉快的事情，對不愉快的事情反應不是很激烈。
・下午去接時不願意回家，希望繼續在園中玩耍。

以上情形只需部分滿足就能說明孩子已經逐漸適應了幼稚園。

五、如何應對孩子入園後的行為問題

初入園時，孩子可能出現一些情況，以下羅列了三個可能的情況與解決辦法。

一、孩子入園後變得特別黏人：

這是很多孩子常有的表現。孩子一整天沒有見到家人，回到家需要從媽媽這裡獲得安慰，並將這種安慰轉換成一種積極正面的心理能量。同時他也需要透過這種方式來確認，父母對他的愛並沒有因為入園這件事而改變。所以，入園後孩子黏人是一種正常的心理需求，是他獲取心理能量、排解焦慮情緒的一種方式。

當孩子黏人時，不要排斥他的情緒，更不要斥責他，否則會加重他的焦慮。與其被動地被孩子黏，不如主動去陪伴他，玩出更多花樣，讓他感受到家的溫馨和父母無條件的愛。

二、孩子入園後脾氣越來越大：

入園初期之所以頻繁發脾氣，是因為孩子不清楚該透過什麼樣的方式去發洩自己的焦慮情緒。他們年齡尚小，排解情緒的技巧還不熟練，發脾氣是他們最容易想到的發洩方式。所以，當孩子發脾氣的時候，請接納他的情緒，冷靜而溫和地面對孩子，在保證安全的前提下，給孩子一個發洩的機會。在孩子情緒激烈時，擁抱孩子，並簡單傾聽，陪伴他一起學會處理情緒。

三、孩子在幼稚園衝突頻繁：

孩子入園後，被打了，父母心疼；打人了，父母煩惱。孩子們的衝突多種多樣，但絕大多數的衝突，雙方都沒有惡意。不管因為什麼樣的原因導致孩子們之間出現衝突，歸根結底，都是因為他們沒有掌握恰當的交往模式，或者沒有控制住自己的衝動所致。當孩子們發生衝突的時候，批評苛責往往無濟於事。一味強調不能做什麼，也只會給孩子帶來負面的心理暗示，變相地強化這種行為。

父母可以創造一些遊戲，模仿孩子社交的情形和衝突的發生，然後將可以採用的應對方式表演出來，直觀地展示給孩子。也可以透過繪本、畫畫等方式向孩子傳遞恰當的交往模式。同時盡可能地為孩子提供自主解決問題的機會，讓他體驗和嘗試各種不同的應對方式，從而提高人際交往技能。教給孩子一些基本的社交規則，例如不可以打擾他人、加入他人玩耍時要取得對方同意等等。同時加強孩子用語言表達需求的能力，而不是一有衝突就動手。

進入幼稚園，是孩子出生後第一次與我們分離，也是他人生中最重要的一次獨立。只要有堅實的愛和安全感做基礎，他的內心始終會有一份平靜和安寧。孩子的每一步成長，都在不斷給我們驚喜。成長的速度無可阻擋，而我們就只能站在他身後，目送他一步步遠去。所以，請準備好耐心，準備好信任，準備好堅定，準備好很多很多的愛，帶著祝福，和孩子一起，面對這不可避免也無法阻擋的成長。

家校溝通（上）
——當學校理念和我們有衝突時

在我剛有孩子的時候，每天看著他可愛的樣子，恨不得把世界上最好的愛都給他。於是我看了很多書，不斷學習，給他陪伴，傾聽，耐心地和他溝通……可是隨著他慢慢長大，我發現我無法將他一直呵護在羽翼之下。到了學校裡、社會上，誰還會這麼對他？學校裡一個班好幾十個人，老師根本顧不過來，哪來的耐心和孩子溝通交流？最快速的方法就是獎勵和懲罰，大環境就是如此，我們能有什麼辦法呢？

想到我所踐行的父母無條件的愛、給孩子愛與自由，我會被這些理念所散發的那份美好所吸引，會被它們所透出來的濃濃的人文關懷所打動。可是回過頭來看到生活中的各種不符、各種粗糙、各種堅硬，頓覺力不從心。當我們無法改變大環境時，就會心生糾結、焦慮、痛苦、擔心。

要如何面對模式化教育和我們的理念之間的衝突呢？難道我們就真的無能為力嗎？我相信絕非如此。我們為孩子在生命早期所打下的愛的基礎，會成為他將來面對一切困難挫折的勇氣和力量。

我的一位老師安娜曾經在自家客廳裡種了一盆發財樹，但她發現那棵樹總是歪著長。於是她用繩子綁住長歪的枝葉，想把它勒回來，可是樹卻越來越歪。終於有一天，繩子斷了，被勒住的枝條瞬間伸展開來，導致重心不穩，連同花盆一起栽倒在地上。安娜向懂得花藝的朋友請教，朋友告訴她，因為向光的本能，樹會一直往陽臺的方向生長，只要每隔幾天將花盆轉半圈，樹就不會長歪了。

安娜是用開玩笑的口吻跟我講起這個故事，我聽到時卻感到無比震撼，為植物向陽的力量而讚歎。其實孩子也是如此。我們都知道，孩子不是一張沒有生命和思想的白紙，他不會任由我們塗抹成我們想要的樣子。孩子是一粒種子，他未來的一切可能都已經包含其中。既然是種子，那他就有趨光性。只要我們能給孩子內心深處的力量和支持，他必將會向上向善，朝著光亮的方向成長。

豆媽曾說起和兒子豆豆的一次對話：

豆豆從幼稚園回來，開心地說：「媽媽，我的小星星貼紙數量得了前十名！」

媽媽親親他：「你一定很開心。」

豆豆：「是啊，我表現得很好。」

媽媽有點擔心孩子會為了小星星而刻意表現，於是說：「寶貝，你得了很多小星星，媽媽很開心。我希望你不是為了得小星星才好好表現，那樣太累了。」

豆豆：「媽媽，我沒有為了得小星星而好好表現，我本來就這麼好。」

聽到孩子的回答，我不由得感慨，這就是在無條件的愛之下成長的孩子，他們內心有著滿滿的愛，有著對自己的確信，他們不需要靠外界的評判來確定自己的價值，而這一切，都來自於媽媽一直以來對他的愛和接納。

是啊，孩子本來就是這麼美好。這些在愛裡成長的孩子都有一個共通性，他們有著堅定的自我，有著堅實的自信心和安全感。他們相信自己是值得被愛的、是有價值的，不會輕易受到外界的干擾。當孩子確信在媽媽這裡可以獲得滿滿的愛後，就不會去外面索取愛。因此，如果想讓孩子在學校裡、社會中不被外界評判所影響，就要在他的生命早期為他打下這種愛的基礎。

除了為孩子建立穩固的內心外，如果遇到學校的教育方式和我們的理念有太大的衝突，要如何化解呢？遇到這種理念上的碰撞，我們可以本著「求同存異」的出發點，在尊重、理解學校和老師的基礎上，表達和堅持自己的觀點和態度，以求得雙方相互的理解和包容。

葉兒在剛要上幼稚園時，我給他選擇了一個比較不以結果導向為主，更看重陪伴和成長過程的幼稚園，那裡沒有評比，也沒有排名，葉兒在那裡度過了幾年愉快的時光。後來幼稚園搬走了，葉兒也即將進入小學。為了能有直升的學籍，在多方考慮之後，我將他轉入了小學附屬的公立幼稚園。

剛一開學，孩子適應得挺好，倒是我有點跟不上節奏。這家幼稚園有類似「獎勵考核」的制度，集滿二十張貼紙可以換一面小旗子，小旗子可以再去換玩具獎品，按照獎品大小，所需旗子數量也不一樣。

如果送孩子入園的時候我能堅持主動和老師微笑打招呼，我就會被評為「陽光家長」，我的孩子也能得到貼紙獎勵。每天晚上八點，家長要在群裡發照片打卡，讓孩子捧著吃完的飯碗拍照，以證明孩子「光盤」了，第二天就可以得到貼紙。如果孩子在家做家務，或者幫爸爸媽媽捶背，只要有錄影，也可以換取貼紙。除此之外，孩子在校的各種行為都對應一定數量的貼紙。當然，如果在校表現不好，那就會被扣除相應的貼紙。

看到這樣的制度我不由得有些困惑、難以理解，為什麼明明是我和老師打招呼，卻要給我的孩子獎勵貼紙呢？為什麼孩子幫我做了什麼事情，我還必須得趕緊拍影片呢？這實在是和我奉行的理念有太大的衝撞了。這時候身邊的很多朋友就安慰我，說現在的教育制度就是這樣的，我們也沒辦法，抱怨歸抱怨，也只能去適應。

可是我不這麼認為。與其抱怨環境，不如去積極溝通，去創造我想要的環境。於是我和老師交流了一下，先表達了對學校規條的尊重：「非常感謝學校的一片苦心，學校這樣做是為了讓孩子們建立良好的行為規範和道德品質，老師們費心了。」同時感謝老師：「這貼紙數量每天都要有變動，為了讓孩子們養成良好的習慣，老師們要額外花費這麼多時間和精力去統計，真的是很辛苦啊。」

老師們聽了後有些吃驚，也有些感動。因為平時家長們來找老師往往是覺得貼紙數量不對而來幫孩子核實，很少有人看到她們花在這上面的功夫和心血。這樣就為我們後面的溝通打下了良好的基礎。

在我理解和同理了老師的立場和感受之後，我也對自己的觀點做了表達，同時告訴老師平時孩子在家時我不使用手機，所以可能拍不到照片或影片，無法參加打卡活動。我只是描述自己在家的習慣安排，而不是去指責她們的做法，更不去爭辯教育理念的對錯。原本我有些擔心老師會要求我必須遵守學校規則，但當我真誠地表達、帶著尊重去內外一致地溝通時，我發現其實老師很好溝通，也很認可在陪伴孩子的時候不使用手機，這讓我寬心不少。

學校這邊不做硬性要求了，可孩子會不會很在意他的貼紙比別人少呢？於是我觀察了一段時間葉兒的狀態，發現他雖然也很喜歡得到貼紙，但似乎並不是那麼看重。如果能得到也很開心，但如果沒有，貌似也並不在意。葉兒的行為規範較好，獲得貼紙對於他來說並不是一件困難的事情，每週的獎勵榜上他也總排在前列。可是在興致勃勃地換了幾個月玩具之後，我發現他就沒那麼熱衷了，經常不記得換玩具，或者換回來玩一陣子就丟在一邊，有時還會換玩具回來給弟弟。他會遵守學校的行為規範，但也並不被獎懲所累。

當時葉兒的班上有一些孩子為了得到更多的貼紙，就去給其他孩子拿書包、寫作業，以此來交換貼紙。我問葉兒：「你要是很想要那個最大的玩具，你會這樣做嗎？」葉兒說：「不會，因為我不願意。如果我真的特別想要那個玩具，我可以告訴你，你會給我買的。」聽到他這樣的回答，我的內心湧動著感動。也許這就是一個孩子對於媽媽的信任吧。有了這份信任，我們又怎麼會擔心孩子受到外界的誘惑而誤入歧途呢？

有時候我們看到孩子因得到獎勵而開心，因受到批評而難過，就會擔心他是不是被「有條件」對待了。我們都知道，獎勵會侵蝕孩子的內在動機，懲罰會讓孩子的自我價值受挫，於是在無法規避學校的獎懲時，就會焦慮、擔憂，甚至灰心，覺得自己的堅持毫無意義。

無條件式教養認為，每個人都會在成功時感到高興，在失敗時感到失望，這並沒有什麼不妥。但是有著良好自我評價的人，他們的價值感並不會因為這些外在的獎懲而有所起伏。當他們受到表揚時不會自我膨脹、自覺高人一等；在遭到批評時也不會感覺絕望憂鬱、一文不值。

獎懲制和排名次不是那麼可怕的一件事情，如果孩子因為得到獎勵而開心，那我們就和他一起去感受那份開心；如果孩子因為受到批評而難過，我們就去傾聽、陪伴，和他一起走出低谷，並在必要的時候提供一些幫助。

與其擔心社會傷害孩子，恨不得給他加個保護罩，倒不如做好自己，帶動周圍，讓自己成為優良環境的一部分。努力去創造自己想要的生活，而不是在抱怨中消耗自己，認為大環境如此，自己無能為力。無條件的愛、尊重和信任，可以為孩子建立起面對現實的免疫力。孩子對愛有抱持，即便是將來遇到嚴峻的情況，他也會積極創造充滿愛的環境，而不是被動地迫於無奈地忍受。

小巫老師說：「當孩子天性與所處環境產生矛盾的時候，父母對待孩子的態度舉足輕重。我們是孩子的底線和靠山。無論孩子受到怎樣的挫折和磨難，只要我們的懷抱是溫暖的，他就能夠積攢足夠的勇氣同命運抗爭。相反，如果從我們這裡得到的是冷漠、拒絕和斥責，他就會喪失生活的信念。如果父母不傷害孩子，社會就很難傷害孩子。一個自信心和安全感充足的孩子，一個有愛心、有毅力、思維敏銳、創造力豐富的孩子，能夠坦然應對任何嚴峻的生活狀態，能夠在重壓之下不折不彎。」

無論外界怎樣，只要媽媽的愛是扎實而堅定的，孩子就會獲得穩固的自信心。一個真正快樂的孩子，一定是內心充滿愛的孩子，他是不會輕易地被別人的否定傷害的。因為他對自己的認知不是建立在外部評價上，而是在內心深處確信自己存在的價值。這樣的孩子，不管是到了學校，還是進入社會，我們都不需要擔心。

也許孩子將來會面臨很多社會帶來的、教育制度帶來的壓力，但只要有一個人給予孩子高品質的愛，孩子就會從這份愛中吸取養分，健康成長。那麼，我們可以讓自己成為給孩子光的這個人。相信孩子的趨光性，因為愛就是心底的那一束光。

家校溝通（下）——如何面對老師的投訴

上一篇文章介紹了當學校的理念和我們有衝突時要如何與老師溝通，很多父母們希望能談一談如何面對老師的投訴。有時候孩子在學校可能沒完成作業，或者影響了課堂秩序，老師就會來找家長，這時候父母夾在中間就會很為難。要如何做才能既讓老師滿意，又不傷害孩子，還能解決問題呢？

其實無論是父母還是老師，大家的願望都是一致的，都很關心孩子的教育。但有的時候，學校和家庭之間的溝通卻不是那麼容易的一件事情，尤其是當孩子在學校惹麻煩的時候。我曾經聽一些父母說，他們最害怕的就是老師打電話來，甚至一看到老師的訊息就會心跳加速，簡直比孩子還緊張。

回想我們小時候，如果老師找父母告狀，父母通常都會站在老師一邊，向著老師說話。如果雙方都在場，那可能就是當著面對孩子一頓數落：「你怎麼能用這種態度呢？老師還不是為你好？你上課不好好聽講，當什麼學生？」這樣一方面是出於面子，維護老師和自己的權威，表明自己的重視；另一方面也是希望孩子能夠接受教訓，今後改正錯誤，好好表現。

可是如果我們還記得自己那時候的感受的話，就會知道，這樣不分青紅皂白地數落孩子，對於孩子來說是很不公平的。孩子會覺得你不理解他，甚至會有一種被所有人批評指責的羞辱感。父母是孩子的依靠，如果孩子感到父母站在對立的立場上教訓自己，就會關閉對父母傾訴的通道，不再信任父母，更不會按照父母的意願乖乖改正。

首先要明確的是，家校溝通的前提是對老師的信任和尊重，而共同目標是為孩子創造良好的成長環境。面對老師的投訴，父母要做的不是當陪審員，更不是懲罰官，而是架起老師和孩子之間的一道橋樑。我們既要協助老師，表達尊重，又要在情感上給予孩子支持。只有這樣，才能實現良好的溝通。

當老師找父母投訴孩子在校表現不好時，這時候老師是有情緒的，我們要注意同理老師的情緒，儘量不要和老師發生衝突。絕大多數老師都是有責任心的，希望孩子越來越好，只是有可能因為學生太多，不能面面俱到。我的一位教師朋友說，當老師找家長的時候，其實是在向家長求助。即便老師可能有情緒、態度急躁，本質上還是因為遇到了困難，不知道要怎樣更好地處理，才會來找家長，尋求家長的配合。我們作為父母，不能認為把孩子交到學校就應該由老師全權負責，而是要充分瞭解事情的原委，協助老師一起幫助孩子。

同時，在聽完老師的描述之後，別忘了聽一聽孩子的說法。千萬不要剛聽完老師的話就火冒三丈，只想找孩子算帳。很多時候只是因為孩子思考問題的角度不同，才造成了衝突。孩子並不是要故意犯錯，他只是還不夠成熟，需要我們協助他學會更全面地看待問題。

葉兒在讀二年級的時候，也曾經發生過一次老師投訴的事件。老師在電話裡告訴我，葉兒上課時和同桌說笑話，因為身體晃動幅度太大，椅子撞到後面同學的桌子，書本文具撒落了一地，導致課堂中斷，老師不得不花時間維持秩序，對班級教學影響很大。

在聽完老師的敘述之後，我表達了對這件事情的重視，並承諾等葉兒回家之後，我會問清楚狀況，並給老師答覆。在這個過程中，我大致是這樣做的：

「謝謝老師的及時回饋，讓我瞭解到孩子在學校的一些表現。我們對於他在學校的情況比較關心，也是為了能更好地配合老師和學校。」（表達感謝。老師打電話過來反映情況，是出於責任心，希望父母能配合學校，讓孩子成長得更好。）

「他在課堂上發生這樣的事情，確實很不應該，不但影響了老師，還打擾到後排的同學，我覺得十分抱歉。同時也要麻煩老師代我向那位同學和他的父母說一聲對不起，如果有文具或書本損壞，我會照價賠償。」（不管孩子是否有其他原因，他影響到後排同學，打亂了班級教學是事實。在這一方面表達一下歉意，並對造成的影響負責，既能平復老師和對方家長的怒火，也能表明自己積極處理這件事情的態度。）

「葉兒現在還沒有放學，等晚上回來之後，我會和他好好聊一聊這件事。明天上午我再跟您通個電話，您看可以嗎？」（承諾一個具體回覆的時間，讓老師有確定感，也能知道父母並不是隨口敷衍。同時除非老師主動提出，否則儘量避開下班時間，老師也需要休息。）

晚上等葉兒回來之後，我先和他聊了聊這件事。我說：「葉兒，今天班導師打電話給我，說你在課堂上不小心撞倒了後排同學的桌子，能告訴我是怎麼回事嗎？」（邀請孩子開啟談話，不帶有任何指責和盤問的態度，讓孩子敢於表達。）

葉兒有一點緊張，問：「老師怎麼跟你說的？」

我說：「她說你可能是聽課聽得太興奮了，沒控制好自己的動作。所以我才想知道當時你到底發生了什麼。」（有時候老師打電話來投訴，可能會有較多的負面評價，這時候不要把老師批評的話語直接倒給孩子，不要在老師和孩子之間製造對立。）

葉兒聽到老師沒有在我面前批評他，提著的心稍微放鬆了一點，就告訴我，他當時是聽老師講課時想起了一個笑話，沒忍住就講給同桌聽，結果兩人笑成一團。我聽完後，說：

「是挺有趣的，難怪你忍不住笑。只是你這一笑，動靜實在太大，周圍同學可遭殃了。」（對孩子的感受表示理解，同時告訴他，因為他的行為，給其他人造成了什麼影響。）

葉兒說：「我沒想到會搞成這樣，當時所有人都看著我，老師還叫我下課去她辦公室，我也覺得自己好倒楣。」

我說：「是啊，那麼多人都看著，你一定也很尷尬吧。老師今天打電話給我，是因為擔心以後又發生這樣的事情，她還得花上課的時間來處理，這會影響整個班的課堂教學。而我也會覺得很為難，因為我得再次跟老師解釋，還得再來找你。你有什麼想法和建議嗎？」（再次表達孩子行為造成的影響，以及由此帶來的我和老師的感受。同時邀請孩子來想解決辦法，把主動權交到孩子手中，也是表示尊重。）

葉兒說：「好啦，我以後會注意的。其實我已經跟老師保證過了，如果以後我在課堂上又想起好笑的事情，我就把它寫下來，下課時就可以講給更多同學聽了。」

我：「嗯，聽起來是個不錯的主意，下次想起什麼好笑的也說給我聽聽。都說笑一笑十年少，你讓我也年輕年輕。」葉兒不好意思地笑了。

在和孩子的溝通過程中，要多聽聽孩子的想法，同時表達自己的感受。讓孩子明白自己的行為造成的影響，也讓他懂得接下來要如何去做。其實孩子在學校肯定已經被老師批評過了，回到家之後，就不要再罵他一頓了。被老師批評，又被告家長，對孩子來說，已經是懲罰了。你再懲罰他，他會覺得不被理解，從而因為牴觸而更加不願改正。

和葉兒溝通完後，我按約定給老師回了電話。

「我和葉兒很認真地聊了這件事，他是因為聽到您在課堂上講《木偶奇遇記》時特別生動有趣的講解，讓他想起了書中的一個笑話，沒忍住就和同桌講了起來。結果影響了課堂秩序，他也意識到了自己的錯誤。」（即時回覆老師，從正面給出孩子的視角，讓老師理解他當時做出這樣行為的原因，但不是為孩子找藉口。同時表明孩子已經意識到自己行為的不妥。）

「我和他爸爸也很重視這件事，所以和葉兒認真討論了他目前的學習態度和方法，也向他說明了課堂秩序的重要性。我們一定會在這方面更加關注孩子的行為的。」（說明在老師關注的重點方面，自己都做了哪些調整，表明一個積極的行動態度。）

「老師要帶班上這麼多學生，確實很辛苦。非常感謝老師對於葉兒的關心和幫助，我們今後也會和他一起，建立更好的學習習慣和行為規範。這確實需要一個過程和時間，我們一定會盡力配合老師，也希望老師在這段時間裡多給我們一些幫助。」（肯定老師的用心良苦，再次表達感謝，並表明今後對於孩子成長的態度。同時說明孩子在成長過程中，有些不成熟在所難免，讓老師看到父母的努力，也給予足夠的耐心和時間。）

理解老師，理解孩子，這其實是在親身示範一種良好的溝通方式，也為持續良好的溝通奠定了基礎。傾聽不是為了評判誰對誰錯，而是為了理解，讓雙方都能聽到彼此的想法。既表達了對老師的尊重，也給予孩子情感上的支援。這也是讓孩子知道，老師有老師的想法，你也可以表達自己的想法。同時並不是一味說教、壓制孩子，想讓他接受教訓；而是把他包括進來，邀請他一起來想辦法。讓孩子感到他是在解決問題，而不是製造問題。

我曾在買水果時聽到一位店員說，她在水果店負責發貨，每天的工作就是把每箱十斤的水果，打包好發給全國各地的客戶。經常有客戶有一些個性化需求，有的要求發貨時附帶卡片，有的希望箱內不放置價格單，還有的要將部分水果換成同等價值的其他水果以嚐鮮……她很樂意滿足客戶們的需求，但每天要在數百個相同的包裝箱中記住哪個多了什麼少了什麼，備註不能搞錯，郵寄也都要一一對應正確的位址，確實需要額外付出很多的工作量。

這讓我一下子想到了學校的老師們，一個人要對應班上五六十名學生，要記住每個學生不同的特性，還不能靠備註貼在孩子們身上，只能全都記在心裡。不同的父母也會向老師提一些個性化需求，老師們是願意理解的，但同時我們也要體諒老師們繁複的工作，偶有不周全在所難免。只有建立在雙方互相理解、體諒的基礎之上，溝通才能順暢進行，同時雙方也更願意彼此配合、協助。

我曾收到一位媽媽的提問：「孩子的老師今天上午打電話給我，說孩子今天沒戴領巾，服儀不整，丟三落四，你看你兒子作業粗心大意，同一道題總是錯，給你打電話也沒用，自己看著辦吧，孩子是你的，不是我的，他對於我來說是全班的一員，而對於你來說就是全部。請問要如何與老師溝通，如何與孩子溝通呢？」

在這個描述中，我不太清楚這是不是老師的原話，如果是，那麼老師是在什麼情況下說出這番話？之前又是怎麼溝通的？如果想和老師有效溝通，首先我們要肯定老師的付出，管理一整班的學生確實很辛苦，同時老師也是希望每個學生都能表現好，這一部分要先去肯定，以表達出對老師的尊重。老師感覺到被尊重之後，才能為後續的溝通奠定良好的基礎。

其次要表達的是，作為家長也很希望配合老師，共同讓孩子成長得更好，因此你們正在努力給孩子培養良好的習慣，只是因為良好習慣的建立需要一定的時間，所以希望老師能多多幫助，我們做家長的也一定會盡力配合。老師的話裡說：「給你打電話也沒用。」有可能是之前就反應過，但沒有看到任何改變。老師不喜歡家長放任孩子的問題行為，要讓他看到，你對他提出問題的重視，以及你和孩子一起做的努力。以上是對於老師方面的溝通。

對於孩子方面，就要看看是什麼原因導致他出現這些行為。如果是剛上一年級，可能是還沒適應小學的轉變，我們應該要帶著孩子一起培養習慣，例如放學回家後整理書包，每天固定時間寫作業，每晚睡覺之前檢查一下第二天需要的東西等。

如果孩子年齡比較大，那麼除了習慣方面的培養之外，還要看看平時是否替孩子包辦了太多的事情，以至於孩子根本不需要為自己的事情負責。如果孩子沒有發展出責任心，那他就很容易應付了事。或者是父母在孩子學習方面過於控制，總是催促、指責，這樣孩子就會形成逆反心理，覺得自己是在為父母學習，自然不願意認真對待。

可以和孩子聊一聊，表達你的關心，看看他是否在上學這件事上遇到了困難。記得和孩子溝通的時候，不要指責孩子，不要說教，先真誠地聽一聽孩子內心的想法。父母的態度應該是了解孩子在哪些方面需要幫助，然後我們去協助他。而不是只看到孩子做錯的地方，總是指責、批評，那必然會帶來牴觸。

作為父母，當面對老師投訴的時候，既不應光站在孩子的對立面，也不應光站在老師的對立面。一定要相信，絕大多數老師都是關愛孩子的。在這個基礎之上，和老師保持良好的溝通，才能共同建立一個充滿愛的學習和成長環境，讓孩子真正受益。

孩子被評為後進生，家長會要我當眾檢討

有一年元旦，我受邀參加了一個書法班的期末慶典，活動意在向父母們展示孩子們的習作、獲獎成果，以及表揚各個小學員們一個學期的學習。大部分的小學員和父母都要出席，現場大概有一兩百人。

先是一系列常規流程，包括貴賓發言、老師發言、作品集展等，接下來就是頒發各種獎項。這個書法班確實人才濟濟，從全國到全省全市的金銀銅獎都有很多，每一項獎頒發完之後，都要請優秀學生的家長發言。家長們也個個都是臥虎藏龍，有大學教授，有商界精英，看到孩子取得了很好的成績，喜悅之情也溢於言表。一邊分享自己平時是怎麼把孩子培養得如此優秀的，一邊又很謙虛地說：「我家孩子肯定不是最好最強的，他還有很多缺點，我們一定會再接再厲。」

一番喜慶熱鬧之後，最後頒發的是「學習蝸牛獎」和「難得糊塗獎」，分別對應學習速度特別慢的、總是遲到的孩子；以及書面不整潔、總是搞不清作業的孩子。而讓我沒想到的

是，這兩個獎項獲獎的孩子，也需要上臺領獎，父母發言。

這是什麼發言，這明明就是檢討啊，還是當眾處刑。別人家的孩子個個出類拔萃，拿獎拿到手軟，自家孩子被評為「後段班學生」，父母還要跟著一起上去示眾。這樣的對比和落差，攤誰頭上都抹不開這臉面啊。我坐在下面暗暗想著，如果是我的話恐怕會找老師抗議哦，對這麼小的孩子，這樣做合適嗎？當著這麼多人的面，這要給這個孩子心理留下多大陰影啊。萬一以後這孩子在班上被其他同學嘲笑孤立怎麼辦？如果是我的孩子被頒了這個獎，我就算抗議不成，也肯定不來參加。

果不其然，被評為「學習蝸牛獎」的孩子和父母直接缺席，於是繼續頒發「難得糊塗獎」。然而出乎我意料的是，一位爸爸牽著自己的孩子，緩步走上了領獎臺。他登臺時的態度穩定平和，沒有顯得好像很丟人的樣子，也沒有責怪或嫌棄孩子，而是拉著孩子的手，一直站在他旁邊。上臺後，這位爸爸從老師手中接過話筒，又從口袋裡掏出一張準備好的發言稿，在眾目睽睽之下，字正腔圓地發表了他的「獲獎感言」。

他發言時聲音洪亮，語氣正式，並沒有感到拿了批評獎就活該和孩子一起畏畏縮縮受人審視的樣子，而是表現得很大方。雖然看得出他很緊張，拿話筒的手都在抖，但他還是堅定地站在那裡，一字一句說完自己想說的話，和孩子一起面對所有家長和學生的注視。

最開始，大家都是笑著聽個熱鬧，但慢慢地，大家都放下了手機，開始認真聆聽。從最初的奚落，逐漸變成了敬佩。那孩子瘦瘦小小的樣子，站在偌大的講臺上，似乎都快哭出來了。但這位爸爸一直牽著孩子的手，和他站在一起。發言中每一句話都把負面評價轉化成正向資源，讓我心生佩服。

當他發言結束時，在座的其他父母報以雷鳴般的掌聲，還紛紛向他豎起大拇指。雖然我不記得他發言的原文了，但他的方向給了我很多啟發。於是我按照自己的思路，重新寫了下面這篇發言稿，只想為父母們提供一個視角，當我們的孩子不被主流評判標準所認可的時候，我們還可以為孩子做些什麼。

各位老師、各位家長、同學們：

大家下午好！

我是××校區×××的爸爸。非常感謝老師提供的平臺，雖然這個獎不像剛才頒發的獎項那麼響亮，但也正因為如此，我才有機會站在這裡發言。（把登臺檢討轉化為機會，這是一個正向詮釋。一方面化解了尷尬，另一方面也為孩子頂住了壓力。）

最開始得知我的孩子被評為這個獎的時候，確實是有些吃驚和羞愧的，更何況還要登臺發言。想到下面坐著那麼多優秀的家長和小朋友，我當時也忐忑過。（坦誠自己的窘迫。）但是回想起書法老師教導孩子們的時候常說，練字要臨帖。我想，我不就是我家孩子常看的字帖嗎？我面對困難挫折的態度，他也在不斷描摹。

如果我勇敢，他也會學到勇敢；如果我堅持，他也會學到堅持；如果我退縮，他也會學到退縮；如果我逃避，他也一定無法面對。想到這裡，我鼓起勇氣，站在這裡做這次分享。（把父母榜樣的作用和練字臨帖結合在一起，既符合書法的主題，又讓所有在場的人看到了他堅持的意義。再一次將大家認為的「當眾出醜」轉化為有正向意義的行為。）

同時我也要感謝書法老師，老師頒這個獎項給我的孩子，也是出於愛和責任。如果老師不想管這個孩子的話，只需要不理他，甚至讓我們退班就可以了。但是老師沒有這麼做，沒有放棄他，而是希望他能改進，能有所進步，並且老師在活動之前一直耐心地向我解釋設置這個獎項的意圖，這也是我今天能夠勇敢地站在這裡的原因。（再一次正向詮釋，將老師的批評轉化為愛和責任。這並不是在刻意幫老師說好話，而是雙向轉化。一方面沖淡孩子內心對老師的害怕和牴觸，另一方面也降低老師對孩子的反感，擔起作為老師應有的愛和責任。）

我平時工作較忙，對孩子的陪伴較少，自然也缺少了督促和引導。都說養不教，父之過。因此當我知道孩子被評為這個特殊獎時，我並不生氣，也沒有懊惱，而是反思和慶幸。因為這對我來說是一個提醒，早發現問題，才能及早共同面對，早做改善。畢竟對於孩子的教育和習慣的培養，父母才是第一責任人。沒有讓孩子養成良好的行為規範，我這個做父親的是要承擔責任的。這次為我指明了癥結所在，後續就是該如何對症下藥了。這是這次評獎我們最大的收穫。（既不站在孩子的對立面，也不站在老師的對立面。把責任攬到自己身上，主動承擔起這份壓力。同時將批評轉化為提醒，把此次事件看作收穫，作為改變的開始。）

這個學期雖然很快就要結束了，但新的一年已經開始。在接下來的時間裡，我們一定會及時與老師溝通，幫助孩子建立良好的學習習慣，按時按量完成書法練習。尤其是對細節方面的掌控，把坐姿、握筆、擺放、整潔等好習慣融入到日常學習和生活當中。這個確實需要一個過程和時間，我們一定會盡力配合老師，也希望老師在這段時間裡多給我們一些幫助。（向老師具體說明自己計畫做哪些調整，表明一個積極的行動態度。讓老師看到父母的努力，同時也能給予足夠的耐心和時間。）

雖然×××身上還有一些不足，但在我眼裡，他始終都是我最可愛最獨特的孩子。他活潑、開朗、願意努力和嘗試，我相信我們會很快迎頭趕上的。（這句話和前面獲獎父母說的：「我家孩子肯定不是最好最強的，他還有很多缺點，我們一定會再接再厲。」形成鮮明對比。

越是落後的孩子，越需要父母的肯定和鼓勵。）

都說新年新氣象，我相信在我們的共同努力下，下一次我們站在這個講臺上的時候，就是我們正式領獎的時候，也相信各位小朋友大朋友會給我們孩子肯定和鼓勵。（為孩子寄託收穫的希望，也避免其他同學對孩子的孤立和嘲笑。）

這次的分享僅代表我個人的一些感受，如有不當之處請大家海涵。最後再次感謝老師的悉心教導，感謝各位家長和小朋友的耐心傾聽。祝大家在新的一年，身體健康，事事順心！

整個發言，不對抗，不批判，不自卑，只轉化。把登臺檢討轉化為機會，把批評轉化為重視，把責備轉化為提醒，把落後轉化為進步的空間。這位父親維護了孩子的尊嚴，也展現了自己的體面。

在我寫這篇文章的時候，曾有家長義憤填膺地說：「根本不該有這樣的評獎！這種學校應該被追責！這種教育會嚴重傷害孩子的自尊心，父母要堅決抵制，批評學校的初衷！」

是的，這種評獎確實不應該，我也很能理解這位家長的憤憤不平。如果學校行為惡劣程度嚴重，我們當然要義無反顧地保護孩子，帶他離開。但在現實生活中，並不是所有父母都有能力在每件不如意的事情上都去和學校對抗，或者馬上讓孩子轉學。我在給家長做諮詢時遇到非常多的父母面臨這樣的困境。如果轉學，且不說各種政策規定的難度，現實中很有可能會導致家裡無人接送，父母不能工作；倘若家中還有另一個孩子需要照顧，則更加困難。可如果和老師硬槓，又怕老師對孩子特殊對待，或者不再管孩子，冷漠放棄。

那麼在暫時無法選擇環境的時候，我們就真的無能為力了嗎？面對還不那麼完善的教育環境，父母的轉化力就變得格外重要。用愛和智慧將對抗轉化為理解，保護孩子的內心，儘量減少外界對孩子的影響。父母就像是孩子的空氣淨化系統，把「歪風邪氣」阻擋在外面，過濾為大自然般潔淨的空氣。

文中這位父親就向我們展示了這樣一種態度，即便是外在環境苛刻嚴酷，父母還是能盡最大的力量保護孩子，為孩子撐起一片愛和尊重的空間。在這個過程中，那個瘦瘦小小的孩子，好幾次仰起頭，望向自己的父親。我想，那一刻，在孩子心裡，父親的形象一定是無比高大明亮的，因為他能為自己遮風擋雨，抵禦外界一切傷害。

如何幫助孩子從容應對重要考試

孩子自從上學之後，就需要面對各種大大小小的考試。期中考、期末考、兩次升學大考，還有一些評選類的選拔、比賽等等，每次臨到這些重要關頭，父母和孩子就會如臨大敵，全家備戰。而到了這個時候，我就會接到很多父母類似的諮詢：孩子模考成績不佳，學習態度懶散，過於在意分數，靜不下心複習，總是抱怨，父母隨便說點什麼就爆炸……當我聽到父母們一連串的傾訴時，都能感覺到撲面而來的焦慮。

焦慮是可以互相傳染的。看著孩子的狀態，父母也會心情緊張，這份緊張和焦慮無形之中又傳遞給了孩子。而孩子同時還要面對學校學習和考試帶來的壓力，自己原有的情緒無處安放，又會反過來朝父母發洩。結果就變成了無論父母說什麼，孩子都覺得煩；不管孩子做什麼，父母都覺得不用功。父母抓耳撓腮，孩子我行我素。於是總是衝突不斷，全家都籠罩在緊張焦慮的氣氛之下。

我們要認識到，焦慮情緒並不是一無是處的。適度的焦慮能夠讓我們注意力更集中，學習效率更高，考試時的狀態也更好，反而能發揮出較好的水準。因此不必一看到孩子有緊張的情緒就如臨大敵，如果孩子完全不緊張，不把考試當回事，才更讓父母焦慮吧。

但如果過於緊張焦慮，就會給我們的生活和學習帶來困擾。過度的緊張，會佔據大腦有限的認知資源，從而影響我們的思維和反應能力。例如可能會出現煩躁不安、記憶力下降、學習效率低下等情況，甚至感到食欲下降、心慌、失眠等。

過度焦慮的壓力源主要有以下四種：第一是來自父母和家庭；第二是來自學校的老師和同學；第三來自社會輿論氛圍，例如萬眾矚目的宣傳、大考倒數計時等等；第四是自身的高壓力。父母要如何做，才能幫助孩子緩解緊張焦慮情緒，同時提供必要有效的幫助，讓孩子更好地迎接即將到來的考試呢？

一、父母放鬆心態，不做過高期待

很多時候父母比孩子的考前焦慮更嚴重，這種緊張的情緒會傳染給孩子。因此父母要先調整自己的心態，保持平常心。高期待會帶來高壓力，父母希望孩子考出好成績的心情可以理解，但面對考試的是孩子，我們要做孩子的後盾，而不是再給他平添一重壓力。

有些父母為了引起孩子的重視，會向孩子傳遞出一種態度：「這是人生最重要的一場考試，是分水嶺，千軍萬馬過獨木橋，一定要全力以赴去迎戰！」在這樣的壓力下，孩子感到這張考卷要決定自己的一生，哪裡還敢下筆呢？

不要動不動就「養兵千日，用兵一時。」「成敗在此一舉。」不要讓孩子感到「一考定終身」，而是要讓孩子把考試看成人生中眾多挑戰中的一次，這樣的挑戰每個人都會遇到，我們可以一起去面對。

到了最後關頭，孩子的成績基本上已經定型，出現超水準發揮的不是沒有，但超出好幾十分的可能性很小。這一階段影響成績的就是孩子的心態。不要對孩子抱有不切實際的期待，只要他保持平穩狀態，維持現有水準，不出現重大失誤就是成功。

二、保持平常生活，不要對孩子過分關注

考試前孩子彷彿忽然成了重點保護對象，所有家庭成員都小心翼翼地呵護著孩子的情緒，不敢大聲說話，做事走路輕手輕腳，生怕打擾孩子學習。有的父母甚至會覺得沖馬桶的聲音太大，影響了孩子休息。還有的父母給孩子買很多營養品，孩子學習的時候給他泡牛奶、切水果，不斷噓寒問暖，對孩子格外殷勤和小心。

這也是父母考前焦慮的一種很典型的表現，總擔心自己的行為會影響孩子的學習考試，又總想為孩子做點什麼，於是忙裡忙外，給孩子特別關注。然而事與願違，這樣的行為會營造一種緊張而又特殊的氣氛，父母的過度關心無形之中反倒成了一種壓力，增加孩子的焦慮，讓他們無法以平和的心態對待複習和考試。

在這個階段，穩定是最重要的心理調節。家庭平時是什麼樣的生活，現在繼續維持就好，不必搞特殊化。熟悉的生活會給孩子帶來安定，也更容易集中精力應對學習和考試。

我當年參加大考的時候，由於考場離家較遠，學校安排了校車接送考生。父母擔心我坐校車會長時間擁擠，想單獨送我，但我還是選擇和同學們一起出發。在校車上都是熟悉的同學和老師，我們一起說說笑笑，反而更容易放鬆情緒。大家一同走進考場，也讓我們更加平靜地面對考試。

三、幫助孩子疏導情緒，做孩子的堅強後盾

孩子們長時間面對繁重的學習和考試的壓力，在這個階段，一些看起來不相關的事情都有可能引發他們的情緒。孩子的情緒需要一個宣洩的出口，這時候父母如果能幫助他們疏導，就能很好地降低他們的焦慮。

父母要意識到這個階段孩子情緒的波動起伏是很正常的，他們需要的是理解和支援，而不是說教和打壓。有些父母喜歡對孩子說：「你這樣哪像畢業班的學生啊？」「想當初我讀書的時候……」或者不斷嘮叨：「作業寫完了嗎？」「上課要注意聽講！」「你就是不刻苦，老想著玩！」這樣的一片苦心只會帶來負面效果，孩子的內心需求被忽視，煩惱和心聲無處可說，情緒積壓久了也會給他們帶來更大的壓力。

但也不要為了緩解孩子的情緒就說：「別緊張，沒事，放輕鬆，考不好也沒關係。」這樣的話語並不能幫助孩子放鬆，反而會讓孩子認為你站著說話不腰疼。可以和孩子聊一聊他的想法和感受，用我們之前介紹的溝通方式，聽一聽他的苦惱，不去評判，不講大道理。孩子在這樣的傾訴過程中，可以梳理自己的情緒和產生情緒的原因，情緒就會緩解很多。

如果孩子出現考前類比分數不理想的情況，這對他們的心理狀態肯定會有影響。為避免孩子在壓力之下一蹶不振，這時父母要給予孩子適當的幫助。我們要做的不是急著給他找補習班，而是和孩子一起查找原因。是情緒過於緊張，還是考試題目過難？是複習計畫有偏差，還是時間分配不合理？是基礎知識不到位，還是考試技巧沒掌握？

父母可以幫助孩子理性地看待成績的起伏，認識到在考前需要經歷多次類比，成績有波動是很正常的。而考前發現問題反而是好事，這能幫助自己及時發現比較薄弱的知識和概念，反而是進步的契機。讓孩子這樣換個角度來看問題，不過多地自責或自暴自棄，而把注意力轉到查漏補缺的學習中。

同時，多給孩子一些鼓勵和肯定，發現他們的亮點，讓他知道你相信他有能力做得更好。有父母做堅強的後盾，孩子才能勇往直前。

四、尊重孩子的學習節奏，不加重孩子的負擔

在複習迎考的關鍵階段，父母要相信孩子、相信老師。老師們都有多年的教學經驗和科學方法，會為學生提供最有力的幫助。而孩子們經過這麼多年的學習，也已經形成了適合自己的學習節奏和複習方式。可以在保有原來節奏的基礎之上微調，但不要在考試臨近階段大幅度更改。

有些父母想讓孩子在最後階段衝刺一下，於是安排很多補習班或家教；還有些父母，在家長交流群裡獲得了一些其他學校的考試資料，於是就全部列印出來讓孩子完成，想讓他們多方面吸收。父母的苦心可以理解，但也要看到學校老師會有計劃地安排學習，孩子每天的複習任務已經很重，時間排得很滿。如果父母還給孩子增加額外任務的話，會讓孩子感到節奏被打亂，更加加重他們的焦躁。

其實父母不必過多地參與孩子的學習，到了需要大考的階段，他們的課業已經不是我們可以輔導得了的。這時候不添亂就是最好的支持。與其對他們的功課指手畫腳，不如提供一些實質的幫助。比如協助他們購買學校安排的複習資料，完成老師安排作業的列印、裝訂等任務，準備漂亮的本子、書寫流暢的筆等等。這一些具體的幫助可以減少孩子的繁雜瑣事，才是更有利的支援方式。把焦慮的心情轉化成有效的行動，幫助孩子切實地提高學習效率。

五、鼓勵孩子堅持運動休閒，勞逸結合

沒有放鬆的高效率是維持不了多久的。我們可以結合自己的工作經驗來體會一下高壓之下的心情。我曾經為了衝刺完成一個項目，給自己安排了一個月的突擊時間，用極強的自律壓抑放鬆的需求，每天工作很長時間。前一週效果確實不錯，工作也取得了很大進展。但一週之後我就逐漸變得倦怠，經常無法集中注意力，甚至開始東摸西摸。後來我恢復每天的休閒娛樂時間，做一些看起來和工作無關的事情，反而狀態開始回升，效率又重新提高。

在重要考試之前，經常會聽到父母抱怨孩子在這個節骨眼上還總是看手機玩遊戲，不寫作業只想睡覺，每天渾渾噩噩，浪費太多時間，一點都沒有備考的狀態。於是認為孩子沒有上進心，對考試不在乎。其實恰恰相反，孩子是因為太在乎了，他在意老師的批評、父母的

眼神，在意自己考試的分數、迷茫的前程。所以他的心理負擔才那麼重，表面上表現出的不在乎、不投入，其實是過度焦慮的反映。要知道，一個人過度焦慮時是無法集中精力的。

這時候適當的運動和休閒能起到釋放壓力的作用，為生活和學習起到很好的調節。不要認為孩子怎麼還打球、塗鴉、聽音樂，或者做一些其他事情，似乎是在不務正業，不知道時間的緊迫性。這其實都是孩子協調放鬆的一種方式。

如果不想讓孩子沉迷電子產品，就和他一起建立起運動休閒娛樂的方式。帶孩子到戶外踢踢球、散散步、聽聽音樂。身體動起來了，大腦自然會得到放鬆。身心的適度放鬆，不管是對於正常休息，還是備考複習、考試發揮，都是非常重要的。

六、不要總盯著孩子，要有自己的生活

曾經有一個調查統計，大考生最不喜歡父母做什麼，排名前幾位的分別是：①事無鉅細，盲目指導；②反覆嘮叨囉嗦；③和別人比較；④以愛之名，道德綁架；⑤傳遞負面情緒；⑥說著盡力就好，實際期望很高。

希望父母做的事情，排名前幾位的分別是：①和平常一樣；②做好吃的飯菜，或者帶我

出去吃好吃的；③好好工作，好好生活；④多關心自己，不要總以孩子為中心；⑤多鼓勵和肯定；⑥不要焦慮，至少不要盲目傳遞焦慮。

在這份調查中，超過38%的同學將關注點投向了吃，他們希望父母多給自己做些好吃的，帶自己出去吃好吃的，有時候也可以帶自己出去走走。21%的同學期待父母能好好工作、好好生活，平時在家多聊一些生活趣事，而不是只談論學習。13%的同學則表達了更進一步的期望，他們希望父母不要總以孩子為中心，能多關心自己，去開拓自己的興趣，做自己想做的事，這樣會讓他們感覺很安心。

沒必要過多談論成績和排名的話題，督促、檢查也不必太多，讓孩子安安靜靜學習就可以了。父母回到父母的角色，多分享平時工作生活中的開心事，營造輕鬆愉快的家庭氛圍。不要因為學習重要，家裡所有人就都盯著孩子，不斷督促他學習。**倘若家裡都是監督員，他就沒有了可以給他溫暖和支持的親人了。**

尤其是我們整個社會對於升學大考都無比重視，在那幾天裡，所有新聞媒體報導的都是關於考試的內容，全民生活都要為考生們讓路。整個大環境鋪天蓋地的渲染，無形之中也給生活在其中的孩子們增加了很多壓力。

在學校裡，老師整天講的也都是考試，月考、期中考、模擬考……一天到晚強調考試和排名，孩子在這種壓力下，就像被拉扯的橡皮筋，如果總是繃得太緊，是承受不住的。父母應該給孩子更多的心理力量去幫助他轉化這部分壓力，而不是和整個社會一起繼續向他施壓。如果父母都被壓垮了，是無法支持到孩子的。

七、調整生理時鐘，保持規律穩定的生活

考試期間最好讓孩子吃熟悉的食物，穿比較舒適的衣服。不需要突然幫孩子加強營養，考試期間的飲食，最好跟平時的飲食一致。熟悉的食物會讓人放鬆，也不容易讓孩子因為突然吃了陌生的食物引起腸胃不適。

保持充足的睡眠，不要認為考前應該刻苦就挑燈夜戰，睡眠不足也容易產生焦慮情緒。考試那幾天也不需要刻意早睡，保持和平時一致的作息就好。如果與平時的生理時鐘不一致，在床上輾轉反側、不能入睡，就很容易產生焦慮情緒，而這種情緒反過來又更加影響入睡。同時不要喝過多的咖啡和茶，以免影響睡眠。

對孩子來說，所有的考試都是挑戰，但也只是漫漫人生路上的一個節點而已。希望父母們能減輕焦慮，找到合適的方法，真正給孩子支持，也祝福孩子們在考試中取得好成績！

代後記

我不曾教誨他，只是帶他生活

在生完二寶後的很長一段時間裡，我曾經經歷過一段極其狼狽不堪的日子，整個人的狀態跌到了谷底，身體得不到休息，情緒得不到緩解，每天都在憂鬱痛苦和自我懷疑中度過。那時候我每天都會早早把葉兒送去幼稚園，拖到最晚才去接，因為我實在忍受不了兩個孩子同時纏在我身邊。看著自己每天蓬頭垢面、精神恍惚的樣子，我的內心悲傷卻又麻木。

有一天下午我去幼稚園接葉兒，他又是被留到最後的孩子。我進門時看到他在畫畫，有個老師陪著他，聽他說畫裡的內容。我不想打攪他，於是就站在門外，聽他奶聲奶氣地說著：「這個是我和弟弟，這個是爸爸，這個是媽媽。」這時候，他輕輕歎了口氣，小聲說道：「媽媽從來都不笑的，我都很久沒有看到她笑過了。」

這句話像一記重錘一樣狠狠地砸在我心上，才三歲的孩子，竟然會被我的狀態影響這麼大，我整個人都僵住了。回到家後，我開始問自己：「我真的要一直過這樣的生活嗎？難道我就甘願一直這樣過下去嗎？」不，我不願意！我的生活裡不應該只有孩子，我還有我自己，我要過我自己想要的生活。

曾經看到一句話：「如果你不花時間創造自己想要的生活，你就不得不花大量的時間應付自己不想要的生活。」既然如此，我不要整天怨天尤人地做個受害者，我要去追求去創造我想要的生活。

我有很多興趣愛好和自己想做的事情，但總是不行動。當時會覺得，每天工作和照顧兩個孩子已經累得半死了，哪還有時間搞這些。可是如果一個人的獨處時間長期被剝奪，就很容易身心受壓，導致情緒低落。於是我就開始思考，既要陪伴孩子，又要照顧自己，如何在享受自己生活樂趣的同時，還能給到孩子高品質的陪伴呢？與其天天陪孩子玩，累得半死，不如乾脆換個思路，讓孩子來陪我玩！

從那時候開始，週末我就帶上兩個孩子，背上遊戲地墊，帶上野餐盒，戶外走起。我們躺在草地上吃吃喝喝，一起玩各種遊戲，互相追逐奔跑嬉戲，大家熱熱鬧鬧嘻嘻哈哈，一晃一天就過去了。

我帶著孩子們去爬山，在大自然中探險，有時還去攀岩基地爬懸崖峭壁。幾乎垂直成上下九十度的崖壁，很挑戰臂力和膽量。我經常爬到一半的時候要緩一緩，給自己鼓鼓勁兒，才能繼續。在這個過程中，兩個孩子會看到，當我爬不上去的時候也會畏難，也會想要放棄，但最終還是憑藉自己的力量攀到頂峰。當我和兩個孩子各自攀爬最後在山頂會合的時候，俯瞰山腳下的風景，再回看自己一路爬上來的過程，那種成就感簡直爆表。

都說鍛鍊身體很重要，但我要陪兩個孩子，沒時間，健身房也不方便帶孩子一起去，還有什麼辦法呢？正好社區裡有游泳館，於是帶上孩子，親子共遊。他倆跟著教練學游泳，我在旁邊游一千公尺。等他們下課後，我再和他們一起玩水上遊戲。孩子們特別喜歡游泳，而我也達到了鍛鍊身體的目的。

因為當時葉兒年齡很小，練習游泳的時候也會出現很多孩子都有的現象，例如不喜歡下水之前的拉伸運動，有時候也會嫌太辛苦而犯懶，或是因為游不過其他小朋友而不開心。我並不想給他講什麼刻苦訓練、平常心的大道理，只是帶著他一起，繼續各種生活體驗。

我曾帶他們去山頂跳傘、去海邊潛水、去戈壁徒步、去山林基地研究各種動植物；我們去野外策馬奔騰，去雪鄉看雪，去各個博物館圖書館參觀各地歷史和人文……疫情期間不方便外出，我們就一起看各種紀錄片，有關於宇宙起源的，有關於生物進化的，有關於中國歷史的，有關於各地美食的……我們還一起追綜藝，一起看脫口秀，一起吃燒烤，一起去玩密室逃脫感受腦力風暴的推理樂趣……

父母心情好了，才會有更好的品質來陪伴孩子。不要把自己的生活弄得像苦行僧一般，一定要找到讓生活充滿樂趣的事情，哪怕那件事情看起來很無用。否則，如果你一直在消耗自己，是不可能有耐心和好脾氣來陪伴孩子的。如果覺得陪孩子玩太耗精力太累，那就讓孩子來陪你玩吧，玩你們共同喜歡的，對於所有人都是滋養。我家孩子為什麼不沉迷電子產品？因為他倆說：「媽媽，你帶我們玩的那些，可比電子遊戲好玩多了！」

當一個孩子見識到世界的五彩繽紛和生活的豐富多彩時，真的不用擔心這樣的孩子不愛學習，因為他會想領略更多的景色和風光，想體驗更多生活的不同面向，而這自然而然會激發孩子的求知欲。葉兒在剛進小學時，最想做的事情就是去火山岩漿裡找一塊寶石出來給我做項鍊。因此他總是在收集資料，學習關於火山的知識，調查岩漿的溫度有多少，計算隔熱服最高能隔多少度，要怎樣避開岩漿噴發等等。而這些都將成為他學習思維的一部分。

有一次我在一個旅遊景點體驗了一把射箭打氣球，沒想到第一次接觸射箭，我就愛上了這項運動。於是回家後我找到附近的一家箭館，每週帶著孩子去玩兩次。其實箭館有休息區，孩子們可以看書、玩遊戲、玩球等，但當我專注在射箭上時，他們也會被吸引，自發地參與進來，在一旁默默練動作，和我比看誰射得更準。因為是新手，我經常會有失誤。即便是戴了護具，有時也會受傷，例如被弓弦抽到，被弓柄砸到，手指被勒出繭等等。然而就是喜歡，找不到原因。

三十公尺以上的遠距離靶位，射出的箭會是一條拋物線。若想箭的落點一致，必須保證每一次的動作都一樣，包括舉弓高度、推弓力度、拉距、靠位，甚至身體站姿、轉頭角度、拉弓手型等，都要固定，否則毫釐之差就會導致落點偏移。有什麼捷徑嗎？沒有。就是一遍遍拉弓，一遍遍撒放。

做一件事，不問結果，不辭辛苦。

一日一日，直到如心，便是修行。

對於熱愛，唯有隻身前往。

那時候葉兒也會看著我手上的淤青，問：「媽媽，你為什麼要把自己搞得遍體鱗傷啊？」我說：「因為我是真的喜歡射箭啊，想要做得更好，就需要大量練習才行。」葉兒沒有說話，但在這之後，我發現他不再牴觸之前一直很討厭的游泳下水前的拉伸運動了。在看到我如此執著地做自己喜歡的事情之後，他慢慢地也學會了堅持。他對我說：「媽媽，我實在太喜歡游泳了，那如果我想要游好的話，也是需要練習的呀。」

兩年後，我參加了一場全國射箭聯賽的網站賽。因為是週末，於是兩個孩子也一起來觀戰，為我加油。在進行完排位賽之後，我們進入下一輪淘汰賽，開始一對一捉對廝殺。淘汰賽是搶分制，異常殘酷。因為我是新手，畢竟實力不夠，很快就被對方大幅領先。

在對手已經拿到賽點，而我還是0分的時候，我看了看場邊的葉兒，問：「你希望媽媽拿第幾名？」葉兒說：「我當然希望你拿第一名啦！」我愁眉苦臉道：「那我要是沒拿到怎麼辦啊？」葉兒笑了笑，說：「要是沒拿到，那你就繼續努力唄。」那一刻，我忽然釋懷地笑了，相信他已經不會再像以前那樣游泳比不過別人就哭，而是真正去感受運動的魅力了吧。

在孩子們的注視之下，我居然緊緊咬住對方，一分一分往回追，直到追平成為雙賽點。在最後一箭的比拼中我以十環秒殺掉對手，實現了驚天逆轉。最終我殺進半決賽，拿到全國射箭聯賽的銅牌，真心不易。

當我取勝後，我跑到場邊，一手一個把兩個孩子抱起來在空中轉了一圈。葉兒說：「媽媽，我覺得你好厲害！」我說：「對啊，我憑自己實力拿到的獎牌，就是好厲害！」葉兒說：「那我是你生的，我一定也很厲害！」是的，我們就是這麼厲害，就是有這個自信！做一個讓孩子感到自豪的父母，孩子自然會將你視為榜樣。

站在領獎臺上的時候，回想起自己從第一次嘗試時的生疏和膽怯，慢慢地一次次穿越那種恐懼，在壓力巨大的狀態下保持冷靜並控制身體。同時每天進步一點點，多信任自己一點點，直到完成這個對我來說根本不可能的挑戰。回看整個過程，很感慨。與其等待，不如主動去創造和體驗生命的無限可能性，一點點超越自己認為的極限。這個過程，所挑戰的，都只是自己。

我練習攀岩時把膝蓋磕得烏青，射箭一次次跟自己較勁，在工作和陪孩子的間隙中不斷鑽研比磚頭還厚的心理學專業書。有人不理解，做這些有什麼用？既不能賺錢，看著還折磨自己。確實如此，但就是有一股勁兒驅使著我。這大概就是我骨子裡的一股勁兒吧，這股勁兒同樣作用在我生活的方方面面。

在這些年裡，我們遇到了各種突發事件、不確定因素，也遇到了很多困難和挫折。我的兩個孩子會看到，原來媽媽也會遇到困難，也會跌到谷底，但同時他們也會看到我是如何調整自己、迎接挑戰、從不放棄、不斷想辦法克服困難的。我們共同經歷的這一切，都是我們內心力量的來源。

當一個人真正下定決心要做一件事的時候，是沒有什麼可以阻擋的，只是這個決心，沒有人能幫你下。有熟悉我的朋友問：「你的原生家庭那麼糟糕，之前還生過那麼嚴重的病，幾次在死亡線上掙扎，你現在是怎麼走出來的呢？」我也不知道，但是當我透過一次次考核拿到一張張證書的時候，當我拿到全國射箭聯賽銅牌的時候，當我一次又一次完成我以為自己根本不可能完成的挑戰的時候，我還會去想我的什麼原生家庭嗎？讓原生家庭見鬼去吧，那算什麼，我才是我人生的創造者，我才是決定自己的人！

小巫老師有一句描述她孩子的話：「他投胎於我，我不曾教誨他，只是帶他生活。」是啊，與其把全部重心都放在孩子身上，不如把自己的生活變得有趣，活出自己的精彩。當孩子們看到父母全心全意地熱愛、擁抱生活時，他們會覺得這就是生活本該有的樣子。

其實我一直不知道在孩子眼中我是一個怎樣的母親。有段時間葉兒居家上網課，按老師要求，我要和他一起進行課程話題探討。第一個話題是親子關係，要分享一個我們之間最融洽的時刻。葉兒回答：「這好難選啊，我們之間融洽的時候太多了。」還要分享一個我們衝突的場景。葉兒說：「這我得想一下，好像沒什麼太多衝突的。」第二個話題是關於刻板印象的，老師問：「勇敢、堅強、有毅力是形容男性的，這個說法對嗎？」葉兒說：「不對，因為我媽媽就是這樣的人。」

我聽到之後很感動，也很欣慰。都說父母上崗需要證書，但這個證書不是參加任何一門課程獲得的，而是由我們的孩子頒發的。至少在一個青春期孩子的眼中，我這些年做媽媽還算是及格了吧。總有人說我一定會把孩子教育得很好，但其實孩子取得的成就是他自己努力的結果，而不是我教育出來的。我所做的，就是創造出一個環境，讓孩子在這個環境裡成長，找到自己內在的力量，去擁抱屬於自己的星辰大海。

這本書到這裡就結束了，但對我來說，這又是一個新的開始。我們每天都和孩子一起，走在共同成長的路上。雖然說，自我成長是一條少有人走的路，但是我始終堅信，走在這條路上的人，遲早是要遇見的。非常榮幸遇見你，感謝你讀完這本書。希望在今後的旅途中，我們依然相伴。

參考文獻

1. 加利・蘭德雷斯。遊戲治療〔M〕。雷秀雅，葛高飛，譯。重慶：重慶大學出版社，2013。
2. 艾爾菲・科恩。無條件養育〔M〕。小巫，譯。北京：中國致公出版社，2021。
3. 蓋瑞・查普曼。愛的五種語言〔M〕。王雲良，陳曦，譯。南昌：江西人民出版社，2010。
4. 傑・唐納・華特士。生命教育〔M〕。林鶯，譯。成都：四川大學出版社，2006。
5. 小巫。小巫故事課堂叢書〔M〕。北京：北京理工大學出版社，2023。
6. 林怡。上幼稚園不用愁〔M〕。北京：水利水電出版社，2012。
7. 中國兒童中心。中國城市兒童戶外活動狀況調查報告〔R〕。2012。
8. 維吉尼亞・薩提亞。薩提亞治療系列叢書〔M〕。易春麗等，譯。北京：世界圖書出版公司，2018。
9. Stephenson, G.R. Cultural Acquisition of a Specific Learned Response Among Rhesus Monkeys. In: Starek, D., Schneider, R., and Kuhn, H. J.（eds.）, Progress in Primatology, Stuttgart: Fischer,1967,279-288.
10. Galef, B. G.（1976）. Social Transmission of Acquired Behavior: A Discussion of Tradition and Social Learning in Vertebrates. In Advances in the Study of Behavior（Vol. 6, Issue C, pp. 77-100）. Elsevier Science & Technology.
11. Mischel, W., Ebbesen, E. B., & Raskoff Zeiss, A.（1972）. Cognitive and Attentional Mechanisms in Delay of Gratification. Journal of Personality and Social Psychology, 21（2）, 204-218.
12. Mischel, W., Shoda, Y., & Rodriguez, M. L.（1989）. Delay of Gratification in Children. Science（American Association for the Advancement of Science）, 244（4907）, 933-938.

13. Shoda, Y., Mischel, W., & Peake, P. K. （1990）. Predicting Adolescent Cognitive and Self-Regulatory Competencies from Preschool Delay of Gratification: Identifying Diagnostic Conditions. Developmental Psychology, 26（6）, 978-986.

14. Kidd, C., Palmeri, H., & Aslin, R. N. （2013）. Rational Snacking: Young Children ˊ s Decision-making on the Marshmallow Task is Moderated by Beliefs about Environmental Reliability. Cognition, 126（1）, 109-114.

15. Watts, T. W., Duncan, G. J., & Quan, H. （2018）. Revisiting the Marshmallow Test: A Conceptual Replication Investigating Links Between Early Delay of Gratification and Later Outcomes. Psychological Science, 29（7）, 1159-1177.

台灣廣廈國際出版集團
Taiwan Mansion International Group

國家圖書館出版品預行編目（CIP）資料

別談教養，帶孩子擁抱生活：最棒的父母，就是在崩潰日常中找到自己的育兒節奏，跟孩子一起好好生活 / 葉月幽著. -- 初版. -- 新北市：台灣廣廈有聲圖書有限公司, 2025.06
414面； 14.8×21公分
ISBN 978-986-130-657-5（平裝）
1.CST: 親職教育 2.CST: 育兒 3.CST: 兒童心理學

528.2 114003983

台灣廣廈

別談教養，帶孩子擁抱生活

最棒的父母，就是在崩潰日常中找到自己的育兒節奏，跟孩子一起好好生活

作　　者／葉月幽

編輯中心總編輯／蔡沐晨・**編輯**／孫彩婷
封面設計／何偉凱・**內頁排版**／菩薩蠻數位文化有限公司
製版・印刷・裝訂／東豪・弼聖 / 紘億・秉成

行企研發中心總監／陳冠蒨
媒體公關組／陳柔彣
綜合業務組／何欣穎

線上學習中心總監／陳冠蒨
企製開發組／張哲剛

發 行 人／江媛珍
法 律 顧 問／第一國際法律事務所 余淑杏律師・北辰著作權事務所 蕭雄淋律師
出　　版／台灣廣廈
發　　行／台灣廣廈有聲圖書有限公司
地址：新北市235中和區中山路二段359巷7號2樓
電話：（886）2-2225-5777・傳真：（886）2-2225-8052

代理印務・全球總經銷／知遠文化事業有限公司
地址：新北市222深坑區北深路三段155巷25號5樓
電話：（886）2-2664-8800・傳真：（886）2-2664-8801
郵 政 劃 撥／劃撥帳號：18836722
劃撥戶名：知遠文化事業有限公司（※單次購書金額未達1000元，請另付70元郵資。）

■出版日期：2025年06月

ISBN：978-986-130-657-5